在英 저널리스트 권석하의
유럽 문화 탐사

在英 저널리스트 권석하의

유럽 문화 탐사

권석하 지음

안나푸르나

일러두기
1. 본문 외래어 표기는 외래어 표기법을 따랐습니다.
2. 몇몇 표기는 관례와 원어 발음을 존중했습니다.

인생은 안내서 없이 혼자서 떠나는 여행이다.
고향을 떠난 타향살이는 어차피 떠돌이 인생이다.
아무리 한 곳에서 오래 살아도 태어난 곳이 아니면
상실감을 느끼고 불안하기 마련이다.
내가 사는 영국인의 2/3가 고향에서 산다고 말하는데
과연 그들은 어떤 감정으로 사는가?
인간은 환경에 영향을 받는 동물이라고 한다.
그래서 자신이 태어나서 자라고 길들여진 곳에 대해서는
어떤 악조건이라도 그곳이 편할 뿐 아니라 세상의 전부이다.
형무소에서 태어난 아이가 엄마와 함께 살던 감방이 자신에게 가장 좋은
환경이었다고 한다면 아무도 그 사실을 부정할 수 없다.
우물 안 개구리에게 바깥세상이 옳다고 강요한다 해도
밖에 나오는 순간 개구리는 죽는다.

차례

.art

{ Painter & Artist }

모네 – 에뜨르따, 지베르니 모네의 혼이 담긴 '에뜨르따' 11 | 마지막 43년을 보낸 '지베르니' 15 | 지베르니에 머물다 19 | 우직했던 모네의 화법 23

빈센트 반 고흐 – 오베르 수르 우아즈 고흐의 의자, 불행한 연인 35 | 목숨을 그린 고흐, 그리고 테오 39 | 고흐를 위한 도시 '아를'과 자화상 46 | 암스테르담 '고흐 박물관', '크뢸러 뮐러 박물관' 49 | 얀센과의 인터뷰 55

피카소 – 아비뇽 〈아비뇽의 처녀들〉의 비밀 67 | 놓칠 수 없는 아비뇽의 축제 70 | 예술가들을 끌어들이는 매력 72 | 아비뇽을 돌아보며 77

미술관과 박물관

레닌그라드 난공불락의 도시 '상트페테르부르크'와 '에르미따쥐 박물관' 83 | '이삭 성당'과 슬픈 역사가 담긴 '페스카료프스코예' 85 | 베르사이유를 뛰어넘는 '예카테리나 궁전' 89

모스크바 '푸슈킨 미술관'과 '트레차코프 미술관' 93 | '붉은 광장'과 '크렘린 궁' 96 | 노보제비치 수도원 101

바르셀로나 피카소 뮤지엄 105 | 바르셀로나의 혼, '가우디' 110 | 130년 대공사 '사그라다 파밀리아 성당' 112

릴 유로스타를 탄 덕에 들른 도시 '릴', 방문해야 하는 이유가 된 '릴 미술관' 119

탈(脫) 뮤지엄 폼페이의 오픈 방식 박물관 125 | 흥미진진한 사건들이 많은 '햄턴 코트 궁' 133 | '피츠윌리엄' 박물관 143 | 앗시시 '천사성당' 147

..literature

빅토르 위고 성 미카엘의 산 몽생미셸, 루아르 계곡 155 | 고성들의 그림 '앙브와즈 성', '샹보르 성' 159 | 잔다르크의 도시 '루앙', 모네의 작품으로 유명한 '루앙 대성당' 162

셰익스피어 셰익스피어의 고향인 '스트랫 포드 어폰 에이번' 177 | 작품속의 단어와 문장, 언어 181 | 8살 연상의 앤과 결혼한 셰익스피어 190 | 왕립 셰익스피어 극장의 연극 197

괴테　괴테로부터 독일인은 문명인이 되었다　199 | 괴테하우스와 《젊은 베르테르의 슬픔 The sorrows of young Werther》 203 | 셰익스피어와의 조우　206

낭만파　영국 사람들이 사랑하는 '호수지방'　211 | 아름다운 자연이 낳은 문학가들 '윌리엄 워즈워스'　215

에밀리 브론테　척박한 시골 동네의 세 자매 '샬럿 브론테', '에밀리', '앤'　219

톨스토이　태어나고 죽을 때까지 산 '야스나야 폴랴나'와 아내 소피아　231 | '빈자의 종'과 '레브 톨스토이 역'　237 | 위안을 받는 소설 《부활》　242

헤르만 헤세　작품의 번역 제목은 아름답다　247 | 젊은이들의 성서 《데미안》 250 | 틀에서 벗어나기 위한 고통이 헤세를 만들다 252 | 헤세의 도시 '칼프'　255

찰스 디킨스　디킨스 탄생 200주년　261 | 영국인들이 가장 사랑하는 대중적 작가, 《올리버트위스트》와 《위대한 유산》　266 | 독특했던 디킨스의 유언　270

오스카 와일드　더블린온 친절힌가　275 | '오스카 와일드의 소각상'과 너믈린에서 꼭 봐야 할 세 가지　279

제인 오스틴　《오만과 편견》, 《이성과 감성》 18세기 말엽의 영국을 담은 제인 오스틴　287 | 슬픈 사랑의 추억으로 돌아온 제인과 시간 여행자들　291 | 2017년 10파운드 지폐로 태어날 제인 오스틴　294 | 버지니아 울프의 슬픈 이야기　297

하이델베르크의 인문학　철학자들이 길을 걷다, '하이델베르크 성'　315

《해리포터》 《해리포터》의 '고드릭스 할로우Godric's Hollw' 마을 라벤함　321

...highbrow music

바그너　바그너리안의 꿈 '바그너 음악 축제', '바그너의 오페라'　329 | 그들에게 전부인 바그너의 음악　334

비틀즈　리버풀의 영원한 아이콘, 비틀즈　339 | 천재 그 이상의 비틀즈와 비화가 담긴 「Love me do」　343 | 비틀즈 해체의 주범　347

헨델, 바흐를 낳은 종교음악　353

작가 후기　361

Art

모네-에뜨르따, 지베르니

빈센트 반 고흐-오베르 수르 우아즈

피카소-아비뇽

레닌그라드

모스크바

바르셀로나

윈

탑(top) 뮤지엄

프랑스 북부 노르망디의 목가적인 해안 도시. 에따르따는 여름에도 수온이 낮아 춥다.
지베르니는 에따르따에서 자동차로 한 시간쯤 걸린다.

지베르니 모네의 집
Open: 오전 9시 30분~오후 6시(3월 28일~11월 1일, 2015년 기준). 휴일 無. 마지막 입장 시간은 오후 5시 30분
입장료: 성인 9.50 유로, 학생 5.5 유로, 장애인 4 유로, 7세 이하 무료 (집과 정원만 입장)
http://fondation-monet.com/en/practical-informations/

모네

에뜨르따, 지베르니

모네의 혼이 담긴 '에뜨르따'

경치의 마을 에뜨르따^{Etretat}. '에뜨르따' 하면 어쩔 수 없이 오스카 클로드 모네$^{Oscar\ Claude\ Monet}$가 떠오르고 동시에 코끼리 절벽의 그림이 눈앞에 펼쳐진다. 그만큼 에뜨르따는 모네의 그림 〈에뜨르따 절벽의 일몰〉과 〈에뜨르따의 거친 바다〉 등으로 세인들의 뇌리에 깊이 남아있다. 프랑스 서부해안 노르망디 해변 에뜨르따는 옹플뢰르^{Honefleur}처럼 마을 건물도 특별하지 않고 도빌^{Deauville}처럼 각가지 다른 스토리가 있는 마을도 아니다. 코끼리 절벽으로 인해 유명해졌고, 그 절벽을 모네나 구스타브 쿠르베$^{Gustave\ Courbet}$가 그려서 더욱 사람들이 찾게 되었다.

마을에 들어서서 해변 방파제에 올라서면 거대하게 다가서는 왼쪽의 절벽이 보인다. 바로 아버지 코끼리 절벽이다. 코끼리가 바다에 코를 들이대고 물을 마시려는 듯한 모습이다. 그리고 오른쪽 조금 멀리에 보이는 것은 아기 코끼리이다. 물론 멀리 있어서 더 작아 보이기도 하지만 가까이 가서 봐도 다른 것보다 작다. 그 다음 아버지 코끼리 바위의 언덕 위에 올라서면 다른 언덕 끝의 마을에서는 보이지 않는 숨어 있는 바위가 엄마 코끼리이다. 아버지 코끼리가 크고, 높고, 날씬한데 비해 엄마 코끼리는 코가 더 두껍고 육중하나 크기는 조금 작다. 이렇게 해서 아버지 코끼리를 중심으로 코끼리 가족 하나가 에뜨르따 마을 앞 바다에 펼쳐져 있다. 언덕 끝의 바위가 바다에 걸쳐 있고 그 바위에 구멍이 아래위로 길게 뚫려 아치형의 구멍이 나있다.

프랑스 소설가 기 드 모파상$^{Guy\ de\ Maupassant}$은 보트가 닻을 올리고 아치형을 빠져나가는 모습을 연상하곤 했다. 이런 모습에 반해 모네와 쿠르베는 코끼리 바위를 그렸고 빅토르 위고$^{Victor-Marie\ Hugo}$는 여기서 《레미제라블》의 일부를 집필하기도 했다. 모파상과 구스타브 플로베르$^{Gustave\ Flaubert}$도 에뜨르따를 즐겨 찾던 작가들이다.

먼저 아버지 코끼리 언덕에 올라 길게 반월형^{半月形}으로 늘어선 해변 옆의 에뜨르따 마을과 멀리 보이는 아기 코끼리를 보면 그 아름다움 때문에 모네를 비롯한 프랑스의 지식인들이 왜 파리에서 200km나 떨어진 이곳을 자주 찾아 왔는지 이해하게 된다. 그리고 다시 뒤를 돌아 반대편 언덕을 보면 멀리 엄마 코끼리가 보인다. 비록 올라선 아버지 코끼리 바위는 보지 못한다 해도 다른 두어 가족의 코끼리들을 보면서 에뜨르따 마을을 감상하면 더할 나위 없이 좋다. 그렇게 언덕 위 벤치에 앉아 마을과 바다와 바위를 내려다보면 언제 시간이 흘렀는지 모를 정도이다.

이제 모네 작품과 에뜨르따를 한번 연결해 보자. 파리에서 태어났으나 르아브르에서 어린 시절을 보낸 모네는 특히 에뜨르따에 애착을 가지고 자주 방문했다. 그래서 에뜨르따의 절벽을 그린 작품 중 가장 걸작

아버지 코끼리, 아기 코끼리, 엄마 코끼리, 모네 아버지 코끼리 절벽

이라 일컬어지는 〈에뜨르따 절벽의 일몰〉은 1883년 겨울에 3주간 방문했을 때 그린 작품이라고 알려졌다.

그런데 최근 미국 텍사스 주립대학교의 일련의 과학자들이 그 그림이 정확하게 언제, 어느 장소에서 그려졌는지를 밝혀내 세인들의 관심을 불러일으켰다. 그들의 연구에 의하면 모네가 작품을 그린 일시는 1883년 2월 5일 오후 4시 53분이었다. 과학자들은 모네가 주고받은 편지를 전부 뒤져내 작품을 그린 날짜를 찾았다. 편지에 의하면 2월 3일 모네는 에뜨르타 근처 잠부르그 마을의 해변에서 그림을 그렸고, 4일은 하루 종일 집을 방문한 손님을 접대했다. 그리고 6일 해변의 파도는 당시 기록으로 보아 그림의 모습과 전혀 맞지 않았으며, 7일은 비가 오고 바람이 불었다. 이런 날짜들을 빼고 태양의 위치를 종합해 본 결과 2월 5일이 가능한 날짜였다. 그리고는 코끼리 바위 앞에 있는 촛대 바위^{Aiguille}에 걸린 그림 속의 해의 위치와 일몰 시간과 해가 바다로 떨어진 장소 등을 별자리 소프트웨어를 이용해 정확히 계산해 냈다. 과학자들은 이런식으로 그림 속의 시간을 1883년 2월 5일 오후 4시 53분이라고 확정했다. 그리고 한걸음 더 나아가 모네가 그림을 그린 위치도 정확하게 아기 코끼리 바위 근처의 동굴 아래로부터 388미터 떨어진 곳이라고 밝혀냈다.

세상의 과학자들은 엄청난 의미가 있는 연구도 하지만 때로는 이렇듯 알면 좋고 몰라도 되는 별것 아닌 사실까지도 찾아내려고 갖가지 일을 다 한다는 생각에 이 발견을 다룬 기사를 보면서 웃음이 났다. 그래도 고맙지 않은가? 덕분에 우리는 바로 그 자리에 서서 130년도 더 전에 모네가 길고 멋진 흰 수염을 바닷바람에 날리면서 그림을 그렸다는 사실을 상상해 볼 수 있으니 말이다. 이렇게 세상 돌아가는 일에는 하나도 도움이 안되는 사소한 사실을 온갖 노력을 기울여 열심히 찾아 준 과학자들은 대체 누구인지 참 궁금하다.

특히 모네는 이렇게 에뜨르따 뿐만 아니라 푸르빌, 옹플뢰르, 바렝쥬빌, 패캉 같은 노르망디 해변에서 그림을 그리고 많은 시간을 보낸다. 모네만큼 노르망디를 사랑한 화가도 없다. 그래서 모네에게 노르망디 해변은 거대한 아뜰리에인 셈이었다. 모네는 결국 파리를 떠나 노르망디 해변에서 보다 가까운 지베르니에 정원을 만들고 수련을 그리면서 생애를 보낸다. 노르망디 해변의 아름다움은 반드시 이 세 개의 바닷가 마을에만 국한된 것은 아니다. 마을과 마을을 잇는 완만한 형태의 구릉의 아름다움이나 길 옆 한적한 시골의 마을은 결코 해변에 있는 마을 못지않다. 그런 이유 때문인지 노르망디 지방을 잇는 도로에는 유럽 각국에서 온 다른 모양의 번호판을 단 차들이 유럽 어느 길보다 많았다. 그로 미루어 보아 노르망디의 경치는 다른 나라 유럽인들도 아름다워 하는가 보다.

마지막 43년을 보낸 '지베르니'

클로드 모네가 86년의 생애 중 절반인 마지막 43년을 보낸 지베르니 Giverny를 찾아가는 날은 날씨가 유난히 좋았다. 가을같이 높고 푸른 봄 하늘에는 이제는 서울에서는 볼 수 없는 솜사탕 같은 뭉게구름이 떠 있었다. 신록마저도 제대로 모습을 드러내지 않은 초봄의 노변의 숲은 잎도 나지 않고 가지만 앙상해서 아직 겨울 같았다. 지루하고 드넓은 들판에 만발한 유채꽃이 그나마 이른 봄 햇빛에 유난히 샛노랗게 빛나 운전 중에 큰 위안이 되었다.

영국 테이트 브리튼 갤러리에는 프랑스 인상파에 지대한 영향을 미쳤으나 영국 밖에서는 많이 알려지지 않은 '영국만의 국민 화가' 윌리엄 터너가 죽으면서 자신의 작품 대부분인 유화 300점을 국가에 기증해서 만들어진 터너의 전용 클로아 갤러리가 있다. 터너를 연구하거나 추앙하는 사람들이 반드시 들러야 하는 터너의 신전 같은 곳이다.

모네의 경우는 파리의 콩코드 광장의 오랑주리 미술관$^{Musee\ de'Orangerie}$이 이에 해당한다. 모네의 대표작은 누가 뭐래도 수련으로 덮인 연못에 무지개 모양의 초록색 일본식 홍예교가 걸린 그림이다. 이 수련 그림 중에도 오랑주리 미술관 이층 방에 걸린 〈수련〉이 가장 유명하다. 연작 8점이 방 두 개에 나뉘어 전시되어 있는데, 당시 프랑스 수상 클레망소의 지베르니 방문을 계기로 모네가 국가에 기증했다. 모네 순례객이라면 반드시 다녀가야 할 모네의 성지이다. 길이의 합계가 24m나 되는 2개의 타원형 방에 들어서면 정말 굳이 모네를 숭배하지 않은 사람도 성전에 들어선 것처럼 숙연해질 수밖에 없다. 그래서 1952년 초현실파 화가인 앙드레 마송이 묘사한 '인상주의의 시스티나 예배당'이라는 말이 과장이 아님을 실감할 수 있다. 먼저 그림의 크기가 사람을 압도한다. 수련 그림이 사면 벽을 가득 메운 방의 중간에 가만히 서서 천천히 빠져들다 보면 생각은 이미 현실 세계를 떠나있다. 바로 여기가 모네가 그리던 천국이라는 확신이 생긴다. 오랑주리의 〈수련〉을 보지 않고 모네를 다 봤다고 하지 말라는 말에 전적으로 동의할 수밖에 없을 정도로 오랑주리의 모네는 정말 대단하다.

설날 바로 다음날이었다. 개선문 언덕 위로부터 샹제리제 거리를 훑어 내려오는 유난히 차갑던 바람 때문에 발을 동동 구르며 1시간 30분을 기다려서 모네 성전을 보고 나오면서 '나는 드디어 여기를 봤다!'는

모네 성전 오랑주리 〈수련〉

으쓱함과 성취감을 오랫동안 잊지 못하고 간직하고 있다.

모네는 담배를 많이 피워 폐암으로 죽었다. 지베르니 마을 교회 묘지의 한 귀퉁이에서 생전에 사랑했던 가족들 사이에 누워서 영면하고 있다. '자신의 장례식은 간소하게 하라.'는 유언에 따라 조촐하게 치러져 대가답지 않게 겨우 50명 정도의 조문객들만 참석했다. 교회 묘지에는 모네를 찾는 수많은 관광객이 있음에도 별다른 표시가 없어 정확한 위치에 대한 사전 정보가 없이 오면 한참을 헤매게 된다. 교회 오른쪽을 돌아 뒷편 묘지로 가는 계단을 올라서면 바로 오른쪽에 모네 일가의 무덤이 있다.

모네가 얼마나 많은 그림을 그렸는지에 대한 논의에는 의견이 분분하다. 1000점 이상을 그렸다고 하나 직접 본인이 기록을 한 바도 없고, 제대로 된 모네 그림 총 목록 제작도 되어 있지 않아 인상파 화가 중에서도 가장 위작이 많은 화가이기도 하다. 생전에 워낙 그림이 잘 팔려 대다수의 그림은 개인의 소장이다. 그래서 아무도 개인이 소장한 그림의 총 숫자를 알 수 없다.

모네의 작품은 반 고흐의 작품 못지않게 고액으로 거래된다. 2004년에는 그가 1904년에 그린 영국국회의사당 그림이 2,000만 불에 팔렸고 2008년에 〈뉴욕 크리스티 경매〉에서 4,100만 불에도 팔렸는데 얼마 지나지 않은 2008년 6월 24일 〈런던 크리스티 경매〉에서 〈수련〉 작품 한 점이 거의 7,200만 불(864억 원)에 팔려 세계를 경악에 빠뜨린 적이 있다.

또한 도둑들의 손을 많이 타는 작품으로도 유명하다. 〈디페 근처 절벽〉이라는 작품은 두 번이나 도난당했는데 1988년에는 미술관 큐레이터가 주범이었고, 2007년에는 도난당했다가 1년 뒤 되찾았다.

지베르니에 머물다

지베르니는 파리에서 80km 거리에 있어 파리를 방문한 차에 조금 서두르면 자투리 시간을 이용해서 다녀올 수 있다. 가는 길도 프랑스 특유의 시골 풍경을 즐길 수 있어 굳이 모네의 팬이 아니더라도 욕심을 내보기를 권한다. 지베르니는 마을 뒤에 야트막한 산이 있고 앞에는 넓은 들과 엡트Epte강, 세느Seine강이 흐르고 있는 배산임수背山臨水의 최고의 명당자리에 있는 작은 마을이다. 이 마을은 브레타뉴 프로방스와 함께 파리 도시 생활에서 예술적 영감이 마르거나 생활비의 압력에 견디지 못한 예술가들이 자주 탈출하던 노르망디에 속해 있다. 500명이 채 안 되는 마을 중심에 모네가 중년 이후 거주하던 집과 정원이 위치하고 바로 그 옆에 인상파 미술관이 있다.

사실 지베르니에 갈 때는 큰 기대를 하고 간 것은 아니다. 왜냐하면 모네의 이름을 들으면 연상되는 수련은 7월이 되어야 피니 이것은 아직 먼 일이었다. 그러나 막상 도착하고 보니 예상과 달리 낙원이 펼쳐져 있었다. 비록 수련은 없어도 미처 숫자를 다 셀 수 없는 다양한 종류의 튤립과 각종 봄꽃이 정원을 가득 메우고 있었다. 아직 이른 계절인데도 불구하고 벌써 많은 관광객이 마당과 집을 서성이고 있는 것을 보니 수련이 피기 시작하면 얼마나 복잡할지 상상할 수 없을 정도로 사람이 많았다.

그림이 안 팔려서 고생하던 모네는 그나마 도움을 주던 후원자인 백화점 소유주 오슈데가 파산하고 종적을 감춘 사이 그의 부인 알리스와 자식 6명까지 도맡아 같이 살 수밖에 없었다. 결국 생활고를 견디지 못하고 지베르니로 옮겨와 정착한다. 어머니 까미유를 잃은 자신의 두 아들을 합쳐서 10명이 한 집에서 살게 되었다. 모네는 이때부터 밖으로 돌

모네 집 정원의 튤립

면서 특유의 그가 창안한 외광外光 plein-air 화법을 발휘해 그림을 그리기 시작했다. 주변 들판에는 파리에서는 보지 못했던 포플러와 두엄 더미들이 많아 그에게는 좋은 화재畵材였다. 그러나 외지인을 싫어하던 동네 주민들이 자신들의 두엄이나 포플러를 그리려면 돈을 내라고 모네에게 요구하고 응하지 않으면 포플러를 자르고 두엄 더미를 흩트렸다. 이런 시골 사람들의 텃세 때문에 모네는 집안에 틀어박혀 집안에 있는 것을 소재로 그림을 그리기 시작했다.

지베르니로 내려온지 얼마 되지 않아 다행히 인상파 연합전 등을 통해 호평을 받게 되었다. 또 그의 화상 폴 뒤랑 뤼엘의 영향력으로 그림이 잘 팔려 돈이 풍족해지자 모네는 많을 때는 정원사 7명을 두고 정원에 온통 정성을 기울이기 시작했다. 모네의 정성이 들어간 정원에는 지금도

모네 집 정원 대나무 밭

계절에 따라 피는 200여 종의 꽃들과 나무들을 심어 어느 때나 지베르니를 방문해도 결코 방문객들을 실망시키지 않는다. 나중에는 주위의 땅을 사서 정원을 늘려가며 연못을 파기도 했다.

마침 파리에서 열린 〈만국박람회〉의 영향으로 유럽은 일본 열기에 휩싸이기 시작했고 모네도 예외는 아니었다. 게다가 우연히 일본 도자기 포장지에서 발견한 일본 목판화 〈우끼요에〉에 심취한 모네는 이국적인 도원경을 만들었다. 연못을 파고 그 위로 일본 홍예교를 걸쳐 지었다. 그리고는 모네 그림에 가장 많이 등장하는 소재이자 동양의 꽃인 수련을 심었다. 정원은 어느 누구에게서도 방해를 받지 않는 자신만의 작은 세계였다. 그 안에서 모네는 수련 그림만 250여점을 그렸다. 워낙 정원이 넓었고, 그 안에 있는 자연이 좋아서 모네는 거의 모든 그림의 소재를 정원 안에서 발견할 수 있었다. 이렇게 모네의 많은 그림들이 수련을 비롯해 지베르니의 정원에 있는 소재를 택해 그려졌기 때문에 지베르니의 정원을 방문해야 모네의 그림을 이해할 수 있다. 정원에는 계절에 따라 피는 많은 꽃들이 있고 연못 주위의 나무와 다리, 대나무밭을 보고 나면 그의 그림이 마음에 와서 내려앉는 것을 느낄 수 있다.

모네의 수련 연못은 집과 떨어진 큰 길 건너에 있다. 구입 당시에는 도로와 철도까지 있었으나 이제 철도는 없어졌다. 방문객들은 차들이 워낙 빨리 다니는 도로를 건너는 위험을 피해주기 위해 집 앞 정원에서 연못 정원으로 가는 지하도를 파 놓았다. 모네의 사후 한때 황폐해졌던 정원은 1966년 모네의 아들 미셀에 의해 프랑스예술원에 기증되고 모네재단이 다시 정리해 1980년부터 다시 개방했다. 연간 50만 명의 순례객

모네 정원 연못

이 4월부터 10월 말까지 7개월간 방문한다. 모네의 집은 1층에 방 4개, 2층에 침실 4개, 나머지 공간 2개, 지하실 부속 건물 아뜰리에가 있다. 옆으로 긴 모네 하우스로 그의 나이 43살인 1883년 4월에 이사했다. 이 집을 7년 후 구입 할 수 있게 여유가 생겼고, 그 이후 1926년에 86세로 죽을 때까지 여기서 살았다. 그가 한창 명성을 날리던 시기에 이 마을에는 그를 흠모하는 40여 개의 다른 화가들의 아뜰리에가 생길 정도로 한때 프랑스 회화의 중심지였다.

우직했던 모네의 화법

이렇게 큰 집 덕분에 지베르니로 내려온 이후 파리로부터의 방문객을 맞는 것은 그의 또 하나의 취미가 되었다. 방문객 중에는 유명해지기 전부터 시작하여 우정을 유지한 오귀스뜨 르누아르, 그의 작품세계에 큰 영향을 미친 에두와르 마네를 비롯해 알프레드 시슬레, 카미유 피사로, 폴 세잔 같은 인상파 화가들이 있다. 모네는 수입이 매우 많았지만 더 많은 식구와 방문객을 맞이하려고 요리사와 정원사를 고용하는 등 낭비하여 한때 어려웠던 적도 있었다. 부엌 벽에 줄줄이 걸린 황동 요리 기구와 벽난로식 오븐 등의 상업적인 식당을 연상하게 하는 거창한 주방 도구들을 보면 그 말을 이해하게 된다. 식당 장식장에는 화려하고 비싼 도자기 접시와 잔이 진열되어 있다. 아래층 서쪽 끝에 위치한 모네의 스튜디오 창가에는 모네가 그림을 그리다가 앉아서 쉬던 소파와 티 테이블이 놓여있다. 벽에는 서로 교환하거나 선물 받은 다른 작가들의 그림들이 전시되어 있다. 그중에는 르누아르가 그린 모네의 두 아들과 세잔이 그린 모네 일가의 그림도 있다.

　25살의 모네가 18살의 모델 카미유 동시외를 만난 것은 운명과 같았다. 14년 뒤 32살의 젊은 나이로 까미유가 요절할 때까지 그녀는 연인이자 아내로서 모네의 단골 모델 역할을 충실히 이행했다. 잡화상을 하던 유복한 집안에서 둘째 아들로 태어났으나 가업을 이어받지 않고 그림을 그리며 비천한 모델과 살림을 차린 아들에게 아버지는 재정적 지원을 끊었다.

　그 이후 사정이 나아진 50살까지 25년간 모네 일가는 곤궁을 겪었다. 결국 둘째 아들을 낳고 폐결핵과 산욕으로 시달리던 그녀는 자신의 연적이자 후원자의 부인이었던 알리스의 간호를 받다가 암으로 죽는다. 이 죽음을 모네는 그림으로 남긴다. 파리 오르세 미술관에 있는 이 그림은 지금 봐도 섬뜩하다. 눈을 감고 지난했던 삶을 마감한 거의 미이라 같은 모습의 까미유는 그림이 완성 될 때는 이미 피부색이 변했다. 시시각각으로 변하는 죽은 아내의 얼굴을 바라보면서 그림을 그린 모네를 어떻게 해석해야 할지 상당히 곤혹스럽다. 그 의도가 궁금하다. 이런 모습도 남겨야 한다는 투철한 예술혼에 사로잡힌 광적인 예술가로 봐야 할지, 아니면 평생 자신을 위해 고생만 하다 간 아내의 모습을 영원히 잊지 않기 위해 그렇게나마 남기고자 했던 어긋난 사랑에 집착하는 남편인지는 모르겠다. 모네는 결국 이 그림을 팔지 않고 가지고 있다가 죽었다. 사람들이 너무 섬뜩해서 화집에도 잘 안 올리는 이 그림을 모네는 자기가 죽고 나면 불태우거나 자기와 같이 묻어 달라고 아들에게 유언을 했을 법도 한데 어떤 연유인지 그렇게 하지 않고 죽었다. 왜 그랬을까? 정말 자신의 투철하고 광적인 예술혼을 후세에 자랑하고 싶었을까? 도저히 알 수가 없다.

모네 식당의 식탁, 응접실

모네는 까미유가 죽던 날 파리의 친구에게 돈을 보내면서 일찍이 전당포에 맡긴 아내의 목걸이를 찾아서 보내달라고 부탁한다. 가까운 거리라 장례를 기다리는 동안 도착 할 수 있었다. 이 목걸이는 그들이 끝까지 팔지 않고 남겨 두었다가 워낙 급해지자 나중에 찾겠다는 희망으로 전당포에 맡겨 놓았던 것이다. 그만큼 경제 사정이 좋지 않았기 때문이다. 소지품 전부를 전당포에 맡겨야 했던 까미유는 자신의 연적이자 자신이 죽고나서 모네의 두 번째 부인이 된 알리스의 간호를 받다가 죽는다. 알리스는 자신의 어머니에게 보낸 편지에서 '나는 이 슬픈 중에도 기쁘답니다. 내 불쌍한 이 친구의 목에 그녀가 가졌던 유일한 보석을 걸어 줄 수 있어서 말입니다.'라고 썼다.

참 기이한 관계이다. 연적이면서 서로 동정하고 아꼈으니 말이다. 그리고는 이틀 뒤 까미유는 베떼우이 성 니콜라스 성당에 묻힌다. 지베르니 교회에 있는 모네 가족 묘지에는 나중에도 같이 묻히지 못한다. 모네의 두 번째 부인 알리스도 모네보다 15년이나 먼저 죽는다. 결국 모네는 두 아내를 모두 자신의 손으로 묻는데 두 번째 아내 알리스는 첫 번째 남편 곁에 묻어주었다. 결국 지베르니의 모네 옆에는 두 아내 중 한명도 같이 묻혀

모네 무덤

있지 않다. 지베르니의 모네 가족묘에는 두 아들과 며느리가 같이 묻혀 있는데 모네의 첫 아들인 장이 알리스가 데리고 온 이복 누나인 블랑쉐와 결혼한다. 모네는 피는 섞이지 않았지만 자신의 딸과 아들을 결혼 시켜서 딸을 며느리로 삼았다. 참 특이하다.

    모네에 대한 아버지의 지원이 자신 때문에 끊겼다는 것을 알면서 슬퍼했던 까미유는 남편의 그림도 팔리지 않자 더욱 고통을 받았다. 유일한 후원자 오슈테의 아내를 남편이 애인으로 삼았고, 심지어 같이 살았다. 까미유의 처절하게 슬픈 생애 때문에 영화로 만들어지기도 한다. 전당포에 잡혔던 목걸이를 까미유가 죽던 날 모네가 파리로 사람을 보내 찾아와서 목에 걸어 준 것은 모네와 살면서 한 번도 풍족한 생활을 해보지 못한 까닭이다. 까미유의 처절하게 슬픈 사랑 이야기 때문에 사람들은 모네의 이야기만 나오면 까미유를 기억하고 슬퍼한다. 〈임종을 맞는 까미유〉라는 이름이 붙여진 죽은 아내의 그림을 그린 후 모네는 상당히 오랜 기간 인물화를 그리지 않는다. 그러나 친구에게 쓴 모네의 편지로 보아 모델을 고용해 그림을 그리려는 모네에게 모델을 집안에 들이면 당장 집을 나가겠다며 알리스가 바가지를 긁었고 상심해서 인물화를 전혀 그리지 않았다는 것은 사실이 아닌 듯하다. 그래서인지 1879년 9월 까미유가 죽고 그해 겨울 모네는 까미유의 무덤이 있는 성니콜라스 성당을 색깔이 전혀 안 들어간 우울한 무채색으로만 그렸다.

    모네의 화법은 어리석다고 할 만큼 우직하다. 대개의 화가들의 경우 스케치를 하고 들어와 아틀리에에서의 기억으로 나머지를 완성하는데 모네는 겨울 설경을 그릴 때에도 외투와 두꺼운 모자, 장갑까지 갖춰 입고 완성할 때까지 반드시 현장에서 그림을 그렸다. 그림을 시작할 때부터 끝날 때까지 자신뿐만 아니라 모델까지도 밖에 세워 놓았다. 특히

1871년 12월 21일에 그린 〈빨간 케이프를 두른 마담 모네의 초상〉도 그림이 완성되는 동안 눈이 와서 쌓인 추운 겨울날 바람이 부는데 자신은 안에서 그림을 그리면서 까미유를 계속 바깥에 서 있게 했다. 창문과 커튼 사이로 보이는 까미유의 모습을 그린 그림을 보며 사람들은 밖에 내동댕이쳐져 세상이 알아주지 않았던 까미유와 철저하게 우직한 예술가였던 남편의 출세, 그리고 나중에야 들어온 부, 이것을 누려보지도 못하고 둘을 남기고 죽어 간 '창밖의 여자' 까미유의 지난했던 삶을 연상한다.

 모네는 당시 화가 중에는 그림을 상당히 빨리 그리는 축에 속했다. 노년에 오랜 기간 눈이 거의 실명 상태였으나 원인이 백내장으로 밝혀져 수술을 받고 회복되어 의욕적으로 그림을 그렸다. 눈이 안 좋은 시절에 그린 그림들은 붉은색이 많이 보이는데, 이는 백내장 환자들에게 일반적으로 나타나는 현상이다. 이 시대에 그린 그림들은 지금도 다른 그림들에 비해 상대적으로 가격이 싸게 매겨진다. 거장의 것이라고 해서 수작이든 태작駄作이든 무조건 그림의 크기를 나타내는 '호수'로 값을 매기는 우리의 관행에 비추어보면 이 방법이 공정해 보인다. 일부에서는 그의 눈병을 빛이 시간에 따라 변하는 그림을 야외에서 그려야했던 나머지 직사광선에 노출이 되어 눈을 해친 결과라고 해석하기도 한다.

 백내장 수술을 한 뒤 모네는 자외선도 볼 수 있었다. 그 결과는 그의 후기 그림에서 나타난다. 자외선은 보통 눈의 수정체를 통해서는 통과가 안 되는데 백내장 수술을 해서 그렇게 보인다는 주장이다. 모네는 원래 그림에 검은색을 거의 쓰지 않아 힘든 시절의 그림에도 몽환적인 분위기는 전혀 나타나지 않는다. 한참 힘든 시기를 보내고 있던 아르장퇴유Argenteuil 시절의 그림에서도 그런 기미는 전혀 보이지 않고 자신의 가족을 그린 그림에서도 행복한 중산층의 모습만 보인다. 1870년 30살에 보불전쟁을 피해 런던으로 건너간 모네는 빛의 화풍의 효시라 불리는 영국화가 터너$^{J\,M\,W\,Turner}$와 풍경화의 대가 존 콘스타블$^{John\,Constable}$의 영향을 많이 받는다. 이런 연유에서 터너는 프랑스 인상파의 아버지라고도 불린다.

1844년 터너가 그린 〈비, 증기, 속도$^{Rain,\,Steam,\,and\,Speed\,The\,Great\,Western\,Railway}$〉는 당시로서는 획기적인 그림이었다. 이후 모네가 지베르니 정원을 벗어나 다른 시도를 위해 1892년에 그린 노르망디의 〈루앙 성당〉연작이나 1899년 이후 그렸던 〈영국국회의사당〉과 〈차링 크로스 브릿지〉를 비롯한 런던의 풍경 연작 시리즈에서 터너의 영향은 여실히 드러난다. 사실 터너는 모네가 태어나던 해에 벌써 65살의 거장이었다. 모네는 같은 소재를 그려서 연작으로 만들어 냈다. 그 중에서도 〈루앙 성당〉은 26점을 그렸다. 하루의 시간과 날씨에 따라 빛이 변함에 따라 바뀌는 루앙 성당의 모습을 같은 장소에서 계속해서 그렸다. 비 오는 모습의 성당, 안개가 낀 성당, 화각이 달라진 성당. 지금도 루앙 성당 앞에 가면 상점 2층에 모네가 기거했다는 방이 있다. 루앙 성당은 영국과의 백년전쟁 시 위기에 처한 조국 프랑스를 구하다가 국민들 사이에서 인기가 올라서 이것에 위협을 느낀 프랑스 왕과 귀족들에 의해 적국인 영국인에게 넘겨진 잔 다르크가 마녀로 낙인 찍혀 화형을 당한 곳에서 멀지 않다.

모네 하우스를 방문할 계획인 분들을 위해 한 마디만 하고 지나가자. 지베르니의 집에서나 인근의 인상파 미술관에서는 불행하게도 모네의 작품 원화는 보이지 않는다. 모네의 작품 원화를 가까이서 감상하려는 사람은 지베르니가 아닌 다른 곳을 찾아야 한다. 지베르니 모네 집에 걸린 많은 그림도 원화 비슷하게 모사된 모네의 그림이다. 그림 옆에 설명을 자세히 보면 원화가 어디에 있는지 밝히고 있다. 그러나 집안에 수없이 걸려있는 모네가 심취했던 일본 우끼요에 목판화와 일본 중국의 자기, 그리고 모든 가구들은 모네의 마지막 숨결과 시선, 손길이 묻어 있는 물건들이다. 그러니 실망하지 말자. 지베르니는 그의 그림을 감상할 목적이 아닌 모네의 삶과 작품 속에 얽힌 이야기를 듣고 그에게 존경을 표시하기 위해 방문하는 모네의 성지일 뿐이다.

여행의 즐거움은 역시 실물을 눈으로 직접 확인하는데 있다. 어떤 사람들은 그림이나 사진, 혹은 기록 화면으로 보면 될 것을 굳이 돈과 시간을 들여 무엇 때문에 가서 보느냐고 하지만 역시 직접 가보는 것이 제대

호텔 벽난로

로 된 방법이다. 지베르니에 가보지 않고 어떻게 그가 그린 〈수련〉을 제대로 이해할 수 있겠는가. 현지를 다녀보지 않고 본 작품들로부터 받은 느낌과 다녀온 후의 느낌은 결코 같을 수 없고 천양지차天壤之差라는 것을 항상 느낀다.

  나는 이번 여행에서 세 가지 행운을 누렸다. 하나는 관람객이 몰려올 시즌이 아니라는 확신에 현지에 가서 숙소를 직접 보고 들겠다는 모험심이 돌려준 호텔의 행운이 그 첫째다. 300년 된 물레방앗간을 수리·증축해서 만든 가족이 경영하는 아주 작은 호텔은 환상 그 자체였다. 여행을 많이 한 탓에 나는 나름대로 제법 많은 경험을 했었지만 이 정도로 멋진

모네 호텔 전경

모네 하우스 정원, 정원 연못

색조와 실내장식이 제대로 격을 맞춘 곳은 6성급 호텔에서도 본적이 없다. 자기 전에 주인이 직접 따라주던 사과로 만든 브랜디 칼바도스^{calvados}는 노르망디에서나 누릴 수 있는 호사였다. 주인이 영어를 한 마디도 못해서 대화를 나누지 못한 것이 작은 유감이었지만 그래도 벽난로 안에서 타는 장작 불빛을 보면서 마신 칼바도스는 환상이라는 말밖에 다른 적당한 말이 떠오르지 않는다. 그리고 영화에서나 보았던 공주님 침대가 있는 방은 그냥 잠들기가 아까울 정도였다.

모네 하우스는 원래 실내촬영이 금지되어 있다. 사전에 이메일을 수차례 주고받아 어렵게 허가를 받고 실내를 촬영 할 수 있었던 것이 두 번째 행운이었다. 게다가 눈이 부실 정도로 찬란한 햇빛 속에서 빛나던 모네 하우스 정원의 아름다운 꽃들을 감상할 수 있었던 것은 마지막 행운이었다.

◉ 라부 여인숙

Place de la Mairie B. P. 40001 F 95430 Auvers-sur-Oise France
Tel +33(0)1 30 36 60 60 / Fax +33(0)1 30 36 60 61 / Email: info@vangoghfrance.com
Open: 2015년 3월 4일–10월 31일 수요일–일요일 10시~6시 (마지막 입장은 오후 5시 30분), 4월 6일(부활절 특별 개장)
입장료: 성인: 6 유로, 장애인: 4 유로, 성인단체(11명 이상): 6 유로(10명 유료입장시 11번째는 무료입장, 20명 입장시 1명 무료)
　　　　어린이: 11세까지 무료, 12세~17세 4 유로, 어린이 단체(11명 이상): 4 유로 (10명 유료입장시 11번째는 무료입장, 무료 가이드)
#2015년 단체관람은 수요일, 금요일 일요일 10시~1시만 가능
http://www.maisondevangogh.fr/fr/index4.1.php

빈센트 반 고흐

오베르 수르 우아즈

고흐의 의자, 불행한 연인

언제나 빈센드 반 고흐^{Vincent Van Gogh}(1853년 3월 30일-1890년 7월 29일)의 그림 앞에 서면 나는 난생 처음 고흐의 소위 말하는 '원화'를 처음 대했을 때 받았던 전율이 생각난다. 정확히 33년 전 영국 국립미술관 인상파 방을 돌다 모네, 마네, 고갱과 같은 거장들의 그림 사이에서 문득 고흐의 그림 〈사이프러스가 있는 들판〉, 〈의자〉, 〈해바라기〉 앞에 섰다. 그림이 내 눈에 들어오는 순간 고압전기에 감전 당한 듯 강렬한 전율이 머리를 관통해 발끝까지 온몸을 휘돌아 지나가는 경험을 했다. 그 이후로도 고흐의 그림을 대할 때면 그만큼은 아닐지라도 신비한 힘을 느낀다.

당시 영국 국립미술관에는 고흐 그림보다 훨씬 더 충격적인 감동을 받을만한 그림들이 많았고 지금도 그렇다. 그런데도 유독 고흐의 그림 앞에서 왜 그런 전율을 느꼈는지, 또 지금까지도 신비한 힘을 느끼는 이

오베르 수르 우아즈 시청(고흐의 그림에 나옴).

유가 무엇인지는 모르겠다. 고흐의 그림을 볼 때마다 궁금하다. 이건 단순히 고흐의 그림이 주는 순수한 감동이거나 유난히 불운했던 고흐의 일생에 대한 애잔함만이 그 이유는 아닌 듯하다.

　오베르 수르 우아즈Auvers Sur Oise의 라부Ravoux 여인숙의 3층에 있는 고흐의 방에서도 비슷한 경험을 했다. 사실 5호실 다락방은 굳이 고흐와 관련된 어떤 경험을 한 사람이 아니더라도 충격을 받을 만큼 파격적이다. 2평이 채 안돼 보이는 아주 작은 방이 텅 비어 있으리라고는 전혀 예상하지 못했다. 그의 그림 〈노란 방〉만큼은 아니더라도 최소한 고흐를 기릴 무언가는 볼 수 있으리라 기대했다. 거기에는 중앙에 〈고흐의 의자〉에 나오는 것과 흡사한 의자 하나만 달랑 놓여있을 뿐 아무것도 없었다. 그래서인지 이 작은 방은 세상만큼 충격적이고, 넓고 휑했다. 그리고 자신의 생명을 갉아 먹을 때까지 72점의 그림을 그린 생의 마지막 70일 동안의 고통과 총상으로 괴로워하던 이틀 동안의 고흐의 신음소리가 들리는 듯 해 정신이 혼미할 정도였다. 더구나 자살한 사람들의 방은 수리하거나 다시 세를 놓지 않는다는 관습 때문에 곰팡이 냄새가 나는 얼룩진 방의 벽은 금방 고흐가 죽어 나간 것처럼 보였다.

이 텅 빈 방을 보지 않고는 고흐를 보았다고 할 수 없을 정도로 다락방은 많은 것들을 순례객에게 얘기해 준다. 큰 금액은 아니지만 그래도 돈을 주고 입장한 사람들에게 아무것도 보여주지 않는 박물관 측의 '무례'를 비난해야 할지, 의표를 찔러 많은 것을 생각하게 하려는 의도가 적중했다고 칭찬해야 할지는 각자 생각해야 할 몫이다. 나는 후자에 속하는 순례객이다. 텅 빈 방에서 느끼는 이런 진한 감동은 암스테르담에 있는 '안네 프랑크'의 텅 빈 방 이후 처음이었기 때문이다.

고흐는 여인에 관해서도 참 불운했다. 평생 한 번도 제대로 된 사랑을 이뤄 본 적이 없다. 20살의 나이에 런던 구필 화랑에 파견되었을 때부터 하숙집 주인의 딸 유제니 로이어에게 사랑을 느껴 청혼했으나 거절당해 첫사랑에 실패한다. 이것을 시작으로 실연의 상처는 고흐의 일생을 통해 계속된다.

8년 뒤 7살 연상의 미망인 이종사촌 케이에게 구혼을 하나 또 거절당한다. 장래성이 없다는 것이 단호하게 거절한 이유였다. 이 시절 동생 테오에게 쓴 편지에 '네가 사랑에 빠졌을 때 절대 안 된다는 대답을 듣게 되더라도 포기하지 말아라.', '봄이 되면 종달새는 울기 마련이다.'라고 하면서도 '절대 안 된다는 대답은 봄기운처럼 상쾌하기는커녕 겨울 서리를 씹는 것처럼 쓰고, 또 쓰고, 또 쓰다.'라고 하소연했다. 여러 번의 거절에도 포기하지 않고 구애를 하다가 마지막에는 사촌 집으로 쳐들어가 등불에 왼손을 들이대고 "내가 이 불길에 손을 대고 있는 동안이라도 보게 해 달라"고 이모부에게 조르나 케이의 얼굴조차 보지 못하고 쫓겨난다. 물론 결국 사랑으로도 성공하지 못한다.

그리고는 한 달 뒤 편지에 '그 망할 놈의 벽은 너무 차고, 나는 여자가 필요하다. 나는 사랑하지 않고는 살 수 없고 살지도 않을 것이며, 살아서도 안 된다. 나는 열정을 가진 남자에 불과하고 그래서 여자가 있어야 한다. 그렇지 않으면 나는 얼어붙거나 돌로 변하거나 할 것이다.'라고 괴로운 심정을 동생에게 토로한다. 그리고는 곧 실연의 상처로 자포자기하여 알코올 중독자에 성병 환자이고 다섯 살 된 딸이 있는 '시엔'이라는 임신한 창녀를 탐닉한다. 시엔의 성병이 옮아 3주간이나 입원을 하면서도 헤어지지 않고 제대로 된 가정을 만들어보려고 상당 기간 노력했으나 결국 경제적인 어려움 때문에 헤어진다. 시엔은 나중에 아들에게 "너의 아버지는 화가 고흐다."라고 말하지만 시차가 맞지 않는다고 연구가들은 말한다.

수년 뒤 다시 열 살 연상의 마르고트와 사귀게 되어 결혼도 생각하나 양가의 반대로 난관에 봉착한다. 급기야 마르고트는 약을 먹고 자살을 시도했을 정도였지만 결국 둘은 맺어지지 못한다. 이렇게 고흐의 사랑은 모두 비극으로 끝난다. "사랑 없이는 살 수 없다."고 울부짖던 고흐에게 만일 사랑하는 여인의 따뜻한 손길이 있었다면 우리가 지금 아는 고흐는 없었을지도 모른다는 생각을 해 본다. '위대한 예술이라는 나무는 불행을 먹고 자란다.'라고 한다면 너무나 가혹한 말인가.

목숨을 그린 고흐, 그리고 테오

한 번도 제대로 미술 수업을 받아 본 적이 없는 고흐는 28살이 되어서 독학으로 그림을 시작했다. 당시에 동생 테오에게 쓴 편지에 '나는 제대로 된 화구를 갖게 되어 참 행복하단다. 적어도 일 년 이상을 드로잉만 했는데 이제 그림을 막 시작할 수 있게 되다니! 너무 기쁘단다.'라며 아이처럼 좋아했다. 그리고는 1890년 7월 권총 자살로 생을 마칠 때까지 10년도 채 안 되는 동안 혼신(魂身)을 다해, 그야말로 몸과 마음을 다해 자화상 35점을 포함해 870점의 유화와 그 전부터 그려온 그림을 포함한 드로잉 1200점을 그렸다. 유화 숫자로 따져보면 9년 동안 거의 3일에 한 점을 그린 셈이다. 심지어는 정신병원에 입원해 있을 때도 빠지지 않고 그렸다. 거의 매일을 쉬지 않고 그림을 그리지 않고는 불가능한 숫자이다. 대가는 다작이라는 말을 실감하게 한다. 그것도 제대로 먹지도 못하고 그림만 그리며 몸을 혹사했다.

1885년 5월과 1886년 2월 사이 9개월 동안 빵과 커피와 담배만으로 연명했다고 동생 테오에게 보낸 편지에 쓰여 있다. 그동안 따뜻한 식사를 겨우 여섯 번 했고, 그런 결과 이빨이 흔들리고 몸이 쇠약해져 며칠씩 누워서 일어나지 못할 정도였다. 동생이 보내준 돈을 그림재료와 모델에 다 쓴 결과였다. 자신의 몸을 갈아 물감에 섞어 그림을 그렸노라고 말할 수 있을 정도다. 이렇게 고흐의 작품 하나하나에는 고흐의 몸과 마음의 조각들이 담겨 있다. 흡사 에밀레종에 어떤 여인의 아이 몸이 들어 있듯이. 이렇듯 여기에 내가 느끼는 고흐 그림이 주는 신비한 힘의 비밀이 있는 것 같다. 목숨을 걸고 그린 그림에서만 나올 수 있는 강한 기와 같은 것 말이다.

이글거리는 태양과 물결치는 보리밭, 하늘을 나는 새의 깃털 같은 구름, 물결을 따라 파도가 일렁이는 오솔길, 빗질을 한 듯 보이는 피부결의 자화상. 가만히 보다 보면 보는 사람을 어지럽게 만드는 이런 그림을 그린 독특한 붓질에 대한 분석은 여러가지로 할 수 있다. 평생 고흐를 괴롭히던 간질 때문이라는 설도 있고, 문질門疾이었던 정신착란 때문이라는 말도 있다. 사실 이 분석에 무게가 실리는 이유는 고흐에게는 남동생 둘과 여동생 셋이 있었다. 동생 테오도 고흐가 죽고 나서 6개월 뒤 정신착란으로 죽었고, 막내 동생도 고흐가 죽고 10년 뒤 자살했다. 고흐가 가장 사랑했다는 작가 지망생인 막내 여동생도 40살에 정신병원에 입원했을 정도로 정신과 관련된 병은 집안의 내력이었다.

그러나 고흐가 동생에게 보낸 편지에서 하소연하던 병의 증상을 의사들이 연구한 결과 간질병이기보다는 귓병의 일종인 메니에르^{meniere}병 때문이라고 한다. 이 병은 귀에서 소리가 나는 이명현상으로부터 시작해서 어지럼증이 나고 평형감각이 무뎌지는 병이다. 그래서 고흐의 그림에는 거의 제대로 된 직선이 없고 선들은 구부러져 물체들도 봄의 아지랑이가 피어날 때 사물이 흔들려 보이듯 한다는 진단이 나온다. 고흐의 독특한 화법은 이런 어지럼증과 평형감각으로 인한 문제 때문이지 결코 일부러 구사한 독특한 화법 때문이 아니라는 뜻이다. 모네가 백내장을 앓을 때 무채색에 가까운 물감을 많이 쓴 것처럼 본인에게는 그렇게밖에 보이지 않아서 그런 식의 화법이 나왔다는 뜻이다. 이 말을 고흐가 듣는다면 화를 낼 일인지, 수긍할 일인지는 고흐만이 알 것이다.

고흐가 마지막 숨을 몰아쉬던 방은 하루 3.5프랑의 싸구려 방이었다. 고흐가 자살한 후 프랑스의 미신으로 인해 한 번도 세를 놓거나 수리를 한 적이 없는 '자살자의 방' 벽은 지붕에서 빗물이 샜는지 얼룩이 져 있

고흐가 마지막 숨을 거둔 텅 비어있는 방

었다. 얼룩 사이에 고흐가 물감이 마르라고 그림을 걸기 위해 박아 놓았던 못 자국만 군데군데 남아 있을 뿐이다. 방에서는 수많은 사람들이 다녀갔음에도 오랫동안 사람이 살지 않고 비워 놓아서 나는 특유의 곰팡이 냄새가 그를 더욱 실감하게 한다. 70일 동안 여기서 살았다고는 하지

고흐 그림 〈까마귀 나는 밀밭〉

만 마지막 작품 〈밀밭〉이 죽기 17일 전에 완성되었다니 겨우 50일 동안에 72점을 그렸다는 계산이 나온다. 문자 그대로 식음을 전폐하고 그림만 그리지 않고는 불가능한 숫자이다. 이 시기에도 고흐는 레몬 옐로, 아주르 블루, 에메랄드 그린 같은 현란한 색깔을 써서 어디에서도 죽음의 그림자가 전혀 보이지 않는다. 유작이 아님에도 거의 유작이라고 일컫는 〈까마귀가 나는 밀밭〉에는 까마귀가 보인다고 해서 죽음을 상징하는 작품이라고 해석하는데 그건 아전인수我田引水이다. 서양에서는 까마귀는 길조이지 흉조가 아니다. 영물로 취급하고 심지어는 행운의 상징이기도 하다. 오히려 우리가 길조로 여기는 까치가 흉조로 취급된다. 어느 누가 봐도 50일 동안 그린 72점의 그림들은 죽기를 작정하고 몸을 거의 불쏘시개 삼아 자신의 마지막 삶을 활활 태워서 그린 그림이라고 밖에는 해석이 되지 않는다.

원래 고흐는 자신이 만족한 그림에만 '빈센트Vincent'라는 서명을 했다. 이 마지막 시기의 그림에서 많은 빈센트라는 서명을 발견할 수 있음은 참 아이러니 하다. 정말 혼신의 정열을 쏟아부었기 때문에 만족할 만한 작품이 나왔다는 것인가?

고흐는 생전에 유화로는 〈붉은 포도밭〉(모스크바 푸쉬킨 미술관 소장) 단 한 점을 죽기 몇 달 전 400프랑에 겨우 팔았다. 그래서 보통 고흐는 그림을 단 한 점 밖에 팔지 못했다고 알려져 있으나 스케치를 석판화로 만든 작품은 여러 점 팔았다. 고흐의 마지막 작품을 〈까마귀가 나는 밀밭〉이라고 하나 정설은 〈밀밭〉이다. 〈까마귀가 나는 밀밭〉이 주는 상징적인 음산함과 때문이기도 하고, 흉보凶報의 상징인 까마귀가 날아 고흐가 자신의 죽음을 말하기 위한 장치라고도 하나 근거가 없다는 것이 학자들의 공통적인 견해이다. 만일 〈밀밭〉이 고흐의 진정한 유작이라면 고흐가 총상을 입고 마지막 숨을 몰아 쉴 때 골방 벽에 걸려 있었던 그의 마지막을 증언할 수 있는 유일한 그림이다. 고흐가 죽은 후 17년간 테오의 부인이 가지고 있다가 1907년 개인에게 팔았고 이 그림은 고흐의 그림 중 개인 소유로 남아있는 10점 중 하나이다. 2007년에는 런던 소더비

고흐의 마지막 작품 까마귀 나는 밀밭의 자리(고흐의 무덤 바로 옆에 있다).
동생 테오와 나란히 있는 고흐 무덤
고흐 무덤 가는 길 안내판

에 나왔으나 1천7백만 파운드(당시 환율로 340억 원)인 예정 가격에 못 미쳐 팔리지 않았다. 2009년 다시 나왔지만 역시 예정 가격 3천4백만 불(374억 원) 이하라서 팔리지 못했다.

작가는 평생 곤궁해서 따뜻한 식사도 하지 못했는데 그의 그림은 보통 사람들의 상상을 초월하는 금액으로 거래가 된다고 하니 세상 돌아가는 이치가 참 쓸쓸하다.

고흐를 위한 도시 '아를'과 자화상

아를은 고흐로부터 시작해서 고흐로 끝난다. 적어도 내게는 그렇다. 인구 5만7천 명의 아를은 작은 시골이다. 특히 고흐의 흔적이 남아 있는 올드타운은 그냥 시골 마을에 불과하다. 아를에 들어서면 우선 좁은 골목에 놀란다. 차 한 대가 겨우 지나가는 골목길과 그 길옆으로 늘어선 낡은 건물들, 페인트가 벗겨져 있고, 손잡이의 쇠는 녹이 슬었고, 나무 문과 그 문 옆으로는 금이 가 있고, 빗물 자국으로 얼룩진 벽이 있다. 그 위에 곧 내려앉을 것처럼 얹혀있는 나무 창틀이 있고, 그러한 골목 끝에 포룸 광장과 그 광장 마당에는 노천카페와 레스토랑이 있다. '고흐가 골목을 누비고 다니던 때와 과연 무엇이 달라졌을까?' 하는 궁금증이 생길 정도이다. 어느 골목 모퉁이에서 화구를 들고 〈노란 방〉으로 돌아가는 〈집으로 돌아가는 화가〉 그림에 나오는 고흐를 만날 것 같다. 이곳은 바로 '아를'이다. 아를의 모든 길은 〈밤의 카페 테라스〉의 포룸 광장으로 통한다.

사람을 만나는 일은 가장 인간답다. 누군가를 만난다는 것은 시간과 공간을 같이 하는 일이다. 그러나 이미 죽고 없는 사람이라면 그 사람과 시간을 같이 할 수는 없다. 그래도 그 사람이 한때 머물렀던 공간에 가면 우리는 흡사 그 사람의 숨결이 공기 중에 남아있는 듯 착각을 하게 된다. 고흐를 직접 만나지 못하는 우리는 이렇게 그가 다녔던 길을 지나고, 그가 앉았던 바로 그 자리에 앉아 보고, 그가 그림을 그린 바로 그 위치에서 보며 공간뿐 아니라, 그림을 그리던 고흐의 마음까지 감히 헤아릴 듯하다. 시공을 같이해도 마음이 멀리 떨어져 있으면 차라리 만나지 않는 것만 못하다. 그러나 아주 멀리 있어도, 또는 시대가 달라서 같은 시간을 살지 못해도, 통하는 마음이 있으면 하나가 된다. 그래서 우리는 누군가의 발자취를 쫓아 이렇게 순례를 다닌다. 그의 마음을 헤아리기 위해.

고흐는 인물화를 무척 중요하게 생각했고 그리고 싶어 했으나 렘브란트처럼 모델료를 부담할 수 없었다. 렘브란트처럼 쉽게 자화상을 집중적으로 그릴 수 없었으나 주위의 친한 사람들에게 간곡히 부탁해서 그들의 그림을 많이 그렸다. 그런 이유로 고흐의 작품 중에는 주위의 보통 인물들의 초상화가 많이 있다. 고흐도 모델료를 지불하고 그림을 그릴 형편도 못 되었지만 상대방도 고흐에게 그림값을 지불하고 자신의 초상화를 주문할 사람들도 아니었다. 애초에 돈을 고려하지 않고 그렸음이 분명하다. 고흐는 자신의 그림이 팔릴 것이라는 확신도 없이 그림을 그렸다. 당시는 주문에 의해서 사람들이 원하는 방식으로 그린 그림이 팔리던 시절이었다. 그런데도 고흐는 어느 누구의 주문도 받아 본 적이 없다. 그는 자신이 그리고 싶은 그림을 유행과 상관없이 그렸다. 그렇다면 그는 왜 팔리지 않는 그림을 그렸는가? 더군다나 경제적으로 동생에게서 화구 값을 받아쓰는 입장에서 팔리지도 않고 굳이 자신도 팔려고 하지 않았던 그림을 왜 필사적으로 그렸을까?

그에 대한 대답은 그가 동생에게 쓴 편지에 나온다. 그러지 않고는 도저히 견딜 수 없는 외로움 때문이었다. 그런데 그것이 과연 팔지 않을 작품들을 쏟아 낸 이유라고 할 수 있는가? 쉽게 풀리지 않는 의문이다. 심지어는 고향 누에넨에 있는 어머니 초상화도 그랬다. 보통의 인물화가 모델을 앞에 놓고 그린다면 이 그림은 상상화이다. 얼마나 그리웠으면 상상으로 초상화를 그렸을까? 렘브란트가 90여 점을 그려 일반적으로 가장 많은 자화상을 그린 화가로 알려져 있지만 고흐도 만만치 않다. 35점의 유화와 4개의 드로잉을 남겼다. 물론 그중에는 유명한 그림인 자신의 손으로 귀를 자른 자화상도 2점이 포함되어 있다. 그중 한 점은 런던 코톨드 갤러리The Courtauld Gallery에 있다.

고흐는 10년 남짓 한 기간 동안의 작품 활동으로 864점의 그림과 드로잉 1340점을 남겼다. 정말 다양한 소재를 다양한 기법으로 그렸다. '이 모든 작품들이 한 사람이 그렸을까?' 하는 의문이 들 정도이다. 과작寡作을 자랑으로 여기는 화가들도 있고 때로는 한 주제로 평생을 천착穿鑿한다는 어려운 용어로 자신을 변명하는 화가도 있지만, 내가 볼 때 그들은 상상력의 빈곤이 아닌가 한다. 세상의 천재나 대가들은 역시 다작이고 소재나 기법도 다양하다. 그런 화가들의 작품을 보면 '아니, 이 화가가 이런류의 그림도 그렸어?'라고 할 정도의 그림도 많이 있다.

일상적으로 봐 왔던 화가의 놀랄만한 변화를 보여주는 화가들이 대가 중에는 많이 있다. 도저히 이해가 불가능한 전형적인 추상화가로 알고 있던 피카소가 아주 멋진 사실화를 그린 것을 보고 사람들이 하는 말이다. 그만큼 다양하다는 뜻이기도 하고 그만큼 기초를 탄탄히 했다는 말이기도 하다. 피카소가 명성을 얻기 시작하던 시기의 그림은 사실화로도 최고의 수준이었다.

암스테르담 '고흐 박물관', '크뢸러 뮐러 박물관'

　우리 같은 후세들이 고흐의 주옥같은 작품을 누릴 수 있는 행운을 가진 이유가 고흐의 불행 때문이라면 너무 심한 말장난인가? 그런 전제로 한번 살펴보자. 고흐는 한 번도 제대로 된 사랑을 해 본적이 없다. 런던 하숙집 딸 유지니 로이어에 대한 구혼도 이루지 못한 20살의 청년 고흐의 첫사랑은 짝사랑이라는 비극으로 끝나면서 고흐의 마음에 잊을 수 없는 상처로 남는다. 그 이후 세 번 더 가슴 아픈 사랑이 있었는데 결국 한 번도 제대로 된 가정을 이루어 보지 못한다. 동생 테오에게 보낸 편지에도 그런 심정을 구구절절이 토로한다. 그리고는 마지막으로 친구 고갱에게마저 버림을 받아 회복할 수 없는 상처를 받는다. 이런 처절한 외로움이 고흐를 결국 작품에 더 몰입하게 한 것은 아닌가? 만일 고흐가 네 명의 여인 중 단 한 명만이라도 인연이 닿아 자식을 낳고 안정적인 가정생활을 했다면 우리가 지금 같은 고흐의 천재적인 그림을 볼 수 있을까. '그의 불운한 실연으로 인해 더욱 처절한 작품이 나왔고 외로움을 달래려고 필사적으로 그림에 매달린 불안한 심리상태가 더욱 작품의 미적인 성취에 도움을 주지 않았을까?'라고 하면 아주 잔인한 분석인가. 만일 우리의 분석이 맞는다면 그의 작품은 '정말 자신의 뼈와 살을 갈아 피에 섞어 그림을 그린 것이 아닌가?' 하는 생각이 든다. 그래서인지 그의 작품은 다른 누구의 그림보다도 사람의 혼을 빼앗아가는 신비한 힘이 있어 아직도 세인들의 발길을 잡나보다.

　고흐의 불운이 후세에게 행운이 된 또 하나의 예는 고흐는 생전에 단 한 점의 작품밖에 못 팔았다는 사실이다. 이렇게 고흐는 살아서는 세상의 인정을 받지 못했다. 이것이 우리들에게 더할 수 없는 행운이다. 왜냐

고흐가 주인 딸에게 첫 실연을 한 런던 하숙집

하면 만일 고흐가 생전에 인기 있는 작가였다면 고흐의 그림들은 모네처럼 거의가 개인 소장이 되어 지금처럼 공공 박물관에서 보기가 힘들었을 것이기 때문이다. 고흐가 생전에 선물했거나 집세 등으로 준 그림들은 가치를 모르는 사람들에 의해 헐값으로 넘겨져 네덜란드 내 고물상에 먼지에 쌓여 있었다.

1900년대 초 네덜란드 안에서부터 고흐의 이름이 서서히 알려지기 시작하면서 네덜란드 정부나 미술관 그리고 개인들이 집중적으로 고흐의 작품들을 수집하기 시작했다. 이런 눈 밝은 이들의 컬렉션을 바탕으로 박물관들이 세워졌다. 세계에서 고흐의 작품을 가장 많이 가진 암스테르담 고흐 박물관과 크뢸러 뮐러 박물관 등의 두 네덜란드 박물관이 바로 그것이다. 그 중에서도 고흐의 작품 하면 암스테르담 고흐 박물관이다. 물론 크뢸러 뮐러 박물관의 고흐 작품도 만만치 않다. 크뢸러 뮐러 박물관은 고흐의 작품만 유화 73점, 드로잉 96점을 소장하고 있다. 그 중에서 유명한 〈감자먹는 사람들〉, 〈별밤의 사이프러스〉, 〈씨 뿌리는 사람〉과 특히 아를에서 그린 푸른 밤하늘의 〈밤의 카페 테라스〉가 크뢸러 뮐러 박물관의 소장품이다. 크뢸러 뮐러 박물관의 〈감자먹는 사람들〉은 암스테르담 반 고흐 박물관의 동명의 작품과 거의 같은 장면이나 크기가 약간 작다. 크뢸러 뮐러 박물관의 고흐의 드로잉은 특히 주옥같다. 우리가 모르는 고흐 예술의 다른 면을 보여 주기 때문이다. 우리가 이렇게 쉽게 고흐의 작품을 누리는 것은 바로 이런 고흐의 불운 때문이라는 슬픈 이유 때문이다.

또 하나 우리들에게 다행인 점은 고흐의 편지 874편이 고스란히 남아 있다는 점이다. 이 편지들을 통해 고흐가 어떤 그림을 어떤 생각으로 그렸는지를 알 수 있어 그의 그림에 대한 이해를 돕는다. 동시에 그가 그림을 그리던 시점이 인생에서 어떤 상황이었는지도 소상히 알 수 있기도 하다. 그래서인지 고흐의 그림에 관해서는 별로 이론이 없다. 그 이유는 고흐는 동생 테오에게 일기처럼 매일 보낸 편지에서 자신의 그림에 대해 언제나 언급을 해서이다. 편지는 한 사람의 마음의 창이라고 한다. 우리는 그 창을 통해 빈센트 반 고흐라는 희대의 천재의 마음속을 들여다 볼 수 있는 행운을 누리고 있다. 그래서 우리는 고흐를 과거의 위대한 화가가 아닌 우리 시대의 한 사람으로 더욱 가깝게 느낀다.

레오나르도 다빈치나 미켈란젤로처럼 작품으로만 그들과 대화를 하는 것이 아니다. 고흐의 편지를 읽다 보면 흡사 내가 그 편지의 수신인이 된 듯한 느낌이 든다. 가슴 아픈 사랑의 이야기부터 동생이 보내 준 생활비를 모두 털어 화구를 사고 일주일동안 따뜻한 음식을 먹지 못한 이야기를 하는 편지를 읽고 나면 정말 짠해서 밥이 넘어가지 않는다. 그런데 이런 그의 불운이 후세의 우리에게는 행운으로 작용했다. 만일 고흐가 정상적인 인간관계를 맺었거나 한 여인과 열렬한 사랑을 했거나 혹은 가정이 있어 외로움을 못 느꼈다면 굳이 멀리 있는 동생들에게 편지를 썼겠는가. 얼마나 대화 상대가 없어 외로웠으면 한날 두세 통의 편지를 썼겠는가. 그의 편지 구절에서 그 처절한 외로움이 철철 흘러서 묻어난다. 다행히도 동생들은 그런 고흐의 편지를 잘 보관해서 후세에 전했다. 정말 고맙다. 그래서 우리는 천재가 우리들에게 말하고자 했던 모든 것을 그의 그림과 편지로 알 수 있는 행운을 누리는 셈이다.

라부 여인숙, 라부 하숙집 식당

고흐를 다시 한 번 느낄 기회가 있었다. 고흐의 집 라부 여인숙을 지키는 네델란드인 주인을 통해서이다. 세상에는 빈센트 반 고흐를 사랑하는 수많은 사람들이 있다. 그의 그림이 마냥 좋은 사람으로부터 너무나 지난했던 고흐의 삶이 가슴이 아리도록 애잔해서 그를 사랑하지 않을 수 없다는 사람까지 모두를 나름대로의 이유로 37살에 자살한 비운의 천재 화가 고흐를 사람들은 좋아하고 사랑한다. 그러나 그 누구도 도미니크 샤르르 얀센 Dominique-Charles Janssens의 고흐 사랑을 따라가기는 힘들다. 얀센은 프랑스 파리 근교의 오베르 수르 우아즈 Auvers-sur-Oise에 위치한 고흐가 마지막 숨을 내 쉰 '라부 여인숙 Auberge Ravoux'을 소유, 관리하는 벨

오베르 수아즈의 라부 하숙집 주인이자 고흐 재단 이사장 도미니크 샤를 얀센

지읍 출신 사업가이다. 그가 고흐와 인연을 맺고 고흐가 사망한 하숙집을 구입하여 관리하게 된 사연은 이미 잘 알려져 있다.

그런 그가 2015년 고흐의 사망 125주기를 맞아 큰 사고를 쳤다. 그림이 가장 비싼 화가 중 하나인 고흐의 그림을 개인 모금을 통해 모은 1억 2천만 유로로 구입해서 고흐가 생을 마감한 2평짜리 방에다 걸고 2015년 공개하려고 하기 때문이다. 한 개인의 노력으로 그 많은 돈을 모은다는 일은 필사의 노력을 지난 27년간 기울였기 때문에 가능한 일이다.

얀센을 사람들은 '반 고흐의 전도사'라고 부른다. 그러나 전도사라고만 부른다면 너무 약하다. 얀센이 사서 수리를 하고 1993년 공개하기 전에는 라부 여인숙에는 고작 1년에 수천 명 정도가 다녀갔을 뿐이었다. 주로 미술학도, 화가, 역사가, 혹은 고흐 애호가들이 일부러 찾아오는 곳이었다. 그러나 1993년 이후 지금까지 거의 200만 명이 넘는 사람이 다녀갔다. 2013년에만 40만 명이 고흐의 성지 순례(얀센은 순례객이라고 부른다)를 왔으니 얀센을 그냥 전도사라고 부른다면 너무 미약한 것이 아닌가? 한 사람이 운명처럼 주어진 사명감으로 이해를 초월해서 이룬 것이라고 하니 존경하지 않을 수 없다. 그를 다룬 인터뷰 기사에서는 얀센은 상당히 수줍어하는 타입이라 사진을 찍기도 꺼려하고 언론에 언급되는 것도 좋아하지 않는다고 했는데, 내게는 이례적으로 적극적이었다. 심지어 화요일은 휴관일인데 파리에서 직접 와서 안내를 했다. 특별한 대접을 받은 셈이다. 한국 순례객을 위한 한글로 된 안내서도 2년 전에 만들어 비치하고 있다. 늘어나는 한국인들을 정성껏 맞이하겠다는 뜻이다. 한국에도 두 번이나 다녀갔다.

◇ 얀센과의 인터뷰 ◇

1. 아마 가장 많이 받을 질문일 것 같은데 왜 고흐의 방을 의자 하나를 제외하고 아무런 가구나 장식 없이 비워 놓았나? 원래 고흐가 있을 때는 가구가 있지 않았나?

우리 사회의 문제점은 사람들이 모든 것을 가지고 있음에도 불구하고 행복해 하지 않는다는 점이다. 물질주의가 해결책이 아니다. 정말 아무 것도 없는 이 빈 방에 들어 왔을 때 사람들은 자신을 돌아보게 된다(얀센은 balancing themselves 이라는 구절을 썼다). 장례식에서 사람들이 관속에 든 고인을 애도해서가 아니라 자신의 처지 때문에 우는 경우가 많은 것처럼 말이다. 이와 같이 사람들이 비록 가벼운 마음으로 휴가를 왔다가 고흐의 마지막 장소인 이곳에 아무 생각 없이 들렀더라도 이 텅 빈 방과 맞닥뜨리면 잠시나마 자신의 생애를 돌아보는 시간을 갖게 된다. 이유는 삶에 실패해서 자살을 했으나 이제는 세계적으로 유명해진 고흐라는 한 인간의 일생을 이 방에서 느끼는 과정을 통해 자신의 삶도 돌아보게 되는 것이다.

사람들은 누구나 여기 빈 공간을 자신만의 생각으로 채울 수 있다. 빈 공간에 가구들을 배치할 수 있지만 그렇게 되면 사람들은 그런 것들을 보느라 자신의 생각을 할 수 없다. 사람들이 자신의 이야기로 이 방을 채우게 하려고 빈 방을 두었다. 우리 모두는 어떤 문제를 가지고 있기 마련이다. 고흐처럼 간질병이 있거나 건강, 돈 문제 등이 있을 수 있다.

누구나 자신만의 비밀의 정원을 가지고 있다. 이 방에서 사람들은 자신의 비밀과 고흐의 문제를 같이 연결해서 생각하고 자신의 삶을 반추하는 좋은 기회를 갖게 되기를 바란다. 그것은 이 방이 빈방이어야 하는 이유이다(이 방은 사람들에게 아주 강한 인상을 주는가 보다. 어떤 사람은 울기도 하고 어떤 사람은 기절을 하기도 한다는 글을 한 언론 기사에서 본 적이 있다).

2. 교통사고가 나서 당신에게 반 고흐가 하나의 숙명처럼 되기 전 고흐는 당신에게서 무엇이었나?

라부 여인숙 바로 앞에서 교통사고가 나고 병원에 두 달 입원해 있는 동안 친지로부터 고흐의 서한집을 선물 받았다. 그의 편지로 그도 한 인간이었음을 깨닫게 되었다. 우리 인간 모두가 갖고 있는 문제를 고흐도 가지고 있다는 점이 가슴에 깊게 와 닿았다. 그렇게 해서 나와 고흐의 인연이 시작되었다. 전생의 인연과 같은 숙명적인 고리는 우리 모두 어떤 형태로든 가지고 있을 것이다.

내가 10살 때인 1961년 파리에 처음 와서 인상파 미술관에서 나의 첫 번째 새 카메라로 6장의 사진을 찍었는데 그 중 5장이 고흐 그림이었다. 나머지 1장은 모네였다. 지금 돌아보면 그 때 나는 이미 고흐에 대해 어떤 특별함을 느꼈던 것 같다.

얀센은 라부 여인숙 앞에서 사고를 당하고 2년 뒤인 1987년 당시 금액으로 357,000 달러에 라부 여인숙을 산다. 그리고는 700만 유로를 들여 6년 간 대 수리를 한다. 뿐만 아니다. 그 후 다시 약 1,100만 유로를 더 투입해 인근 집들을 모두 사들인다. 거의 근처에 있는 길 전체를 소유한 셈이다. 부동산 투자가 아니라 라부 여인숙의 분위기가 인근 부동산 소유주들의 난개발 때문에 흐려지는 것을 막기 위한 조치이다. 대수리를 하면서 신경 쓴 라부 여인숙 원형 보존에 관해 칭찬을 아무리 해도 부족할 정도이다. 라부 여인숙은 고흐가 숨을 거둘 때 상태 그대로의 모습을 간직하고 있다. 그동안 그렇게 많은 사람들이 다녀갔음에도 곰팡이 냄새가 확 풍겨서 정말 오랫동안 비워 놓았음을 실감할 수 있다. 물론 자살한 사람의 방은 세를 놓거나 수리하지 않는다는 프랑스 관습 때문에 고흐 사후 100여 년간 사람이 살지 않았기 때문이기도 하지만 수리를 하면서도 완벽하게 보존이 된 이유도 있다. 수리는 주로 건물을 보강하는데 중점을 두었다. 집 안팎의 벽에는 수십 톤의 보강재가 투입되었고 건물의 목조 기초 자재에도 좀이 슬거나 썩지 않게 화학처리를 했다. 뿐만 아니라

1년에도 10만 명 이상의 인파가 거쳐갈 3층까지의 목조계단 등은 더 이상 보강할 수 없을 정도로 안전장치에 만전을 기했다.

이런 보수 작업은 꽁파뇽 뒤 드보아르 라는 중세 때부터 내려오는 프랑스 최고의 장인 전수기관이 담당했다. 전국의 보수작업 최고 기술자 거의 모두가 이 역사적인 작업에 참여하고 싶어서 안달을 했다. 작업은 이들이 들인 정성으로 아주 성공적이었다. 얀센은 그 성공여부를 첫날 초대된 동네 할머니의 질문을 통해 확인 할 수 있었다. '아니 아직 수리를 시작도 안 하셨네요. 언제 시작하는가요?'라는 질문이었다. 항상 봐 왔던 동네 사람들도 속을 정도로 원래 모습은 그대로 남겨 놓고 건물만 보강하는 조치를 했으니 말이다.

3. 이 집을 소유하고 나서 특이한 일을 겪은 적은 없나?

특이한 일은 기억에 남아 있지 않다. 그런데 이 집은 내가 소유하는 것이 아니라 모든 인류humanity가 같이 소유하는 것이다. 100년 뒤, 아니 영원히 이 집이 존재할 수 있게 하기 위해 재단을 만드는 중이다.

4. 그럼 단어를 바꾸겠다. 이 집을 관리하면서 가장 행복했던 순간은?

한 번의 경우가 아니라 이 집을 방문하고 간 모든 사람들이 행복해 할 때마다 나도 행복하다. 매일 세계 각지에서 수많은 감사의 편지를 받는다.

5. 특이한 에피소드를 기대하고 질문을 던졌는데 아주 일반적인 대답이 나왔다. 그런데 이번 것은 조금 달랐다. '가장 어려웠던 점은?'이라고 질문을 하자마자 기다

렸다는 듯이 속사포처럼 하소연이 쏟아져 나왔다.

정치적인 문제로 상당히 어려웠다. 고흐의 편지를 읽고 나서 그에게 관심이 온통 쏠려 있을 때 우연히 이 집이 팔려고 나왔음을 알게 되었다. 그 때 이 집은 완전히 동네 싸구려 카페 같았다. 아무도 원하지 않았다. 프랑스 정부는 물론 지방정부를 비롯해 이 마을 누구도 아예 관심이 없었다. 당시 프랑스에서 고흐는 특별히 중요한 화가가 아니었다. 그냥 르누아르, 모네와 같은 인상파 화가 중 하나였을 뿐이다. 더군다나 그는 프랑스인이 아니고 네덜란드인 아닌가? 프랑스인의 프랑스인 사랑은 유별난데 아무리 고흐가 유명하기로서니 프랑스인들이 관심을 쏟을 리 만무했다. 그러다가 내가 라부 여인숙을 인수하고 난 바로 그 해에 〈해바라기〉(1987년 3월 3,970만 불), 〈아이리스〉(1987년 11월 5,390만 불)등이 정말 전대미문의 금액으로 팔리면서 고흐는 세상에서 가장 비싼 화가가 되었고 그렇게 해서 프랑스에서 고흐의 인식이 완전히 바뀌었다(그 다음부터 피카소, 세잔, 모네 같은 유명 화가들의 천정부지의 천문학적인 그림 가격이 형성되기 시작했다).

이렇게 되자 그 동안 관심도 안 쏟던 프랑스의 정치인들은 모두 고흐가 숨을 거둔 방이 외국인 소유로 되어 있다는 점에 주목하게 되었다(더군다나 이 집은 고흐가 옮겨 다니면서 산 4개국 38개 집 중에서 런던 하숙집을 제외하고는 유일하게 원형대로 남아 있는 집이다). 이 집을 뺏기 위해서 들어온 프랑스 정부의 유무형의 치사한 압력은 이루 다 말할 수 없다. 세금 조사를 비롯해 무려 17개 프랑스 기관들이 각종 시도를 했으나 나도 버텼고 그래서 결국 그들은 성공하지 못했다. 나는 그때 유능한 국제회계법인을 쓰고 있었고 그래서 아무런 흠을 찾아 낼 수 없었기 때문이기도 하다. 심지어 그들은 프랑스 은행들에게 압력을 넣어 내게 신규대출을 못하게 했음은 물론 기존 대출까지 회수하게 만들었다. 또 이런 역사문화재historic landmark로 지정된 건물은 수리에 엄격한 규제를 받기도 하지만 특히 이 건물에 대해서는 규정보다도 몇 배는 더 까다롭게 적용해 그 어려움은 말도 못할 정도로 정말 엄청났다.

그러나 사람들이 핍박할수록 나는 더욱 더 강해지는 사람이다. 결국 그들은 목적을 이루지 못했고, 그래서 나는 지금 여기 있다. 프랑스에는 문화관련 일을 하면 손해를 봐야 한다는 믿음이 있다. 손해가 많이 나면 날수록 그 사업은 문화적인 가치가 있는 것이라는 것이다. 큰 손해를 보면 예술계에서는 모두 축하를 해준다. 잃어버린 돈만큼 예술적인 가치가 더 있다. 세상 사람들이 안 알아줄수록 예술적인 가치는 더 있다는 뜻이다. 그래서 프랑스에서는 예술로 인해 돈을 엄청나게 잃어버리면 최고 훈장인 레지옹 도뇌르를 준다. 어찌되었건 프랑스 정부는 문화에 관계된 모든 것을 통제하려고 한다. 그래서 나는 프랑스 정부 지원을 전혀 받지 않는다. 그렇게 해야 나는 그들로부터 자유로워질 수 있기 때문이다.

―

6. 당신의 꿈은 고흐가 오베르에서 그린 그림 중 하나를 그의 방에 거는 것이어서 '반 고흐의 꿈 Van Gogh's Dream**'라는 프로젝트를 통해 그림 구입 자금을 모으고 있다는데 얼마나 진척이 되었나?**

그것은 내 꿈이 아니라 고흐의 꿈이다(1890년 6월 10일 고흐는 테오에게 '언젠가는 어느 카페에서 나만의 전시회를 가질 방법을 찾을 수 있을 것이라고 믿는다.'라고 썼음에도 불구하고 전시회는커녕 그림 한 점만 생전에 팔았다). 나는 그냥 그의 꿈을 실현 시켜 주려고 한다. 세상의 모든 고흐 애호가와 마찬가지로 나는 그의 꿈을 이루어 주고자 노력하고 있다. 나는 세상에서 가장 작은 호텔을 가지고 있다. 그러나 가장 유명한 것이기도 하고 또 이제는 가장 작은 미술관이 될 것이다. 바로 고흐의 꿈이 실현될 단계에 와 있기 때문이다. 공식적으로 발표는 아직 안 했고 법적인 문제를 해결하는 중이라 지금은 그림 이름을 밝힐 수는 없지만 2015년 되면 정식으로 세상에 내 놓을 수 있을 것 같다. 고흐가 이 곳 오베르에서 그린 그림 70여 편(오베르에서 그린 그림에 대한 숫자는 자료마다 달라 정설을 찾을 수가 없다) 중 하나 임이 분명하다. 한 점이 될지 두 점이 될지는 아직 모르지만 지금으로 1억 2천만 유로가 준비되어 있다.

드디어 고흐의 꿈이 이루어 질 참이다. 고흐의 사망 125주년이 되는 금년이면 일반에게 드디어 공개 할 수 있을 예정이다. 고흐의 5번 방 벽에 그 그림이 걸리는 것을 온 세계의 사람들이 곧 볼 수 있을 것이다. 그래서 그 방은 바로 '전망이 있는 방A Room with a View'이 될 것이고, 그 전망이 바로 고흐 그림이다. 겨우 두 평의 방에 그림 한 점으로 정말 세상에서 가장 작은 그러나 가장 유명한 미술관이 하나 생기는 셈이다. 고흐의 꿈이 카페에서 전시회를 갖는 것이었는데, 이렇게 해서 죽은 지 125년 만에 그의 꿈이 실현된다. 8년 전 내가 처음 이런 희망을 얘기하면서 캠페인을 처음 시작했을 때 세상 사람들은 모두 나를 과대망상증 환자라고 말했다. 어떻게 그 비싼 그림을 당신이 맨손으로 살 수 있겠느냐고. 그러나 우리 반 고흐의 꿈 팀은 이렇게 결국 해내지 않았느냐!

반 고흐의 꿈(www.vangoghsdream.org)팀은 얀센이 설립한 반 고흐 연구소(이제 반 고흐 재단으로 곧 바뀐다)의 일부이고, 여기를 통해 모금을 했다. 아이패드 앱 전자책(2파운드 49펜스)도 판매하고 《반 고흐의 테이블》이라는 고흐의 이야기 및 라부 여인숙 레스토랑의 요리에 관한 책(18만 권 판매) 판매로 모금을 했다. 물론 대부분의 금액은 개인들의 기부인데 5달러짜리 수표부터 엄청난 금액 까지 있다. 얀센은 아마 고흐가 오베르에서 그린〈밀밭〉그림 12개 중 하나가 돌아올 것 같다고 하면서 벽에 걸어 놓은 그림을 웹캠을 통해 기부자들은 언제나 볼 수 있는 특전을 준다고 했다. 벌써 고흐의 방 벽에는 방탄유리로 된 유리장이 그림을 기다리고 있다. 루브르의 모나리자 그림을 보호하는 유리 상자를 만든 경비 회사에 주문 제작한 것이다. 그림이 오지 않은 지금도 그 방안에서는 누구도 사진을 찍을 수 없다. 방 안 전체의 사진은 보도 자료로도 배부 하지도 않는다. 방 밖에서만 그것도 방 안 일부를 촬영 할 수 있을 뿐이다. 텅 빈 방 중간에 의자 하나만 놓은 것도 바로 얀센의 계산된 의도이다. 자살이라는 비극이 깃든 방을 신비스러운 이미지로 더욱 극적으로 만드는 얀센의 능력이 돋

보인다. 더군다나 거의 원맨쇼처럼 기금 모금을 진두지휘해서 연구소 설립 8년 만에 1억 2,000만 유로를 모으는 솜씨는 정말 전직 마케팅 회사 임원 출신 전문가가 아니라면 거의 불가능하다.

―

7. 고흐에 관한 한 세계 어느 누구보다도 전문가인 얀센은 일반인들이 잘못 알고 있는 고흐에 대한 이야기를 했다.

1956년 빈센트 미넬리 감독의 영화 〈열정의 랍소디Lust for Life〉에 묘사된 고흐의 이미지는 엉터리이다. 그 영화에는 '좋은 화가가 되기 위해서는 가난하고, 주정뱅이이고, 미쳐야 한다.'라고 그렸다. 그런데 고흐의 편지를 읽어 보면 그는 간질병 같은 수많은 문제에도 불구하고 99%의 시간에는 앞뒤로 꽉 막혔다 할 정도로 자신에게 엄격했다. 생각해보라! 그러지 않고는 어떻게 그 짧은 생애에 그 많은 그림을 그릴 수 있었겠는가? 영화처럼 술을 마시고 시간을 부냈다면 말이다(고흐는 거의 10년의 작품 활동을 통해 유화 860점, 수채화 147점, 스케치 1030점, 그래픽 10점, 편지 스케치 133점 도합 2181점을 그려냈고 거기다가 동생 테오에게 뿐만 아니라 친지들에게 도합 874통의 편지를 남겼다. 더군다나 오베르에서는 70일 동안 유화만 70여점을 그렸으니 정말 여간 자기 절제가 강하지 않고는 불가능한 숫자임을 알 수 있다).

또 고흐가 동생이 보내주는 돈이 모자라기도 하고 또 그나마 화구에 대한 욕심 때문에 빵만 먹다가 거의 굶어 죽었다고 알려져 있는데 이것도 최소한 오베르에서는 사실이 아니다. 그는 테오로부터 매달 지금 돈으로 치면 1,500유로를 받아 결코 가난하지 않았다. 동생 테오는 1년에 지금 돈으로 치면 70,000유로 정도를 벌었기 때문에 형에게 그 정도는 충분히 줄 수 있었다. 오베르, 이곳 라부 여인숙에서는 특히 잘 지냈다.

이런 얀센의 말은 고흐의 그림 〈아들린 라부의 초상〉의 주인공인 여인숙 주인 딸 아들린 라부가 자신의 유명한 초상화가 그려진 지 66년 뒤인 1956년 고흐에 관한 증언 자료에서도 확인된다.

그녀에 의하면 고흐는 술을 거의 마시지 않았다. 카페의 손님들과도 잘 어울리지 않고 오직 동료 예술가 하숙생들과 밥을 먹었다. 그 동안 자신을 괴롭히던 알코올로부터 벗어나 새로운 삶을 살기 위해 노력했다는 뜻이다. 하숙집 딸의 증언에 의하면 결코 고흐는 어려운 하숙생이 아니었다. 식사를 절대 남기는 법도 없었고 항상 식사 시간 정시에 나타났다. 또 하숙비도 밀리지 않고 잘 냈다. 평소 누구와 말을 잘 건네지 않았고 밥을 먹고 나면 산책을 나가거나 혼자서 그림만 열심히 그렸다. 그러던 어느 날 자신에게 다가와서 그녀의 초상화를 그리고 싶은데 어떠냐고 물었고 그녀가 좋다고 하자 부모님의 허락을 받으라고 했다. 당시 그녀는 12살이었는데 성숙해 보였는지 테오에게 쓴 편지에는 16살 소녀의 초상화를 그렸다고 썼다. 푸른색 배경에 푸른색 드레스를 입은 소녀의 그림은 고흐 작품 중에도 가장 유명한 그림 중 하나이다. 그러나 자신의 완성된 초상화를 보고 아들린은 상당히 실망했고 부모도 좋아하지 않았다. 그들이 고흐의 그림은 이해하기에는 고흐의 화법은 너무 시대를 앞서 갔던 탓이다.

고흐가 가장 힘들었던 점은 이렇게 세상이 자기를 알아주지 않는다는 것이 아니었을까? 고흐가 할 수 있는 일은 오로지 그림 그리는 일 밖에는 없는데 그가 그린 그림을 세상이 인정을 해주지 않으니 절망적이었을 것이다(고흐는 한때 목사가 되기 위해 탄광촌에서 사목司牧을 하기도 했다. 그 때도 고흐는 거의 아주 간단한 식사만 고집할 정도로 엄격했다). 만일 고흐가 그런 세상과 맞서서 살려면 세상의 무관심을 즐겨야 하는데 그러기에는 그는 너무 성정이 고왔다. 고흐는 자신의 생명을 갈아 그림을 그렸다. 자신의 생명에 뼈와 살을 갈아 물감에 넣어 그림을 그렸다. 그렇게 하지 않고 그 짧은 기간 안에 어떻게 그 많은 그림을 그릴 수 있었겠는가? 거기다가 그 짧은 기간 동안 네 여인들로부터 받은 실연의 상처를 비롯해 받은 수많은 고통이 더욱 우리를 아프게 한다. 그리고 사랑하게 만든다.

고흐에게는 평화로운 죽음미저도 허락되지 않았다. 가슴을 겨냥한 총알이 뼈를 맞고 튕겨서 위장을 관통하는 바람에 이틀을 고통 받다 죽었기 때문이다. 지난 한 일생을 살아온 고흐는 죽음으로 가는 길조차 편하지 못했다.

고흐가 마지막 숨을 거둔 텅 빈 다락방

처음으로 라부 여인숙의 좁은 나무 계단을 밟아 고흐의 삼층 지붕 밑 골방에 들어서면 강렬한 곰팡이 냄새와 함께 전기 충격 같은 전율을 느낀다. 고흐의 흔적 하나도 찾을 수 없는 아무것도 없는 텅 빈 방에 달랑 의자가 하나 있을 뿐이다. 너무 작고 너무 초라하고 너무나 소박해서 그래서 아름답고 슬프다. 동양화의 여백의 미처럼 신비스럽고 추사의 세한

고흐 무덤 가는 길 언덕에 있는 오베르 수아즈 성당 고흐의 그림으로도 유명

도처럼 외롭다. 손이 전혀 가지 않은 듯 그대로 내버려 둔 듯 하지만 여기에도 얀센의 의도가 그대로 숨어 있다.

여기서 방문객들은 자신들의 생각과 감정으로 방을 채우면 된다. 세상의 언저리에 위치한 이 침묵의 피난처에서 말이다. 일분만이라도 침묵을 지키고 묵념을 하면서 공간의 공백과 여백을 자신의 생각으로 채우면 된다. 이런 감정은 암스테르담의 안네 프랑크의 빈 방에서도 느꼈다. 아마 거기서 얀센은 빈 방의 아이디어를 얻었을 수도 있다는 생각을 했다. 얀센은 라부 여인숙 수리에 대한 영감을 얻기 위해 영국 스트랫 포드의 셰익스피어 하우스를 비롯해 찰스 디킨스, 어니스트 헤밍웨이 기념관 등 세계 각지에 산재한 기념관 200개를 다녀왔다.

만일 그 방에 고흐의 그림이 루브르의 모나리자 그림처럼 삼엄한 유리 상자 안에 들어 있다면 사람들은 그림에 눌려 과연 얀센이 원래 의도했던 초라한 공백의 공간 속에서 자신의 삶을 돌아보는 대 침묵이 순간을 사람들이 느낄 수 있을까 하는 괜한 걱정이 들었다. 다시 한 번 얀센의 실력을 기대해 봐야 할 것 같기도 하다. 라부 여인숙을 나오면서 과연 고흐는 자신을 알아주지 못하는 세상을 용서하고 죽었을까 하는 상념도 들었다. 그러나 테오가 여동생 라이에게 보낸 편지에 고흐를 미소를 짓고 죽은 순교자라고 해야 한다고 한 것으로 미루어 고흐는 숨을 거두는 마지막 순간에 세상을 용서했을 것 같기도 했다.

✈ **남프랑스 프로방스 지방 아비뇽.**
론강(江)의 좌안에 있으며, 파리에서 677km 떨어져 있다. 아비뇽 축제는 매년 7월 열리며 길거리 공연은 무료이다.

 아비뇽 중앙역
영업시간: 월-금 오전 4시 30분~오후 11시 30분 (주말: 오전 5시~오후11시 30분, 공휴일: 오전 5시~오후 11시 30분)

 아비뇽 TGV역
영업시간: 월-금 오전 6시~오후 11시 (주말: 오전 6시~오후11시, 공휴일: 오전 6시~오후 11시)

피카소

아비뇽

〈아비뇽의 처녀들〉의 비밀

지상의 천국 같은 프로방스 중앙에 아비뇽이 있다. 아비뇽 하면 제일 먼저 떠오르는 것이 피카소의 〈아비뇽의 처녀들〉이고 고등학교 세계사 시간에 배웠던 가톨릭 교황의 '아비뇽 유수幽囚'이다. 조금이라도 세계적인 예술 행사에 관심이 있는 사람이라면 그 유명한 '아비뇽 축제'를 연상할 수 있겠다. 아비뇽은 잘 알려져 있다면 잘 알려져 있고 잘 알려지지 않았다면 알려지지 않은 도시이다. 굳이 찾아가야 할 특별한 명승지가 있는 것도 아니고 아비뇽을 중심으로 작품 활동을 하는 유명한 작가나 화가가 있는 것도 아니다. 굳이 아비뇽과 관련이 있는 유명인을 찾는다면, 현대 음악의 성자라 불리고 정명훈 씨가 자주 작품 지휘를 했던 프랑스 작곡가 올리비에 메시앙Olivier Messiaen이 태어난 곳이고, 영국 철학자 존 스튜어드 밀John Stuart Mill이 죽고 묻혀있는 곳이라는 게 겨우 찾아 낸

아비뇽 민가

자료의 전부다. 이렇게 오래된 역사적인 도시가 이만큼 유명인과 연관되지 않기도 힘들다. 그렇다고 아비뇽을 프랑스의 특색 없는 지방 도시 중의 하나로 치부하기에는 아비뇽은 충분히 매력적인 남불의 도시이고 역사적으로도 중요한 도시이다. 역사와 현대가 잘 조화된 프로방스 특유의 냄새가 물씬 나는 도시이기도 하다.

아비뇽의 이야기를 스페인 화가 파블로 피카소의 대표작 중 하나인 〈아비뇽의 처녀들Les Demoiselles d'Avignon〉로부터 한번 시작해 보자. 사실 도시 아비뇽과 그림 아비뇽과는 직접적인 연관이 없다. 그런데도 작품 이름에 아비뇽이 들어가서 아비뇽은 달갑지 않은 오명을 썼지만 동시에 도시 이름을 알리는 데는 더없는 덕을 보기도 했다.

현대미술 시작의 분기점으로 삼는 〈아비용의 처녀들〉은 사실 피카소

아비뇽 시청 건물

가 아비뇽에 처음 오기 5년 전인 1907년 파리에서 그려졌다. 그 이름도 바르셀로나의 창녀촌이 있던 아비뇽 가 Carrer d'Avinyó의 이름이었다는 것이 정설이다. 그래서 그림에 나오는 여인들은 처녀가 아니고 창녀들이었다는 말이다. 피카소는 이 그림을 유화로 완성하기 전 수백 장의 스케치를 그리면서 준비를 했다. 그 스케치 중에는 여인 5명과 남자 2명 나오는 것이 있다. 스케치의 중앙을 차지한 남자는 긴 항해 끝에 지중해의 큰 항구 바르셀로나 유곽에 회포를 풀기위해 들른 선원이다. 그를 둘러 싼 5명의 여인은 창녀들로, 선택을 받으려 시선을 모두 선원을 향하고 몸짓으로 온갖 교태를 부리고 있다. 최종 완성된 유화에는 남자 두 명은 빠져 있고 다섯 명의 여인들만 남아 있는데 스케치에서 보던 예사롭지 않던 유혹의 몸짓은 여전하다. 이 그림이 현대회화의 시작이라고 하는 이유는 원근법에 전혀 구애 받지 않고 얼굴과 뒷등이 한 시선에서 같이 보이는 등 당시로는 획기적인 화법이었기 때문이다. 이렇게 아비뇽은 본의 아니게 현대 미술의 거장 파블로 피카소와 끊을 수 없는 어이없는 질긴 인연을 맺게 된다. 이런 우연을 모르는 사람들은 이 그림을 보면 빛나는 햇살의 남불의 아비뇽을 연상 하지 않을 수 없다.

놓칠 수 없는 아비뇽의 축제

아비뇽을 세계적으로 더욱 유명하게 만든 〈아비뇽 축제〉에 대해 얘기해 보자. 세계 공연 축제 중에는 가장 유명한 축제가 바로 이 남불의 〈아비뇽 축제〉와 스코틀랜드의 〈에든버러 축제〉이다. 이 두 축제를 따라올 다른 공연 축제는 존재하지 않는다. 그만큼 역사도 오래되고 알차다는 뜻이다. 그래서인지 이 두 축제는 대립하지 않고 상존하기로 합의를 한 것처럼 보인다. 공연 시기가 공교롭다. 두 축제간의 간격을 절묘하게 둬서 아비뇽 축제 3주(7월 5일-7월 26일)가 지난 딱 1주일 뒤인 8월 2일-8월 25일 사이에 에든버러 페스티벌이 열린다.

아비뇽 축제에서는 정식 축제 공연 종목은 '인 페스티벌In Festival'이라고 부르고, 정식 공연이 아닌 에든버러 페스티벌에서 부르는 프린지fringes 공연, 즉 번외 공연을 '옾 페스티벌Off Festival' 프랑스어로 '르 옾le Off'이라 부른다. 사실은 에든버러 페스티벌의 프린지 종목과 마찬가지로 아비뇽 축제에도 이 르 옾 종목이 더 흥미롭고 다양하다. 워낙 아비뇽의 구 도시내의 공연장 숫자가 적고 장소도 협소해 축제 기간 동안 아비뇽 내에서 공연을 원하는 모든 팀들이 장소를 찾을 수 없게 되었다. 해서 궁여지책

오페라 하우스 앞 조각상

으로 길거리는 물론 카페, 학교, 창고, 교회, 심지어는 주차장 건물 같은 곳에서 축제 당국과는 관련 없는 자체적인 공연이 이루어진 것이 이제는 본 공연보다 더욱 유명해진 것이다. 축제의 진짜 재미는 이런 번외 공연이라는 말까지 있고 많은 사람들이 표를 구하기가 하늘의 별따기라는 정식 공연을 포기하고 르 옾만을 보기 위해 매년 7월이면 아비뇽으로 호텔 예약도 없고 표도 없이 몰려든다.

번외 공연을 저렴하게 보고 잠은 차에서 자거나 길거리에서 혹은 침낭 속에서 자면서 축제를 즐긴다. 7월의 남불 날씨는 이런 유랑관객들에게 아무런 문제가 되지 않는다. 번외 공연을 하는 무명의 유랑 공연단들의 작품이 이런 자체 공연에서 인기를 얻으면 다음 해에는 공식적으로 초대받는 영광을 얻게 된다. 그런 꿈을 꾸면서 매년 1000여 개의 각종 공연단이 아비뇽을 누빈다.

아비뇽 축제는 이렇게 세월이 지나면서 초기와는 달리 연극뿐만 아니라 다른 장르의 공연도 더해져 더욱 흥미로운 세계인의 축제로 바뀌었다. 춤, 음악, 영화 같은 무대예술과 함께 조각, 회화, 사진 전시회를 비롯해 상상할 수 없는 모든 대중 공연과 전시가 열려 아비뇽 축제는 축제 당국이 원한 것보다 훨씬 더 큰 세계적인 종합 예술 페스티벌로 발전했다.

예술가들을 끌어들이는 매력

아비뇽 축제는 2015년이 68회인데 매년 10만 명의 전 세계에서 몰려온 관객들이 14만 장의 입장권으로 연극을 비롯한 각종 공연을 본다. 1947년에 연극 연출자 쟝 빌라르에 의해 아비뇽 교황 궁전 앞마당에서 처음 시작되었다. 지금도 가장 중요한 공연은 여기서 열린다. 공연이 열리는 동안 시내 중심가는 차량이 전혀 못 들어간다. 하긴 평소에도 구도^{舊道}는 워낙 길이 좁고 일방통행이 많아 잘못 차를 가지고 들어가면 도저히 길을 못 찾고 뱅글뱅글 돌기만 한다. 나만해도 자동차로 시내를 관통해 보려고 들어갔다가 한참을 헤맨 적이 있다. 심지어는 내비게이션이 가르쳐 주는 대로 갔는데 길이 막혀 있었다. 길이 워낙 좁아 주차 공간도 거의 없어 지리를 잘 모르는 외부 운전자들에게 텃세를 제대로 하는 도시이다. 그러나 도보로 관광을 하는 여행자들에게는 정말 좋은 곳이다. 걸어서 다닐 수 있는 도시다. 아주 큰 길이 있어 차가 쌩쌩 달리지도 않고 공기도 좋고 도보로 천천히 둘러보기에는 이보다 더 좋은 곳이 없다.

세계적인 관광지라 쇼핑의 천국이기도 하다. 별별 세계적인 명품 가게들이 리퍼블리크$^{rue\ de\ la\ République}$가에 있지만 여기까지 와서 어느 도시에나 있는 명품들을 살 일은 없다. 아비뇽은 프로빙스 중심 도시라 주변에서 나는 농축산품은 너무 풍부해서 가볍게 여행해야 하는 나그네로서는 유혹을 견디기가 힘들다. 사서 가져 갈 수 있는 식품은 산양 젖으로 만든 유명한 세브르^{chevre} 치즈 같은 유제품, 지방산과 들에서 나는 염료로 물들인 각종 천으로 만든 섬유공예품 등이다. 특히 올리브 관련 제품들이 가장 추천 할만하다. 그 중에도 비누는 필수 쇼핑 품목이다. 올리브 오일을 이용해서 프로방스 지방에 풍부한 라벤더, 로즈마리, 계피, 오렌지 향과 같은 허브향을 첨가한 비누는 유혹적인 품목이다. 와인의 본향 프랑스답게 와인도 어느 지방 못지않게 훌륭하다.

아비뇽의 옛 구도^{舊都}를 둘러싸고 있는 성벽은 거의 완벽하게 남아있는 성벽으로 유럽에서도 아주 귀한 유적이다. 지금도 론 강가에서 들어가는 원래부터 있던 아주 조그만 문이 남아 있을 정도로 완벽하게 보존

되어 있다. 성벽 높이는 약 8미터이고 길이는 5킬로이다. 시간을 내서 한 번 돌아보는 것도 권장할 만하다. 아비뇽 관광 관련 자료를 보면 아비뇽 다리를 빠짐없이 언급한다. 무려 지금으로부터 1000년 전에 물살이 빠르기로 유명한 론 강에 이렇게 대규모 석조 디자인의 다리가 지어진 것은 획기적이고 대단한 일이었음이 틀림없다. 아비뇽 다리는 노래로도 프랑스인들에게는 잘 알려져 있다.

내가 거의 30년 전 유럽 대륙을 처음 여행할 때 영국에서 차를 가지고 도버해협을 건너 와서 도버에서 기차에 차를 실어서 도착한 곳이 아비뇽이었다. 당시는 기차에 자동차를 싣고 침대칸에 자고 아침에 일어나

골목길 안 풍경은 오래 된 역사가 느껴진다.

면 목적지에 도착하는 오토레일이라는 편리한 제도가 있었다. 프랑스의 거의 북쪽 깔레에서 제일 남쪽 아비뇽까지 하룻밤 자는 사이에 도착했다. 그리고는 남불과 스위스를 거쳐 파리까지 여행했을 때 아비뇽은 처음 들렀던 곳이다. 당시 기억에도 아비뇽은 깨끗하고 세련된 도시였는데 이번에 다시 와서 봐도 그 느낌이 그대로 살아났다. 그 때 아비뇽에서 운전을 해서 프랑스에서 가장 큰 항구 마르세유를 보기 위해 도착했는데 길을 잃고 지도를 찾던 중 난생 처음 날치기를 당했다. 알제리아인들이 사는 슬럼가로 잘못 들어갔기 때문이다. 날씨가 더워서 창문을 열어 놓고 지도를 뒤적이고 있는 사이에 창문으로 몸을 들여 귀중품이 든 가방

아비뇽 외곽성

을 들고 튄 것이다. 마침 호신용으로 차에 실어 놓았던 골프채 하나를 검처럼 들고 날치기의 뒤를 쫓다가 놓치고는, 빈민가를 경찰차를 타고 찾아다니는 등 그 이후의 이야기는 한편의 드라마였다. 그리고는 오만정이 다 떨어져 그대로 마르세유를 벗어났다. 이후 남불 못지않게 악명 높은 이태리에서도 긴장을 늦출 수가 없었다. 창문을 열고 긴장을 푼 것은 그나마 안전하다는 오스트리아로 들어서면서부터다. 그래서 지금까지 마르세유를 제대로 본 적이 한 번도 없고 이번에도 들를 생각도 하지 않았다. 이렇게 나쁜 기억은 오래 가는 법이다.

프랑스 대혁명 때 지금의 프랑스 국가 라 마르세이예즈가 연루된 미항 마르세유는 프랑스 아프리카 식민지와의 관문이라 북아프리카 이민족들이 많이 산다. 그래서 결코 여행자의 안전이 보장되지 않는 프랑스 도시 중 하나이다. 그것을 당시는 몰랐으니 누구를 원망할 방법도 없었다. 그러나 이번 여행 중 아비뇽에서는 좋은 기억이 있다. 길거리에 주차를 하고 보니 주차기에 넣을 동전이 없었다. 난감해 하는 모습을 본 프랑스 노부부가 적지 않은 동전을 주고 갔다. 생각지도 않은 곳에서 선의를 받고 보니 감동이 상당히 오래갔다. 영국에서 살면서 결코 겪어 보지 못한 선의였다. 프랑스인이라면 세련되었다는 느낌과 함께 깍쟁이라는 생각을 동시에 가지고 있었는데 의외의 경험을 한 셈이다. 그렇게 아비뇽은 좋은 기억으로 오래 남을 것 같다.

아비뇽을 돌아보며

쇼핑가의 유혹을 뿌리치고 교황 궁전을 향해 발길을 돌리면 중간에 항상 회전목마가 돌아가는 르올로지라는 중앙 광장이 나온다. 그 광장 한편에는 호텔이라고 오해를 받는 그렇게 크지 않는 건물이 있다. 'Hôtel de Ville'이라고 쓰여 있으니 영어에 익숙한 나그네의 눈에는 호텔로 여겨 질 수밖에 없다. 사실 이건 시청 건물이다. 시청 건물 치고는 너무 아담해 그런 오해를 받는다. 고흐가 마지막으로 숨을 거둔 여관 다락방이 있는 오베르 수르 우아즈의 중앙 광장의 시청 건물도 같은 명패를 달고 있어 순례자들의 오해를 받는다. 그래서 안내 지도에 시청이라고 나와 있는데 호텔이라는 단어가 있으니 시청을 호텔로 바꿨다는 기사가 한국 신문에 나왔다.

교황의 아비뇽으로 시작된 교황청의 아비뇽 유수

이제 아비뇽 관광의 중심인 교황청을 둘러 볼 차례이다. 교황청은 연간 65만 명이 방문하는 프랑스 10위권 내의 관광 명소이다. 원래 로마에 있어야 할 교황청이 아비뇽에 1309-1377년까지 7대 교황에 걸쳐 자의가 아닌 타의로 위치했었다. 이 시대에 교황이 일종의 수인囚人생활을 했다고 해서 '아비뇽 유수'라고 부른다. 13세기 말부터 유럽 전체에는 신권보다 왕권이 강화되기 시작했다. 급기야 프랑스 왕 필리프 4세는 교황 보니파티우스 8세를 납치하기 위해 '아나니 사건(1303)'을 일으키고 그 여파로 결국 교황은 프랑스 왕권 휘하로 들어가게 된다. 클레멘스 5세 교황은 로마를 떠나 아비뇽에서 체재하게 된다. 그 이후 68년 간 아비뇽은 유럽 가톨릭의 중심이 된다. 그래서 유럽 역사에는 이와 관련해 아비뇽 이름이 많이 등장한다.

교황청의 아비뇽 유수는 유럽 역사에 아주 큰 영향을 미쳤다.

　교황청은 궁이라기보다는 성이라고 보일 만큼 튼튼하게 지어졌다. 영국 옥스퍼드 대학들처럼 대개의 오래된 유럽 대학들이나 성당 건물들은 외부로부터 침공이나 도난에 대비하기 위해 요새처럼 지어졌다. 아비뇽의 교황청도 아예 처음부터 요새로 지어졌다. 그만큼 교회가 적이 많았다는 이유로도 볼 수 있지만 교회가 가지고 있던 금은보화로 만들어진 십자가, 성상, 미사 제기를 보호하기 위한 이유이기도 하다. 이후 등장한 교황들이 교황청은 베트로 성인의 무덤 위에 지어진 정통성의 교황청을 주장해서 로마로 옮겨가고 나서도 350년 간 아비뇽은 자신들의 정통성을 줄기차게 주장했다. 심지어는 교권분리^{schism}라고 불리는, 교황 두 명이 나중에는 세 명이 교황을 자처하는 미증유의 사태까지 벌어졌다.
　이런 일련의 역사적인 사건을 통해 아비뇽은 유럽의 중심으로 계속

아비뇽 언덕 위에 자리 잡고 도시를 내려다 보고 있는 아비뇽 성당은 아비뇽의 역사를 모두 증언하고 있다.

존재했고 동시에 발전하게 되었다. 클레멘트 6세에 의해 중건된 교황청 건물은 당시 유럽 각 곳에서 유행하던 여러 종류의 고딕 양식을 차용했다. 중세 유럽에서 가장 큰 고딕 건물인데 워낙 건물이 커서 교황청으로서의 최고의 역할을 했다. 한때 1000명의 교황청 직원들이 일을 해서 가톨릭의 중심으로 자리를 잡는데 큰 역할을 했다. 로마로 교황청이 떠난 이후 낙후되어 거의 폐허의 상태까지 되기도 했다. 한때는 군대 병영으로 사용될 정도였다. 바깥 보기의 웅장한 모습과 안의 모습은 느낌이 상당히 다르다. 내부는 중세 건물답게 복도가 좁고 흡사 미로를 다니는 듯한 느낌이 들 정도이다. 워낙 약탈을 많이 당하고 관리 부실로 남아 있는 물건들이 거의 없다. 심지어는 건물을 장식하던 조각품이나 벽화마저 사라져 거의 텅 비어있다는 느낌이 들 정도로 휑하다. 전시된 유물마저도 별 역사적 의미가 없는 것들 뿐이다. 과거 유럽의 중심이라던 건물인데 너무 허망하다. 차라리 교황칭 바로 옆의 아비뇽 싱모 싱당이 훨씬 알차다. 아비뇽에서 가장 높은 언덕 위에 위치한 성당 첨탑 위의 금빛 성모상은 아비뇽 어디를 가도 보인다. 성당 내부의 사제들의 제례복과 제기 등은 역사를 자랑하듯 화려하다.

 모스크바 북서쪽으로 715㎞ 떨어진 곳에 위치한 레닌그라드(상트페테르부르크). 상트페테르부르크 여행 시 세계문화유산으로 지정된 '넵스키 대로'만 잘 따라가면 길을 잃어버릴 염려는 없다.

📍 에르미따쥐 박물관

Open: 오전 10시 30분~오후 6시(화, 목, 금, 토, 일요일)/오전 10시 30분~오후 9시(수요일)
Close: 매주 월요일, 1월 1일과 5월 9일
입장료: 일반 600 루블(모든 곳 입장 가능), 400 루블(러시아인과 벨라루스인만 구입 가능), 300 루블(Winter Palace of Peter the Great, Menshikov Palace, the Museum of the Imperial Porcelain Factory, Staraya Derevnya Restoration and Storage Centre중 한 곳 선택 입장), 어린이, 학생, 노인 무료입장, 매달 첫 번째 목요일은 무료
인상파와 후기 인상파 작품은 General Staff Building에 있다.
http://www.lonelyplanet.com/russia/st-petersburg/sights/museums-galleries/general-staff-building
https://www.hermitagemuseum.org/wps/portal/hermitage/

레닌그라드

{ 미술관과 박물관 }

난공불락의 도시
'상트페테르부르그'와 '에르미따쥐 박물관'

　상트페테르부르크는 예술의 보고寶庫다. 문화 · 역사 · 예술 · 건축, 어떤 면을 보아도 다른 세계 유명 도시보다 뛰어나다. 너무 볼 것이 많아 잠깐 다녀가는 길손의 입장으로는 상트페테르부르크는 정말 어찌해 볼 수 없는 난공불락의 도시다. 결국 자신이 가장 관심이 가는 쪽으로 일정을 짜고 일단 투어를 시작했으면 마음 독하게 먹고 꼭 보고자 했던 것만 보고 미련을 끊고 매몰차게 발을 옮겨야 한다. 아무리 볼 것이 많다고 해도 상트페테르부르크의 백미는 역시 에르미따쥐 박물관이다. 1917년 10월 혁명 때까지 제정 러시아 황궁이었다. 보통 겨울에 주로 썼다고 해서 '동궁冬宮'이라고도 불린 이곳이 박물관이 된 것은 혁명 이후이다. 우선 건물만 살펴봐도 놀랍다. 상트페테르부르크를 가로지르는 네바강을 따라 230미터나 뻗어 있는 연초록 파스텔 칼라 건물에는 총1056 개의 방과 117개의 계단, 그리고 2000여 개의 창문이 있다. 그 방들의 길이를 더하면 27킬로미터에 달한다고 하니 정말 대단하다. 박물관은 1764년 예카테리나 2세 여제가 모으기 시작한 26점의 예술품들로 시작되었다. 지금은 소장품 백십만 점의 극히 일부만을 6개 부문으로 나누어 전시하고 있다.

가장 관심을 끈 곳은 25개의 전시실을 차지하고 있는 유럽 미술관이다. 물론 레오나르도다빈치를 비롯한 중세와 피카소 같은 현대 거장의 작품은 물론이거니와 우리 눈에 익숙한 르누아르, 고갱, 고흐 등의 인상파 화가들의 그림도 즐비하다. 이런 것들 중에서 다른 것은 다 놓치더라도 구약성경 이야기를 그린 렘브란트의 〈돌아온 탕자〉는 절대 놓치지 말아야 한다. 뭇 그림들 사이에서 자신을 내세우지 않고 그냥 평범하게 걸려있는 이 그림 앞에서면 모두들 정말 숙연해 진다. 아들의 등 위에 얹힌 아버지의 양손이 모성과 부성을 상징하듯 다르게 그려져 있는 것을 굳이 되새기지 않더라도 이 그림이 주는 교훈은 크다.

이 박물관이 황궁이었다는 것을 다시 한 번 깨우쳐주는 곳은 건물 제일 중간에 위치한 문장紋章 홀과 게오르기 홀이다. 러시아 각주의 문장이 장식되어 있었다는 이 홀은 현재 공개되는 방 중에서 가장 크다. 홀에 들어서는 순간 바닥부터 천정까지 이어진 양쪽 황금 기둥의 위엄에 순간적으로 말을 잃고 압도당하고 만다. 과연 이렇게까지 인간이 사치를 해도 되는지 하는 회의를 넘어서 건축을 한 당시 러시아 황제들에 대한 증오를 느꼈다는 어느 청년의 말에 전적으로 동의를 할 정도였다. 그 옆방 게오르기 홀에는 러시아 제국의 상징인 쌍두독수리 문장이 새겨진 금빛 장식과 붉은색의 러시아제국 황제의 화려한 옥좌가 눈길을 끈다. 이런 것들이 주위와 어울리지 않게 과다하게 치장된 것은 의도적인 것이었다. 황제의 위세를 나타내기 위한 주요한 소품중의 하나였기 때문이다. 예나 지금이나 통치자의 이미지 선전은 통치수단의 하나였다. 자신이 이런 엄청난 궁궐을 지을 정도로 힘을 가지고 있으니 다른 생각을 갖지 말라는 일종의 협박인 셈이다. 넓고 넓은 영토를 효과적으로 통치해서 살아남기 위한 어쩔 수 없는 방법이었을 수도 있다.

엄청난 미술품과 건물을 보고 입만 벌리고 박물관을 떠나지 말고 이 건물이 가진 역사적인 사연을 한번 더 새겨보는 것도 의의가 있을 듯하다. 여긴 러시아뿐만 아니라 세계를 걷잡을 수 없는 소용돌이 속으로 몰아간 러시아 혁명의 불길이 처음 타오른 곳이다. 1825년 12월 14일 귀족 자제들의 순진한 혈기로 시작되었던 데카브리스트 봉기, 1905년 농민 소요 사태 일명 피의 일요일 사건, 그리고 1917년 러시아 10월 혁명이 모두 여기서 일어났다. 그 흔적의 하나로 중앙 홀 옆방에는 황궁을 최종적으로 점령한 시간에 영원히 멈추어져 있는 시계가 있는데 이는 혁명의 성공을 기념하고 있다고 한다. 자신에게 몰려와서 귀족들의 수탈을 호소하러 온 농민들을 학살한 황제의 실수는 결국 10월 혁명에 불을 당기고 그렇게해서 생긴 소련은 우리 한반도 분단의 원흉이 되는 등으로 오랫동안 세계인들의 비극을 불러 일으켰으니 역사의 파편은 참 멀리 튀기도 한다.

'이삭 성당'과 슬픈 역사가 담긴 '페스카됴프스코예'

이제 발길을 상트페테르부르크의 두 번째 명소로 돌린다. 이삭 성당이 바로 그곳이다. 이삭 성당은 세계 3대 혹은 4대 성당 중의 하나이지만 사실 아름다움으로 따지면 단연 최고라고 해야 한다. 멀리서도 보는 이를 압도하는 황금빛 지붕을 비롯해 실내의 화려함과 아름다움은 타의 추종을 허락하지 않는다. 1만 4천명을 수용 할 수 있는 실내지만 신자들이 의자에 앉아 미사를 드리지 않는 러시아 정교회 성당답게 홀 바닥은 텅 비어있다. 거대한 크기의 성당 실내 벽과 천장의 아름다운 성화 모두가 모자이크로 만들어져있다. 전체적으로 보면 그것이 모자이크라는 것을 전혀 느낄 수 없을 만큼 자연스럽다. 가까이 가서 보면 아주 작게는 손톱만한 것으로부터 크게는 손바닥 크기의 각종 색깔의 타일 조각이 모여 아름다운 그림을 만들어 냈음을 알 수 있다. 보통의 프레스코 벽화처럼 세월이 가면 지워지는 것이 아니라 물리적인 파괴만 되지 않는다면 영원히 남을 수 있다.

감탄사를 연발하면서 감동에 입을 다물지 못하고 천장을 쳐다보고 있으면 목이 다 아플 지경이다. 지금 만일 이런 건물을 짓는다면 얼마나 걸릴까하는 생각을 하다가도 요즘 사람들은 정말 죽었다 깨어나도 지을 수 없을 것이라는 생각을 하게 된다. 필생의 걸작을 짓겠다는 사명감과 무조건적인 신앙심이 합쳐져야 가능한 일이지 그냥 단순한 직업의식이나 먹고 살기위한 방편으로는 불가능 할 것 같다. 시간이 허락한다면 30층 건물 높이라는 첨탑에 올라 시가를 내려다보는 것도 좋다. 좁은 계단을 올라 베란다 아래로 내려다보이는 도시의 모습은 계단을 오르면서 거칠게 내뱉은 숨이 결코 아깝지 않다.

이삭 성당에 비교되는 좁은 운하 옆에 위치하는 스파스나클라비 구속성혈 성당(일명 피의 성당)은 크기로는 아주 작다. 그러나 그 아름다움은 러시아 정교회 성당의 으뜸이라고 해야 한다. 혹자는 모스크바 붉은 광장에 있는 성 바실리 성당과 비교를 하는데 어찌 보면 그보다 더 나으면 나았지 못하지 않다. 성당 내부의 현란한 모자이크 프레스코화만 봐도 소박한 성 바실리 성당에 비하면 훨씬 화려하고 아름답다. 알렉산더 2세 암살 시도가 있었던 장소에 세워졌기 때문에 '피의 성당'이라고 불려진다. 그 이외에 봐야 할 곳은 네프스키 대로변의 카잔 성당이다. 성당이라기보다는 무슨 기념물처럼 코린트식 기둥 94개를 날개처럼 달고 있는 카잔 성당의 아름다움은 눈여겨 볼 만 하다. 이곳이 공산주의 시절 '무신론 박물관'이었다는 것은 참 역설적이다.

상트페테르부르크에는 수많은 수도원이 있다. 그중 스몰리 수도원, 알렉산드르 네프스키 수도원이 크기로나 역사적인 의미로 방문할 만하다. 특히 알렉산드르 네프스키 수도원 묘지에는 우리가 아는 많은 러시아 예술인들의 무덤이 있다. 《죄와 벌》의 작가 도스토옙스키^{Dostoevskii}를 비롯해 국민파 음악인들 그 중에도 불멸의 교향곡 「비창」으로 잘 알려진 차이코프스키, 「전람회의 그림」의 무소륵스키$^{Modest\ Petrovich\ Mussorgsky}$, 그리고 피아노 음악의 대가 안톤 루빈시테인$^{Anton\ Grigorievich\ Rubinshtein}$등의 무덤이 이웃하고 있다.

만일 시간적인 여유가 있고 정말 상트페테르부르크와 러시아인의 아픔을 이해하고자 하는 사람은 페스카료프스코예 공동묘지를 가봐야 한다. 내가 아는 한 세상에서 가장 큰 공동묘지이며 동시에 가장 슬픈 사연의 공동묘지이다. 그곳에는 2차대전 중에 도시가 독일군에 의해 포위되었던 871일 동안 사망한 150만 명 중 70만 명의 묘가 자리 잡고 있다. 당시 레닌그라드에는 319만 명이 살고 있었으니 인구의 거의 반이 죽은 셈이다. 그런데 그 사망자의 97퍼센트가 굶어 죽었다는 것이다. 당시 독일군은 이 도시를 점령할 의사가 없어 전 도시인을 굶겨 죽일 작정을 한

네바 강변의 로스트랄 등대

것처럼 거의 2년 5개월을 봉쇄만 하고 있었다. 하루에 개인당 빵 125그램만 배급이 되었는데 이는 햄버거 빵 하나의 크기에 불과하다. 어떤 희생을 치르더라도 양보하지 않겠다는 두 나라 지도자 히틀러와 스탈린의 아집 때문에 받았을 공격하는 자와 막는 자의 고통을 생각하면 지금도 소름이 끼친다. 더군다나 스탈린 자신은 안전한 모스크바에 있으면서 그런 명령을 내렸다니……. 전쟁의 비참함과 무자비함 그리고 지도자들의 잘못된 결정이 국민에게 주는 고통의 정도를 말해주는 무언의 교훈의 장소로는 여기보다 더 좋은 곳이 없다. 그 이외에 상트페테르부르크 시내에 가서 볼 만한 곳은 에르미따쥐 박물관에서 바라다 보이는 네바강 섬의 페트로파블로프스키 요새이다. 네바강에 정박하고 있는 10월 혁명 신호의 대포를 쏴 올린 순양함 오로라도 돌아보아야 한다. 그 옆 강가의 로스트랄 등대도 모습이 독특해서 관광 엽서에 항상 등장한다. 러시아의 4대강 네바, 볼가, 볼호프, 드네프르를 상징하는 조각상이 등대 기둥에 새겨져 있다.

베르사이유를 뛰어넘는 '예카테리나 궁전'

이제 발길을 교외로 돌린다. 시에서 30킬로 떨어진 핀란드 만에 세워진 일명 여름 궁전이라 불리는 페테르고프 별궁은 러시아의 베르사유 궁전 Chateau de Versailles 이다. 20여 개의 궁전 건물과 실내장식의 아름다움이야 말할 것도 없지만 바다를 바라다보고 있는 정원에 세워진 140여개의 분수는 장관이다. 분수 중에는 중앙을 차지한 사자의 입을 찢는 삼손, 사람이 가면 물을 내뿜는 개구쟁이 분수, 우산 모양을 한 분수 등으로 각기 다른 형태의 분수가 발길을 잡는다.

궁전 내부는 셀 수 없이 많은 그림들과 '이건 정말 지나치다.'라고 할 수 밖에 없는 호사의 극치인 금장식으로 되어있다. 심지어는 화장실 변기까지 금이다. 이와 함께 바닷가를 따라 세워진 작은 정자 같은 건물에서 귀족들끼리 나누었던 주지육림酒池肉林의 세계를 상상하다 보면 '인간들의 사치의 끝은 어디까지일까?'라는 생각에 이내 분노가 치민다. 이

자신을 죽음으로 이끈 자신의 아내에 관한 추문을 일으킨 연적과 결투하러 가기 전 차 한잔을 마신 카페에 만들어진 푸쉬킨의 모습

궁전은 바다와 직접 연결이 되어 있어 에르미따쥐 박물관 앞에서 배를 타고 네바 강과 핀란드만을 유람하면서 올 수 있다. 제정러시아 시절 귀족들이 그렇게 해서 이 궁전에서 열리는 파티에 참석을 했다.

근교 푸쉬킨 시에 있는 예카테리나 궁전도 이에 못지않게 화려하다. 정원은 물론 내부는 호사의 극치이다. 내부 장식으로만 보아 베르사이유 궁전도 여기와 비교하면 근접하지 못할 정도이다. 특히 왕관의 방은 처음부터 끝까지 황금으로 이루어져 있는 듯하다. 인근 핀란드만에서 만나는 러시아 특산 보석 '호박'으로 만든 호박의 방도 유명하다. 2차대전 중 독일군이 뜯어가 행방불명이 된 이후 세계적으로 궁금증을 불러일으켰는데 최근에 일부를 복원해서 그때의 영광을 보여준다.

이젠 다른 관광을 할 차례이다. 제대로 발레를 아는 사람들에게 모스크바의 볼쇼이 발레보다 더 명성이 높은, 한때 키로프발레라 불렸던 마

시내 운하

린스키발레가 여기 있다. 특별히 발레에 관심이 없는 사람도 여기서는 한번쯤은 용기를 내보면 결코 후회하지 않을 경험이 될 것이다. 그 이외에도 알렉산드린스키 극장, 무소륵스키 오페라 발레 극장, 에르미따쥐 극장, 볼쇼이 드라마 극장 등이 있어 다양한 구경거리를 제공해 준다.

 모스크바는 온화한 대륙성 기후이나 기후 변동이 큰 편이다.
12월 평균 영하 7도, 1월 영하 10도, 2월 영하 9도, 9월 말부터 얼음이 얼기 시작한다.
여름에는 30도 이상의 찜통더위이지만 습도가 낮은 편이다.

모스크바 국립 대학교

톰슨 로이터통신 100대 대학 순위에서 10위로 학자인 미하일 로모노소프에 의해 1755년 모스크바 중심가에 세워졌다. 1940년대 말, 스탈린은 러시아의 새 대학교 건물을 짓기로 결심하고 레프 루드네프 1885~1956에게 설계를 맡겼다. 스탈린의 집권이 강화되면서 모스크바의 구성주의 건축은 막을 내리고 새로운 건축 양식이 들어왔다.

모스크바

'푸슈킨 미술관'과 '트레차코프 미술관'

　회화 걸렉션으로 보면 뿌슈킨 미술관은 유럽의 어느 미술관 못지않다. 인상파를 비롯한 현대미술 수집품은 상트페테르부르크에 있는 에르미따쥐Hermitage 미술관 정도는 아니지만 상당히 알찬 수준이다. 몽환적인 그림으로 유명한 마르크 샤갈은 원래 러시아 출신 유태인이라 그의 작품이 상당히 많다. 특히 독일인 하인리히 슐리만에 의해 발굴된 호화찬란한 트로이 유물을 독일로부터 2차대전 전리품 형식으로 뺏어와 전시를 하고 있어 볼만하다. 한때 우리나라의 인터넷에는 이곳에 있는 전시품 모두가 소련 시절 당시 국외 여행을 못하는 자국민의 교육을 위한 모조품이라는 낭설이 진실처럼 회자된 적이 있다. 하지만 회화는 모두 진품이다. 단지 현지에서 가지고 올 수 없는 그리스 건축물과 일부 조각품은 모조품이다.

모스크바에서 미술관을 하나 더 본다면 러시아 미술품만을 모아 놓은 트레차코프 미술관Tret'yakovskaya도 굉장하다. 러시아인들이 특히 사랑하는 이 미술관에는 음악이나 문학에 비해 러시아 미술이 우리에게 잘 알려지지 않아 익숙하지 않다면 그런 고정관념을 깨기 위해서도 반드시가 볼만하다. 정말 러시아 미술도 대단하다고 밖에는 표현이 안 된다. 깊고 깊은 시베리아 숲속에서 만들어진 것 러시아 미술의 심도는 아직 제대로 세계에 알려지지 않았다. 특유의 풍경화나 민속화는 두고두고 감상해도 질리지가 않는다. 서양 회화사에 러시아가 단단히 한 몫을 차지해야 하는데 그렇지 못해 유감이다. 특히 현대회화의 거장 바실리 칸딘스키, 말레브나 같은 아방가르드 그림들을 접하면 러시아 미술에 대한 개안開眼의 기쁨을 느끼게 된다. 이제 시내 한복판에 위치한 관광객의 메카 아르바뜨 거리에서 배를 열면 작은 인형이 끝도 없이 나오는 마뜨료시카와 성화 모조품을 러시아 방문 기념품으로 사고 나면 대충 관광은 끝이 난다.

만일 시간이 없어 한 곳만 더 들려야 한다면 모스크바에서 가장 높은 곳 모스크바대학교 언덕, 일명 '참새 언덕'으로 노어로는 '바라뵤비고르이'를 권하고 싶다. 모스크바 강과 시내가 다 보이는 언덕에서면 시내에 즐비하게 서 있는 황금빛 지붕의 각종 성당 첨탑과 함께 탁 트인 시외곽에 아득하게 늘어선 나무숲의 장관이 다 보인다. 모스크바가 대평원 중심에 위치해 있다 보니 언덕도 참 귀하다. 모스크바에 수도를 정할 때 짙은 주변 삼림이 자연 성벽을 이루어 외적들이 쉽게 침입하지 못하게 하는 장점도 고려되었다. 실제 모스크바 주변에서 시작된 숲은 땅 끝이자 영원한 동토인 북극까지 한 번도 끊이지 않고 연결된다. 그래서 항공편이 없던 시절 외적이 침입할 때는 삼림을 일일이 처리하고 들어 와

모스크바 대학 언덕의 수공예 테이블보를
판매하는 할머니

야 했기에 모스크바는 천혜의 요새였다. 이제 뒤를 돌아보면 한눈으로는 다 보기 힘들 정도로 높은 첨탑의 모스크바대학 건물이 사람의 눈을 압도한다.

이런 형태의 건물이 모스크바 시내에만 4개가 더 있는데 생일 케이크처럼 생겨 '스탈린 생일 케이크'라고 부른다. 2차대전 당시 전쟁 포로로 잡힌 독일군 병사들로 하여금 이 건물들을 짓게 하기 위해 종전이 되고도 5년 이상을 더 잡아 놓았다니 전쟁이 끝나고도 집으로 돌아가지 못하고 노역을 했을 독일군 포로들의 마음은 어떠했을까? 그중에는 죽은 사람도 많았다. 러시아 인구의 1/4을 죽인 독일이 저지른 악행으로 보면 그정도도 약과지만 힘없는 개인이 당한 비극은 실로 부당하기만 하다. 그래서 그 건물들 앞을 지날 때면 가끔 그들의 명복을 빈 적도 있다. 그래서 세상에 남겨진 거대한 과거의 유물에 당시 사람들의 아픔이 담겨 있다는 사실을 알고 보면 참 마음이 불편하게 된다. 이런 형태의 건물은 과거 소련 위성국가들 수도에는 어디나 하나씩 있다. 종주국 소련이 선물로 하나씩 지어 주었다고는 하지만 순수한 마음의 선물이라기보다는 자신의 영지라는 상징으로 세워 놓은 것이 아닐까?

'붉은 광장'과 '크렘린 궁'

모스크바 관광의 시작은 역시 붉은 광장과 크렘린 궁이다. 붉은 광장은 우리에게는 10월 혁명 기념일 붉은 레닌 묘 위에 소련 지도자들이 일렬로 서서 군대를 사열하던 광장으로 뇌리에 남아있다. 80년대 중반 그 광장에 처음으로 발을 디뎠을 때의 감동이 지금도 잊혀지지 않는다. '감히 이곳에서 보리라고는 상상도 못하던 시절이 불과 얼마 되지도 않았는데 드디어 정말 오게 될 줄이야.'라는 기분은 다른 곳에서는 아직 느껴본 적이 없다. 하긴 비록 중국을 통해서이긴 하지만 백두산 천지에 섰을 때도 그런 비슷한 기분이 들기는 했다. 이제는 평양에나 가봐야 그런 감정을 느낄 수 있을까?

생각보다는 붉은 광장이 별로 크지 않아 좀 실망한 것도 사실이었다. 지금은 없어졌지만 영하 30도까지 내려가는 한겨울에도 외투와 털모자 하나로 꼼짝도 안 하고 부동자세로 보초를 삼엄하게 서고 있는 레닌 묘를 줄서서 들어가 보니 정말 신기했다. 크렘린 궁 담 밑의 역대 소련 수상 묘에서 역사책에서나 들어 보았던 '공산수괴'들의 이름을 보고 모스크바에 온 것이 실감이 났던 기억이 있다. 레닌묘 안에서는 발길을 절대 멈출 수 없게 경비병이 독촉을 하는 통에 계속 걸으며 돌아보았는데 실내의 어둠과 불빛 때문에 밀랍 인형같이 창백한 얼굴의 레닌 시체는 더욱 섬뜩해 보였다. 그리곤 붉은 광장 귀퉁이에 러시아의 상징으로 항상 등장하는 아기자기한 장난감 장식 같은 '성 바실리 성당' 앞에서 사진도 찍어 친지들에게 보여주며 자랑했던 일이 얼마 전처럼 느껴진다.

다음으로 가야 할 곳은 역시 바로 옆의 크렘린 궁이다. 당시는 입구 왼쪽 건물에 정치국중앙위원회가 있었고 오른쪽이 수상집무실이어서 경비가 삼엄했다. 그 사이를 걸어 한참 들어가면 안마당에 성모 승천 성당이라 불리는 우스펜스키 성당, 12사도 성당 등의 러시아 정교회 성당이

크렘린 궁 경비병

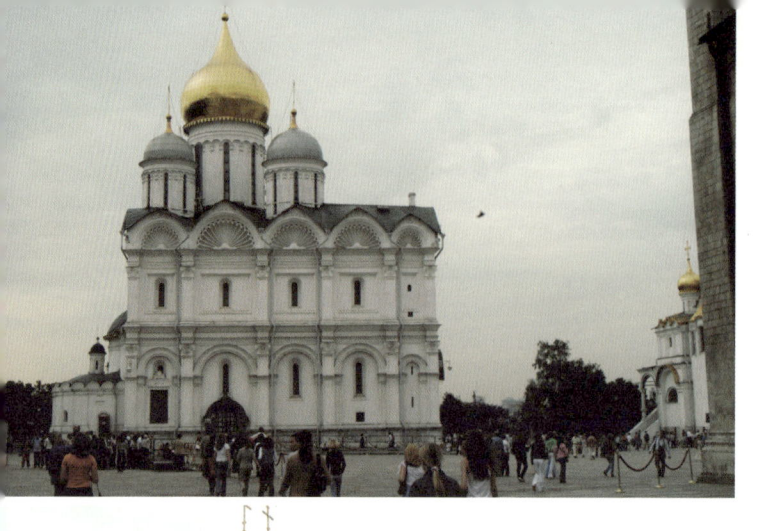

'크렘린 궁' 안의 성당,
박물관 경비원

크렘린 궁 안에 있는 러시아 대통령 집무실 건물

나온다. 제정러시아 시대 때 지어진 성당들의 금빛 지붕과 외벽 장식의 아름다움은 정말 대단하다. 흰색 벽 위에 높이 얹힌 이반 대제(이반 3세 바실레비치) 종탑도 볼만하다. 그리고 그 안을 장식한 각종 금장식과 화려한 이콘들은 다른 유럽 어느 나라 성당보다 특이하기만 하다.

    러시아 정교회 성당은 일반 신자들이 미사를 볼때 사용할 의자가 없다. 서서 미사에 참여할 수밖에 없다. 평신도들은 사실 말이 미사 참여이지 밖에서는 보이지 않고 안에서 신부들끼리만 미사를 지내는 동안 신자들은 그냥 계속해서 성가를 부른다. 그런데 그 성가 소리의 장엄함과 아름다움은 신비스럽기까지 하여 영혼까지 맑아지는 듯하다. 나이가 들어 폭삭 늙은 할머니 신자들이 포대기 같은 미사포를 머리에 쓰고 웅크리고 서서 나지막하게 부르는 저음의 성가는 훈련된 성가대들이 내는 소리와는 전혀 다르다. 흡사 시골 마을에서 할머니들이 밭에서 김을 매면서 같이 부르는 노동요 같다고 하면 가장 근접한 설명이다. 크렘린 궁의 성당 안은 온통 이콘^{icon}으로 불리는 성화로 가득 차 있고, 황금 색상 샹들리에와 그 주변의 장식은 정말 황제들의 성당이라는 말에 맞게 화려함의 극치다. 그 밑에 즐비하게 놓인 것들은 러시아 황제 차르들과 정교회 성인들의 관이다. 무신론의 공산주의 시절인데도 이렇게나마 문화 유산을 보존해 주어 볼 수 있게 해 준 것이 고맙다고 생각했었다. 그 안 마당을 나오다 보면 한번도 제대로 사용해 본적이 없고 세계에서 제일 크다는 무지막지한 크기의 대포와 삼각형으로 떨어진 조각이 밑에 놓여있다. 높이 6미터에 무게가 200톤인 이 또한 세계에서 제일 큰 종으로

'크렘린 궁' 안의 대포

눈길을 끈다.

　이런 것들 말고도 크렘린 궁에서 반드시 보아야 할 곳은 궁전 무기고이다. 말이 무기고지 세상의 모든 보물을 다 모아 놓은 듯하다. 황제가 외국에서 받은 선물을 비롯해 황궁 안의 진귀한 장식품들이 진열되어 있어 이곳의 화려함 또한 놀랍다. 여기를 다녀오면 사람들이 자랑하는 패물들이 얼마나 보잘 것 없는지를 알 수 있다. 다시 한 번 느끼지만 러시아 황제들의 사치는 유럽 어느 나라 왕들도 따라 가지 못할 한 수 위의 경지이다.

노보 제비치 수도원

　만일 눈으로만 보는 단체 관광에 만족하지 못하고 개별적으로 러시아의 정신세계를 보려면 이제부터 발품을 팔아야 한다. 모스크바에는 많은 유명인의 발자취가 남아있다. 우리에게 익숙한 문학가로 이름만 들어도 알 수 있는 레오 톨스토이, 알렉산드르 푸슈킨, 니콜라이 고골, 안톤 체호프, 막심 고리키 등등 셀 수 없을 정도로 많다. 이런 유명인들의 생가나 박물관에는 어쩌면 저런 것까지 모아 놓았을까 할 정도로 많은 자료 수집과 정리가 제대로 되어 있다. 러시아인들의 특히 자신들의 문화에 대한 자부심과 관심으로 모은 자료 수집은 감히 뭐라 말을 할 수 없을 정도로 완벽하다. 하긴 과거 소련 정부의 자료 수집과 관리는 워낙 유명하긴 하지만 '이런 세세한 부분에까지 어떻게 행정력이 미쳤을까.' 하는 생각을 하면서 자주 놀랐다. 하긴 그 넓은 땅에 전국 어디를 가던 전기와 통신이 되게 만들었고 그 어느 곳에도 당과 KGB(Committee for

이름만 들어도 등골이 서늘해지던 KGB 본부

State Security)를 비롯한 정보기관, 경찰 같은 보안기관, 그리고 군대를 통해 통치한 것을 보면 정말 대단하다는 생각을 10년 동안 소련에서 살면서 산간 오지 지방에 갈 때마다 하게 되었다.

노보 제비치 수도원은 수도원 내의 아름다운 성당으로도 유명하지만 거기에 딸린 묘지 때문에 더 유명하다. 고골, 체호프, 블라디미르 마코프스키 등의 작가와 자유의 물결을 끌어들이려다가 보수파들에 의해 권좌에서 강제로 물러나 다른 수상들과는 달리 붉은 광장 크렘린 담 옆에 못 묻힌 니키타 후루시초프 수상과 그가 실패한 모스크바의 봄을 결국 끌어내고 공산당 독재를 끝낸 뒤 2007년에 죽은 보리스 옐친의 조촐하고도 숙연한 무덤이 사이사이에 있다. 인간은 '어떻게 사느냐'에 따라 '어떻게 죽느냐'가 결정되고 죽고 난 다음에야 그 인생의 마지막 판가름이 난다. 그런 의미로 보면 이 노보 제비치 사원을 마지막으로 모스크바 관광을 끝내는 것도 의미가 있을 것 같다.

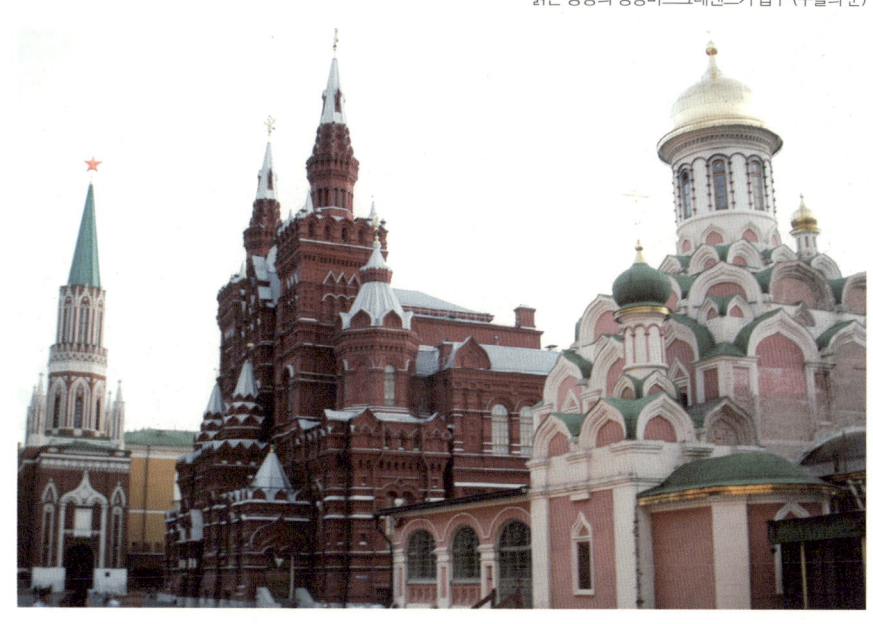

붉은 광장의 성당바즈크레센스키 입구 (부활의 문)

　**지중해 연안의 항구도시,
　에스파냐 제 1의 도시 바르셀로나는 밀라노에서 저가 항공으로 1시간 40분 소요, 야간열차로는 15시간 걸린다.**

📍 **피카소 미술관**
　Open: 화-일 오전 9시~오후 7시(공휴일 포함, 국경일 월요일 제외), 목요일 9시 30분까지
　Close: 월요일(국경일 월요일 포함)
　입장료: 11 유로/14 유로(단기 전시실 관람 포함)/6.50 유로(단기 전시실)
　http://www.bcn.cat/museupicasso/en/museum/times.html

바르셀로나

피카소 뮤지엄

　바다를 낀 아름다운 항구도시이자 아프리카와 면한 지중해 도시이면서 평균온도가 여름 23도 겨울 10도 사이의 도시이다. 스페인 제2의 도시로 주민 평균 소득이 35,000불이고 인구(460만 명)는 스페인(4,650만 명)의 10%에 불과하지만 GNP의 20%를 생산하는 도시, 파리, 런던, 로마 다음으로 관광객이 많이 온다. 더 이상 무슨 말이 필요한가? 이 정도면 언젠가는 반드시 한 번 가봐야 할 바쁨과 한가함이 공존하는 도시가 아닌가?
　바르셀로나는 우리나라의 부산과 자매도시이기도 하다. 그러고 보니 부산과 비슷한 점도 많이 있다. 그래도 우리에게 바르셀로나는 1992년 하계올림픽으로 알려지기 전까지는 잘 알려지지 않은 도시였다. 사실 바르셀로나가 속해 있는 카탈로니아 지방은 말만 스페인이지 스페인이 아니다. 역사적으로 뿐만이 아니라 언어마저 마드리드의 스페인어와 다르다. 하긴 유럽의 이런 현상은 큰 나라 스페인뿐이 아니다. 아주 작은 나라 스위스도 독어, 불어, 이태리어를 쓰고 그 보다 더 작은 벨지움도 불어, 네덜란드, 독일어를 쓰는 식이다. 카탈로니아는 지금도 독립에 대한 열망이 크고 정기적으로 이런 운동이 일어나 투표를 하곤 한다. 최근에도 바르셀로나 시장이 시작해서 독립 투표 운동을 하다가 실패해 자신이 주민들에 의해 실각된 일도 있다. 역사적으로 마드리드로부터 피해를 많이 받아 반감이 심했다. 카탈로니아 사람들에게 "너 스페인 사람이

바르셀로나 사람들이 자기 가족보다 더 사랑한다는 바르셀로나 클럽 축구 기념품 상점

냐?"라고 묻다가는 봉변을 당할 가능성마저 있다. 자신은 스패니시가 아니고 카탈로니아 사람이라는 말이다. 각 나라마다 큰 도시들의 라이벌 성향은 다 있다. 예를 들면 북경과 상해, 도쿄와 교토, 모스크바와 상트 페테르부르크가 그런 예다.

축구만 따져도 바르셀로나 클럽축구와 레알 마드리드의 경쟁은 거의 피를 보지 않는 전쟁이라고 해야 할 정도이다. 이 두 클럽이 워낙 세다보니 다른 스페인 클럽축구는 존재감을 드러내지 못하고 격차가 너무 많이 벌어진 것이 스페인 클럽축구의 가장 큰 약점이라고 할 정도이다. 세계에서 제일 부자 클럽이 레알 마드리드이고 두 번째가 바르셀로나 클럽축구이다. 최근 성적이 많이 좋아져 1,2위를 넘보는 애슬레틱 마드리드가 겨우 그 다음 스페인 클럽축구일 정도로 격차는 심하다.

유럽을 여행하는 방법은 여름에는 북유럽을, 겨울에는 남유럽을 택하는 것이 좋다. 날씨로 봐도 여름의 남부 유럽은 너무 덥다. 그리고 북부와 중부의 유럽인들이 몰려와 복잡하고 물가도 비싸다. 굳이 해변에서 살을 태울 것이 아니라면 주인들이 남유럽으로 휴가를 간 이후에 조용히 대접을 받을 수 있는 북유럽을 가야 한다. 겨울에는 북부 유럽인들이 오지 않아 조용해서 물가도 싼 남유럽을 다니면 좋다. 포르투갈, 스페인, 이태리 등의 지중해 연안 남부로 가면 겨울임에도 불구하고 반팔에 반바지 입고 다녀도 될 정도이다. 그런 도시 중의 하나가 바르셀로나이다. 겨울이 아닌 시즌에 바르셀로나를 가면 피카소 뮤지엄, 가우디의 카사밀라와 사그라다 파밀리아 성당에 들어가는데 한 시간 심지어는 두 시간도 기다려야 할지도 모른다. 다만 겨울에 가면 그냥 들어 갈 수 있다.

파블로 피카소 미술관은 구시가지 고딕지구에 있는 옛 수도원 건물을 수리해 사용한다. 사실 바르셀로나의 매력은 이 고딕지구에 다 있다.

골목길이 너무 좁아 조금 멀리서 보면 사람 하나가 겨우 지나다닐 수 있을 듯 해 보이지만 보기보다는 넓어 차도 지나다닌다. 그 옆으로 영화에 나와도 될 만한 분위기 만점의 카페, 그 옆의 발길을 잡고 놓아주지 않는 아름다운 수공예품 가게, 300~400년은 된 성당들, 금방 콜럼버스가 걸어 나올 듯한 오래된 건물과 그 대문들. 타임머신을 타고 수백 년 전으로 돌아 온 것 같다.

그 골목 안 깊숙이 피카소 미술관이 있다. 실제 이 피카소 미술관 안에는 우리 눈에 익숙한 눈과 입과 코의 위치가 막 뒤 바뀐 듯한 피카소의 후기 그림들은 별로 없다. '아니 피카소가 이런 그림도 그렸어?'라고 놀랄 정도의 가장 기본적인 사실화 그림들이 대단히 많다. 그 중 눈여겨 봐야 할 그림인 피카소가 15살에 그렸다는 〈첫 영성체〉는 사람들로 하여금 경악을 금치 못하게 한다. 15살 소년의 손으로 그린 그림이라고 도저히 믿을 수 없을 만큼 완벽하기 때문이다. 이 그림을 본 화가 겸 미술학교 교사였던 피카소의 아버지 루이즈가 "나는 너를 더 이상 가르칠 것이 없다!"고 비명을 지르게 만든 작품이다. 단숨에 루이즈는 아들의 비상한 능력을 알아보았고 그 이후 어린 아들의 실력보다 못한 자신의 능력에 실망한 나머지 그림을 포기하려 했을 정도였다. 피카소를 좋아하는 사람이라면 일행과 같이 가지 말고 반드시 혼자서 조용하게 가서 자신의 시간을 가져도 보람된 일이 될 것 같다. 참고로 바르셀로나 패스를 사면 아무리 성수기에도 줄을 안 서고 바로 들어 갈 수 있다. 길게 늘어선 줄은 입장권을 사기 위한 줄이지 입장권을 갖은 사람들이 서는 줄은 아니기 때문이다. 패키지로 되어 있어 입장료도 줄이고 입장 시간도 짧은 정말 좋아서 반드시 이용해야 할 제도이다.

피카소 미술관 입구
피카소 그림들

바르셀로나의 혼, '가우디'

바르셀로나의 건축물은 로마시대로부터 내려오는 건물도 간혹 있지만 거의 19세기 후반부터 20세기 중반까지의 고딕과 아르누보 영향을 받은 건축물들이다. 그중에 우리가 가야 할 가우디의 건물들이 시내 곳곳에 위치하고 있다. 그라시아 거리 코너에 있는 1910년에 지어진 카사 밀라$^{Casa\ Mila}$는 가우디가 주거용 아파트로 지은 건물이다. 가우디 특유의 곡선으로만 이루어져 외관부터 사람들의 시선을 사로잡는다. 자연에서 작품의 모티브를 찾는 가우디는 자연에는 완벽한 직선은 없다는 주장으로 그가 설계한 건물에는 직선이 거의 없다. 그러고 보니 쉽게 볼 수 있는 수평선이 직선 같기는 한데 사실 따지고 보면 그마저도 직선이 아니다. 가까이서 보면 파도가 쉴 새 없이 출렁이니 말이다.

가우디와는 반대로 자연을 극히 싫어해 곡선과 초록색을 전혀 안 쓴 피에르 몬드리안 생각이 난다. 몬드리안이 영국 런던 함스테드에서 살 때 자신의 집 정원의 지방문화재 나무를 자르려고 구청에 신청을 했던 적도 있을 정도로 그는 자연을 싫어했다. 이 두 예술가가 한 번 만났다면 어떻게 되었을까? 카사 밀라는 '밀라'라는 부자였던 부인의 이름을 따서 '밀라의 집^{Casa}'이라는 뜻의 이름이다. 카사 밀라 건물은 지금은 카탈루냐 카서 은행이 소유하고 있는데 그 은행의 로고도 호안 미로$^{Joan\ Mir\ I\ Ferr}$가 디자인 했다. 카탈로니아 지방 어디서나 볼 수 있는 저금통에 사람이 돈을 집어넣고 있는 모습이 이 은행의 표시이다. 일단 건물을 들어가면 하늘로 뻥 뚫린 건물 중앙에 압도된다. 그 이유는 건물의 모든 방에 자연광이 들어 갈 수 있게 자연 채광창을 만들기 위한 것이다. 또 건물 주민들 사이의 소통을 유도하기 위해 엘리베이터를 한층 건너서 설치해 놓

가우디가 설계한 카사밀라 현재는 은행 건물(원래는 밀라 부인을 위해 지은 아파트).
구엘 공원의 가우디가 설계한 건물

았다. 지금도 네 가구가 살고 있고 제일 위의 두 층만 공개를 한다.

카사 밀라의 구경거리는 옥상이다. 중간에 뚫린 구멍을 통해 아래를 내려다보면서 그 옆의 로봇 같은 모습의 굴뚝을 봐야 한다. 이 로봇 같은 모습의 기둥은 가우디의 '성가족 성당'이라고도 불리는 사그라다 파밀리아 외벽에도 보이는 우주인 혹은 일본 무사 같은 모습이다. 사그라다 파밀리아 건축에서 석조물을 담당하고 있는 석수장이 일본인이다. 그래서 사람들은 인물 석물 모양이 일본 무사나 일본 만화 로봇처럼 생겼다고 평한다. 바르셀로나는 정말 가우디의 도시다. 인도의 보도블록도 가우디 작품, 그 옆의 벤치도 가우디 작품, 그것들을 밝히는 가로등도 가우디 작품이다. 과연 바르셀로나에서 가우디를 빼고 나면 무엇이 남을지 궁금하다.

130년 대공사 '사그라다 파밀리아 성당'

가우디는 석재, 나무, 철 등을 자신의 건축의 재료로 많이 썼다. 아버지가 보일러 제작소를 운영해 어릴 때부터 철로 된 재료들을 많이 본 때문이라고 설명한다. 사그라다 파밀리아 성당은 1882년 건설이 시작되어 133년간 계속되고 있다. 지금과 같은 속도라면 가우디 사망 100주년 되는 2026년에나 완공 될 것이라는 예상이다. 원래는 2028년 완공 계획이라고 안내서에 나오지만 현대 과학으로 컴퓨터 설계, 전동절삭기구, 자동차운송, 타워크레인 등이 가우디 당시에는 없던 현대 과학 기구라 이들 덕분에 그 정도는 당겨 질 것이라는 말이다. 잘 알려져 있다시피 이 성당은 정부 보조나 교계의 지원 없이 모두 관람객의 입장료 수입과 개

가우디의 성가족 성당이 보이는 바르셀로나 시 전경

가우디가 설계한 카사 밀라

인들의 성금으로 자체적으로 짓고 있다. 2009년 예산이 1,800만 유로였다. 31살의 가우디가 1883년 전임 설계자로부터 이어받아 설계를 자기 특유의 고딕과 아르누보 디자인으로 완전히 바꾸어 74살로 죽은 1926년까지 온갖 열정을 다 쏟았다. 특히 죽기 10년 전부터는 이 성당 건설에만 전념했으나 그래도 겨우 1/4만 완공된 상태밖에 보지 못하고 죽었다.

설계 디자인은 바깥 첨탑이 18개이고 그 중 바깥 12개는 예수 12제자, 그 안의 4개는 세례자 요한을 비롯한 선지자 4명, 그리고 성모 마리아 탑, 정중앙의 가장 높은 예수 그리스도 탑을 합해 모두 18개이다. 완성이 되면 170미터라 세계에서 가장 높은 성당 건물이다. 또 이 높이는 바르셀로나에서 가장 높은 몬주익 정상보다 1미터가 낮다. 가우디는 신의 작품인 산보다 인간의 작품이 더 높아서는 안 된다고 해서 그 높이로 정했다.

가우디는 평생 독신으로 살면서 상당히 내성적이고 과묵해서 괴팍하다고 소문이 났으나 실제로 가까운 친구들은 대단히 친절하고 자상한 성품이라고 평했다. 독실한 가톨릭 신자에다 극단의 채식주의자여서 정기적으로 단식을 했는데 이 때문에 건강을 많이 해쳤다. 가우디를 사람들은 '신의 건축가'라고 부르고 있고 성인 추대 운동이 벌어지고 있기도 하다. 그는 설계도를 거의 그리지 않고 모델을 직접 만들어서 보고 그대로 건축을 진행했다. 젊을 때는 아주 핸섬했고 멋쟁이답게 치장하고 다녔으나 늙어서는 외모에 전혀 신경을 안 써 남루한 오래된 옷을 입고 다녀 거지로 오해를 받기도 했다. 결국 그런 옷차림 때문에 전차에 치여 중상을 당했을 때도 신분증도 없고 해서 제대로 치료를 받지 못하고 죽었다. 게다가 어쩌면 노숙자로 취급 받아 시체마저 못 거둘 상황이었다. 다행히 신분이 밝혀져 제대로 장례를 지낸 뒤 성가족 성당 지하 무덤에 묻

가우디의 성가족 성당
멀리서 본 가우디의 성가족 성당

| 유럽 문화 탐사

했다. 지금은 실내는 거의 완공이 되었고 덕분에 2010년 11월에 베네딕트 16세에 의해 축성미사를 거행했는데 성당 안에 6,500명, 밖에 5만 명이 참석을 했고 전 세계에서 100명의 주교, 300명 신부가 참석하는 대행사였다.

사실 그동안 이 성당 건설 문제로 바르셀로나 시민들 사이에는 말이 많았다. 가우디의 디자인을 무시하고 새로운 디자인으로 새로 설계하자는 의견부터 성당 지하로는 고속철도가 지나가게 되어 있어 크게 논란이 되었었다. 완공이 되면 세계에서 유례없는 독특한 고딕 건물이 될 것이다.

벨기에와의 국경에 가까운 플랑드르 지방의 중심 도시로, 파리의 북쪽 약 220km지점에 있다.
파리 북역에서 열차로 1시간 거리이다. 8월 최고기온 23.1도, 1월 최저기온 1도.

릴 미술관

프랑스에서 가장 크고 오래된 미술관
Place de la République 59000 Lille
Tél: 33 (0)3 20 06 78 00
Open: 월 오후 2시~6시, 수~일 오전 10시~오후 6시
Close: 없음
http://www.pba-lille.fr/

릴

유로스타를 탄 덕에 들른 도시 '릴'과
방문해야 하는 이유가 된 '릴 미술관'

　여행의 즐거움은 전혀 예상치 않았던 곳에서 새로운 아름다움을 만날지 모르는 기대 때문이다. 프랑스 북부 끝에 위치한 도시 릴은 내게 놀라움을 준 도시이다. 릴은 고흐의 마지막 안식처 오베르 수르 우아즈와 모네의 수련의 정원이 있는 지베르니를 가기 위해 유로스타를 탄 덕에 들르게 된 도시다. 첫 행선지 지베르니를 가기 전 별 기대를 하지 않고 들어갔다가 도시의 아름다움에 발목이 잡혀 버렸다. 특히 구시가지 좁은 골목들 안에 즐비한 품격 높은 가게들과, 들어가서 반드시 점심을 먹고 가고 싶어지는 식당들 때문에 정말 어렵게 길가 주차 공간을 찾게 되었다. 식사 후 나중에 찾은 드골광장이라 불리는 중앙 대 광장은 정말 그 정도일 줄은 생각도 못했고 프랑스 어느 도시보다 아름다운 건축물과

드골 광장 주변 건물들
식당 테이블과 의자들, 릴 사람들

노천카페로 가득 찬 대단한 광장이었다. 골목길의 아름다움에 끌려 점심만 먹고 가도 행복하겠다고 생각했는데 거의 보너스처럼 광장까지 얻은 셈이었다.

유럽의 도시들은 도시 중앙 광장 주변에 대개 주요 건물들이 위치하고 있어 반드시 찾기는 하지만, 그래도 릴의 중앙 광장 근처의 건축물들의 아름다움은 특별했다. 잘 알려진 유명한 관광자원을 갖고 있지 않아 관광객들의 발길에서 벗어나 있는 릴은 그 때문에 알고 보면 묻힌 보석이다. 프랑스 4번째 도시이면서도 인구 22만 6천 명에 도시 근교를 다 합쳐도 100만이 겨우 넘는 릴은 한국에는 잘 알려지지 않은 도시이다. 런던에서 유로레일에 차를 싣고 도버해협의 해저터널을 달려 깔레에서 두 시간이면 도착하는 곳이 릴인데도 잘 몰랐으니 말이다.

릴은 프랑스인들에게는 프랑스 최고의 대통령 샤를 드골 Charles André Joseph Marie de Gaulle 대통령을 기억하게 한다. 영국은 대처 수상이 권력에서 물러난 지 23년이 지났는데도 아직도 그늘이 남아 있듯이 프랑스에는 드골이 권좌에서 물러난 지 반 백년이 다 되었는데도 아직 그의 후광이 남아 있다. 드골은 2차대전 중 독일이 점령한 프랑스를 되찾기 위해 조직한 자유 프랑스군을 이끌어 영웅이 되었고 그 이후 정치에 몸담아 죽을 때까지 프랑스 정치의 중심에 섰었다. 특히 프랑스인들은 드골이 2차대전 승리 이후 전쟁 중 독일에 부역한 역사 청산을 주도했고 미국 주도의 NATO군에서 탈퇴하고 미국의 극렬한 반대에도 불구하고 핵실험을 해서 핵 보유를 관철시켜 자신들의 국격을 높였음을 높이 산다. 그래서 릴 시는 릴의 아들 드골을 기려 중앙 광장을 드골 광장이라고 부른다.

릴에는 또 하나의 자랑이 있다. 릴 미술관이 바로 그것이다. 릴 미술관은 파리 루브르 다음으로 프랑스에서 큰 미술관이다. 프랑스 혁명 당

PRENEZ
LE POUVOIR

Brasserie

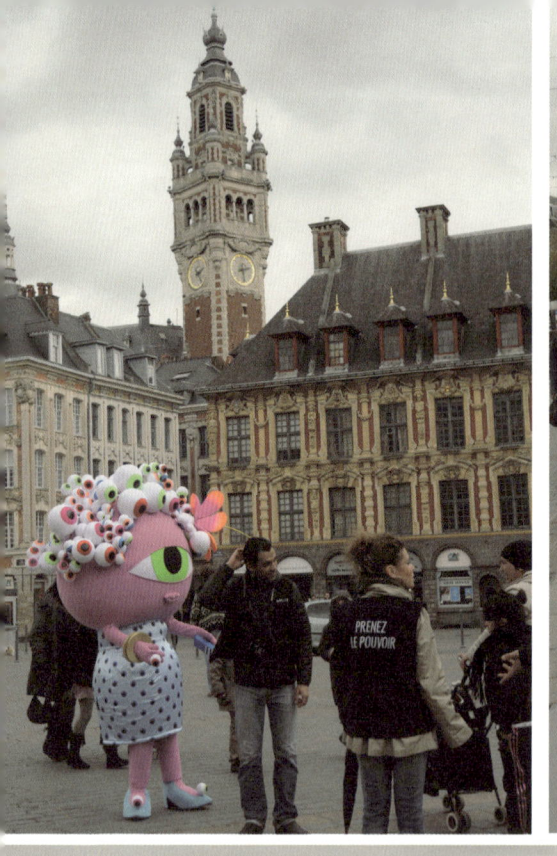

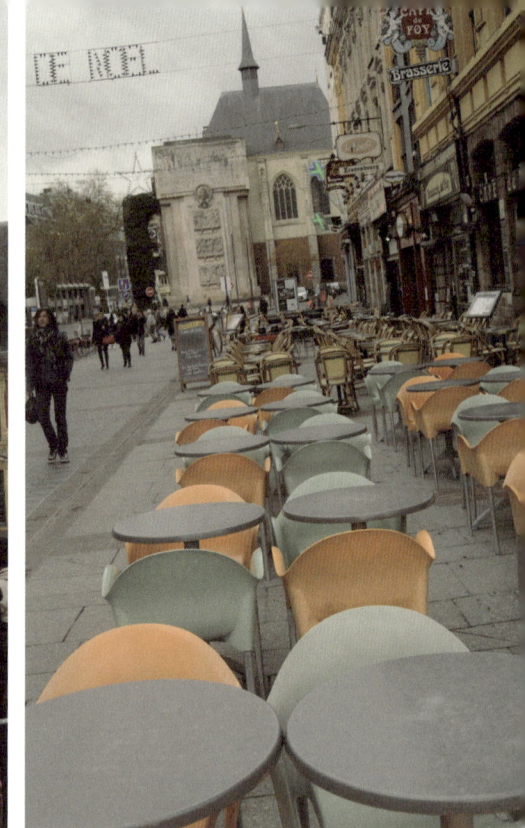

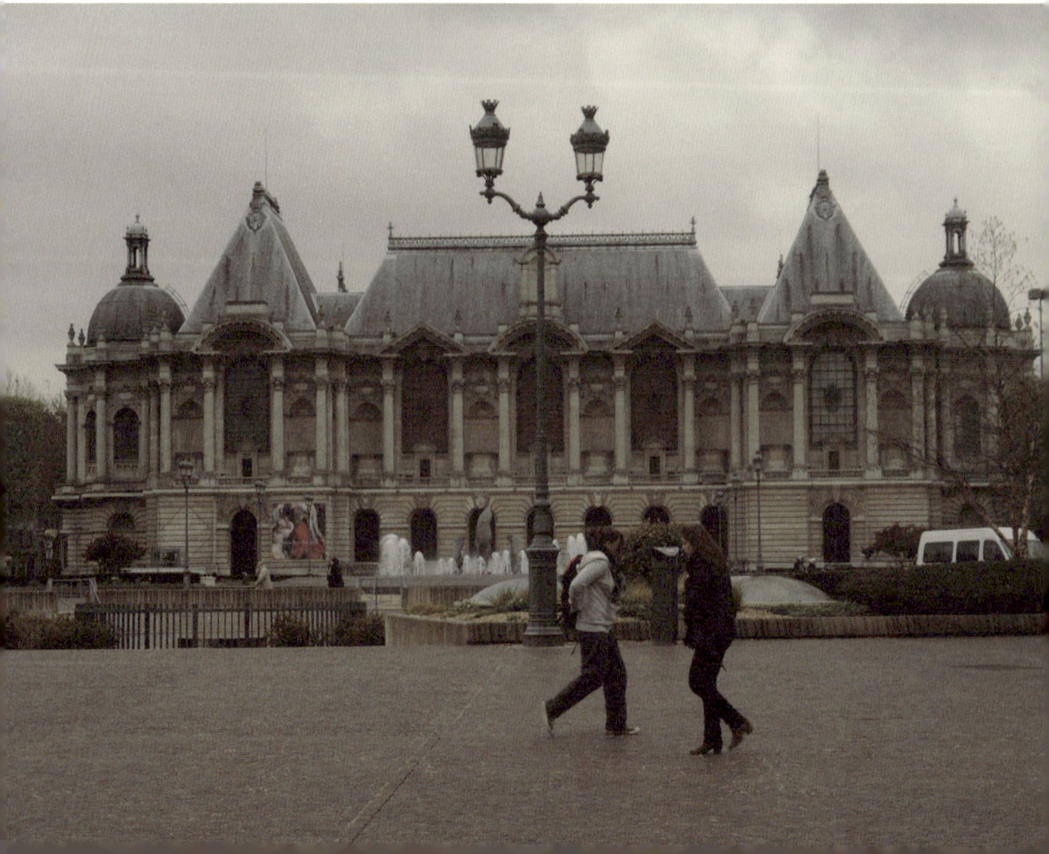

시 혁명군이 교회, 수도원 등으로부터 뺏은 예술품을 중심으로 1809년 나폴레옹 1세의 칙령으로 시작되었다. 비록 세계적으로 알려진 작품은 없어 세인들의 관심을 받지 못하고 있으나 거의 7000평의 전시 공간을 라파엘, 도나텔로, 반다익, 렘브란트, 고야, 다비드, 들라크루아, 루벤스, 로댕 등의 작품들이 메우고 있다. 소장한 알찬 미술품으로 보면 이 미술관 하나만 보아도 릴을 방문해야 할 이유가 된다.

드골 광장, 드골 광장 카페
릴 미술관

 나폴리에서 12km 떨어진 폼페이는 귀족들의 휴양도시이다.
폼페이에서 남쪽으로 수 킬로미터 떨어진 '스타비아에'에서 당시 별장과 목욕탕을 볼 수 있다. 햇빛이 강해 여름에는 물과 모자, 선글라스가 필수품이며 돌길을 걷기 편한 신발을 착용하는 게 좋다.

폼페이 유적지

개관: 오전 8시 30분~오후 7시 30분(4-10월) 오후 6시부터 입장 불가, 오전 8시 30분~오후 5시 30분(11-3월) 오후 3시 30분부터 입장 불가.

휴관: 1/1, 5/1, 12/25

입장료: 일반 11 유로, 65세 이상/18-25세 학생/선생님 5.50 유로, 다섯 유적지 3일권 20 유로(매표시간: 마지막 관람시간 1시간 30분 전)

탈脫 뮤지엄

폼페이의 오픈 방식 박물관

　베수비오의 폭발은 '혼합형 화산 폭발composite volcano eruption'이었다. 그 중에도 용암이 서서히 분출되어 흘러내리는 형태가 아니고 재와 바위가 갑자기 한꺼번에 폭발되어 쏟아져 나오는 것이었다. 폭발로부터 11시간이 지난 자정쯤에는 이미 폼페이 시내에 약 1미터 두께의 화산재와 돌이 쌓일 정도였다. 화산재가 햇빛을 완전히 가려 칠흑 같은 폼페이의 어둠 사이를 오로지 조용한 살인적인 가스만이 움직이고 있었다. 이틀 뒤에야 공기가 맑아지면서 날이 밝아졌다고 하니 그 사이에도 시내에 있던 어떤 생물도 살 수 없어서 폼페이는 완벽한 죽음의 도시로 변해버린 것이다. 이틀 사이에 아름다운 항구 대도시가 완벽한 죽음의 도시로 바뀌어 화산재 속에서 1700년간을 묻혀 지나간 것이다. 얼마나 많은 사람들이 죽었는지에 대한 통계는 화산 폭발 전 폼페이 인구만큼이나 자료에 따

폼페이 중앙 광장에서 본 눈 덮힌 베수비오 화산

라 다르다. 지금까지 발굴된 시체가 2천여 구라서 사망자가 2천이라는 것부터 1만 명, 1만 6천명, 2만 명 등 각양각색이다. 발굴된 시체 중에서 전시될 정도로 형체를 갖추게 복원 된 것이 100여 구 정도이다.

 지금 우리가 볼 수 있는 전시된 폼페이인의 모습은 복원된 것이다. 보통 알고 있듯이 화산 폭발 당시 흘러내린 용암이 사람 몸 바깥에 굳어서 화석 형태가 된 것이 아니다. 사실 섭씨 700도에서 1300도의 고온인 용암에 접촉한 시체가 바로 녹거나 타지 않고 형체가 남아있다는 것은 불가능한 일이라는 것을 가만히 생각해보면 알 수 있을 것이다. 질식해서 죽은 시체위에 화산재가 쌓이고 그 위에 비가 와서 굳어 어느 정도 인체의 형태를 갖춘 모양으로 남게 된다. 아주 많이 재가 쌓여 재속에 파

묻힌 경우에도 사람의 몸에서 나오는 수분으로 인해 몸 주위가 다른 재보다 더 굳어 어느 정도는 사람 모양의 형태를 갖추게 된다. 영국의 조각가 헨리 무어의 조각이나 눈사람 같은 것을 연상하면 된다. 세월이 흐르는 동안에 형태안의 시체들은 살이 썩고 뼈는 남아 빈 공간이 생긴다. 살이 썩어 생긴 공간에 부분적으로 주물을 부을 때 거푸집 모양이 된 것이다.

그 거푸집에 구멍을 뚫어 공간에 석고를 부어넣고 이틀 뒤 굳은 다음에 바깥 화산재 부분을 조심스럽게 떼어내면 사망 시 사람 몸이 그대로 재현되어 나온다. 이런 형태가 아닌 주변의 재와 완벽하게 엉켜있어 형체가 없이 묻혀 있는 경우에도 살려 낼 방법은 있다. 발굴 중 재 사이에 공간이 있다고 여겨지면 무언가가 존재했다가 썩어서 생긴 공간임에 틀림없다. 그 공간에 조심스럽게 석고를 부어 사라졌던 폼페이 인을 살려내는 방식이다. 이 방법은 이태리 고고학자 쥬세페 피오렐리 박사가 고안해 냈다고 하여 '피오렐리 방법'이라 칭한다.

요즈음은 투명한 글라스 파이버glass fiber를 이용해서 만든다. 석고를 쓸 때는 볼 수 없었던 뼈와 장신구 심지어는 머리카락, 입었던 옷, 벨트까지 볼 수 있다. 만일 이런 방법을 몰랐다면 그냥 재를 걷어내고 건물만 복구했을 것이 아닌가. 그랬다면 재속에서 그렇게 오래 기다린 폼페이 인들은 얼마나 원통했을까. 빈 공간에 불과한 것에 의미를 부여해 다시 폼페이 인들로 살려낸 셈이다. 이들과 우리가 무언의 대화를 하고 심정적으로 교감을 할 수 있게 해 준 피오렐리의 발상이 아무리 생각해도 반갑고 고맙다.

한사람의 생각이 이런 큰 결과를 만들어낸다는 것 또한 놀랍다. 만일 이 폼페이 인들이 없었다면 이곳은 그냥 건물들만 덩그렇게 놓여있

복원 해낸 폼페이 사람

는 유적지였을 터인데 이들이 있어 더욱 실감이 나고 정겹고 완성된 느낌이다. 이렇게 만들어진 사람의 모습은 생각보다는 아주 생생하게 사망 당시의 모습을 그대로 재현해준다. 심지어는 고통으로 일그러진 그들의 표정까지 읽을 수 있어 참혹했던 당시 상황을 그대로 짐작할 수 있게 한다. 어떤 남자는 손으로 입과 코를 막고 있고 그 옆의 여자는 스카프로 입을 막고 죽어 있기도 했다. '도망자의 정원'의 재에서 13구의 시체를 재현해 냈는데 다섯 가족이 도망치다가 죽음을 맞았다. 어린 자식을 감싸 안고 죽은 엄마, 돈을 움켜쥐고 죽은 사람, 주인의 돈지갑과 도장을 고이 품에 안고 죽은 노예 등 생지옥이나 다름없는 순간의 모든 인간의 마지막 모습이 고스란히 드러나 있다.

복원 작업을 하는 직원은 이 일은 그냥 고고학이 아니라 인간 고고학이라고 한다. 바깥 거푸집을 떼면 나오는 어린아이의 고통스런 표정이나 임산부의 안타까운 모습에서 비록 2000년 전 사람이긴 하지만 역시 인간적인 감정을 느끼지 않을 수 없다는 말이다. 생명이 없었던 유물을 파내는 고고학이 아니라 1700년간을 묻혀 있던 인간을 살려내는 듯한 그런 고고학이라고 해서 인간 고고학이라고 자부한다니 자기도취라고 할

무너진 상가 건물

수 없다. 당연한 자부심이다.

중앙 광장 옆의 유물들을 지붕만 있는 전시장에 공개 전시하는 유물관에는 쭈그리고 앉아 손으로 얼굴을 덮고 있는 고통스러운 표정의 사람 좌상과 함께 엎드려서 죽은 임산부도 공개되어 있다. 이집트 미라들과는 달리 보다 더 사람의 형상을 갖추고 있어 훨씬 친근하게 다가온다. 마음속으로 편안한 일상을 누리다가 갑자기 닥쳐온 생지옥을 겪은 그들의 모습에서 고통에 대한 연민이 너무나도 가까이 다가온다. 또 주위 풍경들이 너무나 생생하게 잘 보존되어 있어 흡사 주인이 외출해서 아무도 없는 남의 집을 주인의 허락도 없이 살살 다니는 것 같아 그들이 마

폼페이 사창가 벽화

치 가까운 이웃 같다는 생각이 든다. 이렇게 폼페이는 여기저기에 펼쳐진 집과 상점과 목욕탕과 심지어는 인간의 욕망 밑바닥인 매음굴까지 보면서 이들의 삶과 고통과 욕망들을 마음속으로 대화를 나누며 삶에 대해 생각하면서 걷는 곳이다.

화산재를 덮어쓰고 죽은 사람들과는 달리 공동주택 건물 밑 지하실에서 죽은 50여구의 인골이 발견되었다. 화산재와 돌 부스러기를 피해 실내로 들어왔고 급기야는 지하실까지 내려가 결국 죽고 만 것이다. 보통의 경우는 화산재에 오염되어 뼈 조사를 통해 많은 것을 알아내기가 불가능하다. 이 인골은 지하에서 발견되어 화산재와는 크게 접촉이 없어서 보다 정밀한 분석이 가능해 많은 정보를 얻었다. 뼈의 영양상태와 키로 보아 폼페이인들은 음식이나 건강상태가 보통 생각과는 달리 빈부의 차이에 영향을 받지 않았다. 뼈 근처에서 발견된 소지품으로 부자와 빈자를 구분했다. 어떤 여자에게서는 금, 은, 동전이 로마 군인의 10년 월급만큼 나오기도 했다. 발견된 각종 보화는 나폴리 국립박물관에 보관되어 있다. 디자인이나 색상 등이 상당히 현대적이고 세련되었는데 어떤 목걸이에는 당시 이태리에서 생산되지 않은 이집트 사파이어도 들어있어 국제무역이 성행했음도 알려준다. 더욱 신기한 것은 상아로 만든 조그만 여자상이 발견되었는데 얼굴 모습과 옷차림 등이 인도 여인이라 그 먼 거리와도 이미 왕래가 있었음을 말해준다.

폼페이 시내에 밀가루 제분소나 빵집이 많이 발견되지 않는 것으로 보아 빈부 격차 없이 전시민이 대개 같은 곳에서 만든 빵을 먹은 것이

주인의 침실에서 발견된 해골

아닌가 한다. 사람들의 치아가 나이와는 맞지 않게 많이 마모가 된 것은 '돌 제분기로 만든 밀가루에 돌가루 성분이 많이 섞여 있어 이빨이 심하게 마모된 것이 아닌가.'라고 추측하게 된다. 제분기는 입자가 굵은 화산석으로 만들어졌다. 금은보화와 함께 발견된 부자들의 뼈는 초록색을 띠고 있는데 당시에는 그들만이 소유할 수 있었던 값비싼 청동이나 납 제품 근처에서 죽어서 이로 인한 오염 때문이거나 빈자들의 목재 식기와는 달리 부자들이 사용하던 청동이나 납으로 만든 식기 때문이라고도 추정한다.

이들과는 달리 근처에 아무것도 발견되지 않은 가난한 사람들의 뼈는 원래 색깔 그대로이다. 흥미로운 것은 같은 크기와 얼굴 모습의 인골 두 개가 나란히 발견되었는데 아마 쌍둥이라고 보여 진다. 7-8개월 된 갓 태어나기 직전의 아기 뼈도 같이 발견된 것으로 보아 임산부의 죽음도 있었다. 얼굴 뼈의 모습이 아프리카 흑인의 것도 있는데 그 옆에서 금은보화가 발견되어 아프리카 부자 무역 상인이 폼페이에 다니러 왔다가 변을 당한 것이 아니면 부자 흑인의 하인이나 노예가 아니었나 하는 추측도 나온다. 다른 나라와는 달리 로마시대의 놀라운 현상은 노예도 아주 험한 일만하는 것은 아니라는 것이다. 심지어 황제의 전의가 노예였다는 기록도 나오는 것으로 보아 노예 중 특정한 기술을 가진 노예는 특별한 신분을 누릴 수 있었을 정도로 로마 사회는 개방된 사회였다는 말이다.

시골처럼 한적한 도시의 조그만 가게 주인이기 보다는 황제의 전의인 노예가 더 높은 신분 일수도 있다는 것이다. 폼페이에 두 명의 남자와 한 명의 여자상이 같이 있는 석상이 있다. 그 밑에 쓰인 명판을 보면 그 중 한 남자는 노예였는데 풀려나 주인 여자와 결혼했고 아주 친해 석상을 같이 세운 그 옆의 친구는 자기를 배신했다고 쓰여 있다. 노예가 풀려나 신분을 바꾸어 여주인과 결혼한다는 것도 흥미롭고 배반한 친구 석상을 없애지 않고 그런 이야기를 명판에 써놓은 것도 참 재미있다. 하긴 그렇게 해 놓아 그 배반한 친구는 2천년 뒤에도 불명예를 영원히 안고 가니 복수로는 최고의 복수를 한 셈이다.

    인골 중 하나의 이빨에서 상당히 치명적인 병흔이 발견되었는데 분석한 결과 매독으로 밝혀졌다. 보통 매독은 미국 인디언들로부터 시작되어 콜럼버스 선원들에 의해 유럽으로 건너온 것이 정설이다. 그렇다면 콜럼버스 500년 전에 이미 유럽 대륙에 매독이 존재했었다는 말이다. 인디언들과 콜럼버스 선원들이 그동안 억울한 누명을 썼던 매독이 유럽으로 이전된 것에 대한 해명이 되는 셈인가. 뼈 사이에 십여 개의 휴대용 등잔도 발견 되었다. 화산재로 칠흑같이 캄캄한 세상에 이 희미한 등잔이 과연 얼마나 도움이 되었을까. 그 위급한 와중에도 귀중품은 챙겨온 것으로 보면 그것이 자신을 위급한 상황에서 구해줄 것으로 믿었고 자신들에게 그런 물건들을 쓸 미래가 있다고 믿었다는 말이다. 죽음은 빈부귀천 남녀노소를 차별하지 않고 찾아와 신분이 다른 50여명의 폼페이 인들은 이 지하실 한 구석에서 나란히 최후를 맞이했다. 인간은 위급한 상황이 되면 무엇엔가 의지하려 한다. 이들은 그 상황에서 무엇에 의지하고 위안을 삼으며 공포를 이겼을까. 1700년 된 그들의 공포가 새삼 느껴진다.

흥미진진한 사건들이 많은 '햄턴 코트 궁'

    왕궁 정문에서 왼쪽은 헨리 8세 시절의 17세기 모습을 볼 수 있는 튜

햄턴 코트 궁

더지역이고, 오른쪽은 18세기 월리엄 공과 메리 여왕이 들어온 이후 다시 중건된 스튜어드와 조지시대 것이다. 특히 18세기 가구들이 그대로 남아 있어 영화에서나 볼 수 있었던 유럽 왕궁의 생활 모습이 신기하다. 신교 국가였던 네덜란드로 시집간 메리는 가톨릭 신자인 아버지 제임즈 2세를, 성공회 중신들의 반역에 동조해 건너와 폐위시키고, 남편 윌리엄과 함께 영국을 지배했다. 딸이 아버지를 쫓아 낸 사건을 영국 역사책은 '명예혁명Glorious Revolution'이라 부른다. 아무리 역사는 승자가 쓰는 것이라고는 하지만 효도를 가장 아름다운 도덕으로 보는 우리 통념으로 봐서는 기가 막힌 일이 아닐 수 없다. 성공회 측에서 봤을 때에는 가톨릭 왕의 득세를 막는데 피를 흘리지 않은 무혈혁명으로 성공했으니 영광스러운 혁명이라고도 할 수도 있겠다.

그러나 이런 역사에는 항상 물질적인 동기가 섞여 있기 마련이다. 헨리 8세는 자신의 이혼에 반대하는 로마교황청을 등지고 자신이 영국 교회의 수장이 되면서 이를 종교개혁이라고 위장했다. 그리고 당시 국부의 1/3씩을 가지고 있던 왕·귀족·종교계 3자의 재산 중 종교계 재산을 빼앗아 자신이 반을 갖고 나머지를 귀족들에게 나누어 주었다. 그 이후 영국 귀족들은 영국 왕을 목숨으로 지켰고 결코 가톨릭 왕이 돌아오지 않게 결사적으로 막았다. 헨리 8세로는 기가 막히게 방어책을 마련한 셈

햄턴 코트 튜더 시대 인물 모습

이다.

　명예혁명으로 집권한 메리와 윌리엄은 햄턴 코트 궁을 파리 베르사이유 궁만큼의 화려함을 갖출 수 있게 수리를 시작했다. 자신들의 신혼살림처였던 네덜란드의 헤트루 궁 정도로 만들고 싶었던 모양이다. 우선 궁을 들어가기 전 정문 옆에는 로마 황제들의 두상이 장식되어 있다. 오랫동안 유럽에는 로마 황제들이 현인이었다는 믿음이 유행해서 건물에 로마 황제들의 두상이 많이 새겨지거나 실내에 비치되어 있다. 그런데 놀라운 점은 햄턴 코트의 로마 황제 두상의 작가 이름이 알려져 있다는 사실이다. '지오바니 디 마이아노'라는 그다지 알려져 있지 않은 무명작가로 이를 기록한 영국인의 꼼꼼함에 놀랄 뿐이다. 헨리 8세의 두 번째 부인인 앤 불린 문을 들어서 뒤를 돌아 올려다보면 유명한 '천문 시계 astronomical clock'가 보인다. 1540년에 헨리 8세를 위해 만든 시계이다. 시간은 물론이고 달 모양, 날짜, 달, 분기표시, 해와 별의 상징, 거기다가 테임즈 강의 당시 유일한 다리였던 런던브리지의 밀물·썰물의 표시까지 나타낸다. 놀라운 과학 기술이 아닐 수 없다. 헨리 8세가 자신의 집무실인 런던타워로 가는 가장 좋은 교통수단이 배였는데 햄턴 코트에서 쉬다가 타워로 돌아가는 길의 런던브리지 조수를 아는 것이 아주 중요했기 때문이다.

　이제 나타나는 건물 오른쪽으로 들어가면 계단을 지나면서 그레이트 홀이 나타난다. 헨리 8세가 파티를 하고 신하들 전체를 만나던 당시로 봐서는 어마어마하게 큰 홀이 나타난다. 지금의 기준으로 봐서도 적은 홀은 아닌데 당시로는 입이 딱 벌어질 정도의 홀이었다고 기록에 나온다. 이 홀에서 왕이 파티를 벌일 때는 홀이 가득 차게 손님이 모여들었고 왕은 조금 높은 연단위에서 식사를 하면서 파티를 즐겼다. 홀 벽에는

햄턴 코트 시계
햄턴 코트 궁

당시 헨리 8세가 소유하고 있던 큰 벽걸이 카펫이 걸려 있는데 벨지움에서 수공으로 짠 것이다. 네덜란드와 벨지움이 영국과 가까운 관계를 맺은 가장 큰 이유는 영국이 수출하는 양모를 받아 네덜란드는 양복지를 생산하고 벨지움은 카펫을 생산했기 때문이다. 안으로 더 들어가면 왕의 내밀한 방들이 있는데 그 중에는 왕이 신하들이나 손님을 만나는 홀이 있다. 그 뒤로 왕의 사무실 겸 옷 방 등이 있다. 차례로 들어 갈수록 왕에게 가까이 갈 수 있는 권한을 가진 셈이다. 나중에 왕의 개인 사무실에서 만날 정도면 왕의 총애를 받는 측신이었다. 권력자와 지근에 있는 정도가 바로 권력의 경중을 재는 척도라는 말은 지금이나 옛날이나 같다.

더 지나가면 '왕의 예배실chapel royal'이 있는데 그 앞이 바로 유명한 '귀신이 나오는 복도haunted gallery'이다. 헨리 8세의 5번째 부인인 캐서린 하워드의 귀신이 나온다는 복도이다. 캐서린은 16살에 당시 49살의 헨리 8세의 왕비로 들어왔다가 혼전 애인과 계속 만나는 부정을 저질렀다는 이유로 사형을 당했다. 사형을 당하기 전 자기 방에서 연금 중 잠시 탈출해

예배를 드리고 나오는 헨리 왕 앞에 무릎을 꿇고 외투 자락에 매달려 용서를 빌었다는 곳이다. 그러면서 끌려 나가면서도 소리를 지르며 애원을 했는데 왕궁의 신하들은 자주 귀신의 모습을 보았다고 기록에 나온다. 수년 전에도 목격했다는 직원들의 증언도 있었고 궁 경비 카메라에 잡혀 희미한 이미지가 방송을 타기도 해서 관광객들의 인기를 끈다.

궁의 오른쪽으로 들어가면 스튜어드 시대(1603-1714)와 조지안 시대(1714-1830)의 생활상을 볼 수 있게 된다. 계단을 따라 올라가면 천장에 바티칸 시스티나 성당 미켈란젤로의 '천지창조'를 방불케 하는 계단 천장화가 눈길을 끈다. 그리고는 왕을 만나러 온 손님들이 대기하는 큰 홀을 맞게 된다. 그 벽에는 각종 무기가 벽에 다양하게 장식되어 있다. 이 큰 홀을 지나면서 차례로 조금 작은 홀이 나오기 시작하는데 어느 정도 안쪽에 초대 받느냐에 따라 손님의 경중이 가려진다. 깊이 들어가서 왕을 만날수록 귀중한 손님이 된다는 말이다.

가장 끝이자 코너에는 왕의 집무실이 위치하는데 거기서는 양쪽에서

햄턴 코트 석양의 궁, 화려한 계단, 실내장식

조지안 시대 왕들의 내실

들어오는 손님을 볼 수 있는 거울 장치가 되어있다. 방으로 통하는 문을 다 열어 놓으면 안쪽 깊숙이 모서리 방에 들어앉은 왕은 들어오는 손님을 다 볼 수 있지만 손님은 보지 못한다. 왕은 손님의 경중에 따라 신하에게 어느 방에서 그 손님을 만날지를 통보해 준다. 그 왕의 내밀한 사무실에는 화장실이 달려 있다. 수세식이 아니라 그냥 요강만 설치되어 있어 매우 비밀스러운 얘기를 나눌 때는 이 방에서 했고 때문에 '추밀원Privy Council'이라는 조직이 있었다. 바로 이 방에 들어올 수 있는 신분의 신하들이라는 뜻이다. 왕의 가장 측근 총신으로 이루어져 있다. 지금도 영국 총리실에는 추밀원이라는 조직이 있다.

코너를 돌면 정원을 정식으로 내려다 볼 수 있고 남향인 방들이 나오기 시작하는데 여기가 왕과 여왕이 생활하던 공간이다. 왕의 옷 방King's dressing room, 왕이나 여왕이 개인적인 손님을 만나는 여왕 접견실Queen's presence room, 그리고 식당dinning room 등이 있다. 그런데 재미있는 일은 식당이 왕과 여왕의 생활공간 중간에 있다는 사실이다. 평소에 왕과 여왕은 떨어져서 생활하다가 식사 때만 만났고 가끔 잠자리를 같이할 때만 만났다는 사실도 미루어 짐작할 수 있다. 이런 구조는 윈저성Windsor Castle에서도 볼 수 있다.

그런데 이런 영국의 대저택 식당을 자세히 살펴보면 천장에 조명이 없다. 촛불만으로도 밥을 먹을 수 있었으니 그렇게 했다고 생각할 수 있지만 그렇지 않다. 유럽의 오랜 풍습에는 해가 있는 늦은 오후나 초저녁에 빨리 저녁을 먹고 해가 지면 바로 자기 때문이다. 심지어는 겨울에는 3-4시에 저녁을 먹었다. 물론 그만큼 아침 기상 시간이 일렀다는 말도 되겠지만 대개의 경우는 어두워지기 전에 저녁을 먹고 해가 지면 바로 잠이 들었다. 물론 돈 많은 귀족들은 늦게까지 불을 밝히고 연회를 즐기기도 했지만 원칙은 해가 지면 자는 것이었다. 한국도 60년대만 해도 전깃불이 비싸고 정전도 자주 되고 해서, 해만 지면 자지 않았는가? 원래 유럽인은 1일 2식이었다. 돈 많은 사람들이나 자기 전에 밤참을 조금 먹고 잤지, 일반 서민들은 당연히 1일 2식이 원칙이었다. 성인병이 생기기 시작한 것도 1일 3식을 하고 나서부터라고 한다. 그래서 지금도 개는 하

왕의 목욕탕

루에 밥을 두 번만 주는 것이 원칙이라고 알려져 있다.

　남향의 복도 안쪽으로 들어가면 손님들 방이나 하인들, 그리고 왕자들이 거처하던 방들이 나온다. 드디어 아주 내밀한 공간으로 들어 온 셈이다. 여기에 가면 금방 사람이 밥을 먹고 나간 것처럼 식기와 수저가 놓인 식탁, 여인이 방금 화장을 마치고 나간 듯한 화장대, 어느 아름다운 여인이 하녀의 시중을 들면서 목욕을 했을 방 한가운데 놓인 욕조, 붉은 커튼이 사방에 드리워진 침대, 그리고 벽에 걸린 각종 명화 등이 발길을 잡는다. 특히 그 중에는 라파엘의 〈예수 제자들의 사역〉의 사본이 걸려 있다. 원화가 원래는 여기 걸려 있었는데 지금은 빅토리아 앤 알버트 뮤지엄Victoria and Albert Museum으로 옮겨졌다.

　사실 유럽에 많은 저택들이 있고 왕궁이 있지만 햄턴 코트만큼 알찬 곳은 드물다. 왜 이곳이 지금까지 한국에 제대로 소개되지 않았는지 궁금하다. 더군다나 시내에서 1시간도 안 되는 거리에 있고 지근거리에 유럽 유일의 한인 타운이 있는데도 말이다. 사실 윈저성은 현재 엘리자베스 여왕이 거처하는 궁이라고 하지만 보여주는 곳이 실제 여왕님께서 사는 곳과는 그다지 관련이 없는 곳만 보여준다. 만일 영국 왕들의 제대로 된 삶을 보고 싶으면 이곳 햄턴 코트를 찾아야 한다.

'피츠윌리엄' 박물관

잘 알려지지 않았으나 알찬 수집품이 있는 케임브리지의 피츠윌리엄 박물관을 반드시 봐야한다. 특히 한국인이라면. 거기에는 고드프리 곰퍼즈씨가 평생 수집한 130점의 우리 도자기류를 중심으로 한 한국관이 있기 때문이다. 특히 고려청자는 한국 밖에서 논란의 여지가 없이 최고 수준급이다. 수만리 타향에서 외롭고 수줍게 자태를 자랑하고 있는 우리 도자기들을 케임브리지를 방문하는 길이라면 한번 찾아보고 위로해 주는 것이 예의가 아닌가? 어느 산골의 이름 없는 도공의 손으로 빚어진 우리 땅의 편린을 일 년에 과연 몇 명의 동포가 찾아 주겠는가? 도저히 그냥 지나칠 수가 없다. 막상 가보면 잘 왔다는 생각을 할 것이다. 세계 어느 박물관 동양관도 예외 없이 한국관의 위치는 중국과 일본 사이이다. 아니면 귀퉁이에 조그맣게 명맥만 유지하는 정도가 일반적인 형태다. 한국이 잘 안 알려져서이기도 하지만 그만큼 전시할 좋은 작품이 없기 때문이기도 하다.

1980년대 초반 처음으로 피츠윌리엄을 찾았을 때 다른 박물관과는 달리 한국 도자기 전시가 중국, 일본 전시관 보다 더 알차게 되어있어

피터 윌리엄 박물관

서 아주 반가웠다. 당시에도 피츠윌리엄 박물관의 극동관은 고려청자를 비롯해 한국 도자기가 중심을 차지하고 있었다. 중국과 일본 고미술품이 구석으로 밀려나 있어서 어깨가 으쓱한 기분이었다. '이렇게 수준 높은 우리 고미술품이 한국에 있지 않고 왜 여기에 와 있을까?' 하는 기분과 함께 모든 사람이 다 볼 수 있는 장소에서 귀중하게 대접받아 잘 전시되는 것을 보면서 '이것도 괜찮다.'는 이율배반적인 감정도 느꼈었다. 그 이후 고미술품 해외 유출이나 해외 반출 미술품 귀환 운동이 벌어질 때면 드는 생각이 있다. 우리의 훌륭한 고미술품을 지금보다 적극적으로 해외에 더 많이 내보내 우리 문화의 우수성을 과시해야 하는 것이 아닌가 하는 생각이다.

개인 소장품으로 금고 안에 처박혀 있지 않고 유명 박물관에 제대로

케임브리지 시내

전시만 된다면 말이다. 우리 국립박물관 지하 창고에는 전시 장소나 기회가 없어 빛을 못 보고 있는 훌륭한 고미술품이 많다. 이를 해외에 장기 임대해 전시를 하게 해 주어야 하는 것이 아닌가 하는 생각이든다. 일종의 발상의 전환이다. 다시 한 번 말하지만 해외 유명 박물관을 갈 때면 한국관이 너무 작네, 초라하네 하면서도 우리는 너무 우리 것을 끼고 사는 것은 아닌가 하는 자성自省을 한다. '아무리 자식이 예쁘고 귀해도 평생 끼고 살면 무슨 소용이 있나? 좋은 사람 만나게 해서 결혼시켜서 좋은 가정을 이루는 것이 더 좋은 일 아닌가. 그래서 평생을 한국 도자기 수집에 몸을 바치고 18권에 달하는 한국 도자기에 관한 책을 쓴 곰퍼츠씨가 한국 박물관에 기증하지 않았다고 욕할 것이 아니라 오히려 우리 고미술품에 바친 그의 수고와 애정에 고마워해야 하는 것이 아닌가?'

캠강의 펀팅

1980년대 초만 해도 장기 임대라고 했지, 기증이라고는 쓰여 있지 않았는데 곰퍼츠씨는 죽기 2년 전인 1990년 피츠윌리엄 박물관에 수집품 모두를 기증했다. 해방 후 일본에서 쉘 석유 회사 직원으로 근무할 때 일본에서 수집한 것들이다. 당시는 우리 한국은 먹고 살기 바빠서 일본인들에게 헐값으로 그냥 내주다시피 한 도자기들인데 곰퍼츠씨는 이미 그때 우리 자기만의 아름다움을 알아채고 수집했다. 알토란같은 엄청난 고가의 유산을 자손들에게 물려주지 않고 모두가 볼 수 있게 기증한 곰퍼츠씨에 대한 감사의 마음을 피츠윌리엄 박물관을 갈 때마다 느낀다.

사족을 달자면 유명한 '케임브리지 사첼백'은 케임브리지에서는 찾아 볼 수 없다. 인터넷이나 런던에서 찾아야 한다. 사첼백을 모르는 사람들은 무슨 소린가 하겠지만 알 만한 사람들만 알라는 전언이다.

앗시시 '천사성당'

이탈리아 중부 페루자 지방의 앗시시는 빈자의 성인이라고 불리는 가톨릭 성인 프란체스코로 유명해진 도시이다. 시내에서 멀리보이는 성 프란체스코 마을에 들르고 나서 앗시시 시내로 들어오면 성 마리아 천사성당을 들르지 않을 수가 없다. 거기에는 특이하게 큰 성당 안에 지붕까지 완벽하게 있는 별도의 아름다운 자그마한 경당이 따로 있다. 보통 경당은 성당 안에 있는 방 하나이지 지붕까지 제대로 있는 모양은 이곳

앗시시 마을

성 마리아 천사 성당
성 마리아 천사 성당 안 천정까지 완벽하게 보관된 경당
성 프란체스코 바실리카 성당

이 유일하다. 원래 있던 이 중요한 경당을 보호하기 위해 제대로 된 큰 성당을 지었다는 말이다. 이 경당이 바로 프란체스코 성인이 소천한 곳이다.

그 경당에서 기도를 하면 그동안 지은 모든 죄를 용서받는 전대사^{全大赦}가 이루어진다는 곳이다. 경당 건물도 넘치지도 않고 모자라지도 않아 문자 그대로 소담스럽고 꾸미지 않은 시골 처녀 같은 아름다움을 간직해 오래 두고 기억에 남는다. 특히 그 안의 벽화는 원시시대 동굴 벽화처럼 간단하고 더욱 아름답다. 전대사의 장소라서가 아니라 소박해서 경건하다 못해 엄숙해지기까지 하다. 그래서 한번 그 안에 들어가면 떠나고 싶지 않은 곳이다. 그 안에서 진정한 평화를 느꼈다. 모두들 가만히 자리에 앉아 묵상을 하거나 기도를 하고 있었는데 다행히 순례객이 많지 않은 계절이라 의자에 앉아 조용한 시간을 보냈다. 유럽의 온갖 성당들을 많이 다녀봤지만 이렇게 앙증맞은 사이즈의 아름답고 평화로운 경당은 본적이 없다. 굳이 비슷한 느낌을 받은 곳을 들라면 터키 에페소 근처의 산꼭대기에 위치한 성모 마리아가 예수 승천 후 사도 요한의 보살핌으로 살았다는 경당이 가장 비슷할 것 같다. 나오는 길에 반드시 들러야 할 곳이 두 곳 있다. 물론 한 곳은 각종 기념품이나 성물을 파는 상점이다. 다른 하나는 나가는 복도 옆의 정원이다.

프랑체스코 성인의 일대기 중에 가장 중요한 부분을 차지하는 가시 없는 장미 밭이 여기 있다. 피가 끓는 젊은 성인이 수도 중 육욕을 이기려 장미 밭을 뒹굴었으나 성령이 불쌍히 여겨 장미의 가시를 없애주었다고 전하는 가시 없는 장미가 심겨져 있는 정원이 여기 있다. 정말 거기에는 가시가 있는 장미와 가시가 없는 장미가 있었다. 유감스럽게도 유리로 막혀 있어서 만져 보거나 자세히 볼 수는 없었으나 분명히 가시

길거리 벽의 성모상, 성인과 살아 있는 비둘기

가 없는 장미나무가 있었다. 그 장미를 밖에 옮겨 심으면 가시가 난다고 한다.

또 하나 신기했던 장면은 상점 바로 앞에 바구니를 들고 있는 프란체스코 성인상이 있었는데 그 안에 살아 있는 비둘기 두 마리가 있었다. 모두들 플래시를 터뜨려 사진을 찍는데 비둘기들은 날아가지도 않고 가만히 있었다. 성인은 동물과 대화를 했고 특히 새들은 날아와서 성인의 어깨에 앉아 놀기를 좋아했다고 하는데 그 실체를 보는 듯했다. 그래서 지금도 성인의 축일이 되면 가톨릭교회에서는 동물들에게 축복을 내리는 의식을 한다.

예수의 성지가 있는 이스라엘의 모든 곳은 다른 어떤 기록에는 없이 성경에만 기록된 사실들을 찾아다니는 성지순례이다. 그곳들은 눈에 보이지 않는 성경에 기록된 사실들을 머리 속으로만 생각하면서 다니는 곳이다. 그래서 '보이지 않는 것을 찾아다니는 여행'이라 했다. 성모 발현 성지도 마찬가지이다. 그러나 앗시시는 우리 보다 830년이라는 아주 오래 전의 얘기지만 분명 기록에 남아 있는 사실과 물건들을 직접 눈으로 보고 느끼는 곳이다. 확인을 해야만 믿는 나 같은 '의심 많은 토마스 doubting Thomas' 같은 신자에게는 정말 딱 좋은 곳이다.

Literature

빅토르 위고
셰익스피어
괴테
낭만파
에밀리 브론테
톨스토이
헤르만 헤세
찰스 디킨스
오스카 와일드
제인 오스틴
하이델 베르크의 인문학

✈ 몽셸미셸은 프랑스 노르망디 지역 앞바다에 신기루처럼 떠 있는 수도원이다. 1979년 세계문화유산으로 지정되었고 로마, 산티아고와 함께 유럽의 3대 기독교 성지이다. 렌 중앙역에서 버스로 1시간 정도 소요된다.

📍 **몽셸미셸 수도원**

Open: 5월 2일–8월 31일 오전 9시~오후 7시(7–8월은 오후 11시까지, 일요일 제외), 9월 1일–4월 30일 오전 9시30분~오후 6시
#조류로 인하여 아래의 날짜에는 입장 시간이 조정 될 수 있음
– 1월 4일/2월 2일과 3일/3월 3일과 4일/8월 12일/9월 10일과 11일/10월 10일
Close: 1월 1일, 5월 1일, 12월 25일
http://mont-saint-michel.monuments-nationaux.fr

빅토르 위고

성 미카엘의 산 몽생미셸, 루아르 계곡

비가 부슬부슬 내리고 안개기 적지 않게 끼어 시세(視界)가 좋지 않은 시골길을 달리다 일행의 비명 소리에 놀라 옆으로 고개를 돌렸다. 저 멀리 몽생미셸이 마치 신기루처럼, 안개 속에 몽환의 그림처럼 어렴풋이 떠 있었다. 몽생미셸은 '성 미카엘의 산'이라는 뜻으로 바위 산 전체가 베네딕트 수도원이다. 지금도 베네딕트 수사와 수녀 공동체가 관리를 하고 있는데 내가 갔을 때는 마침 부활절이라 미사 준비가 한창이었다.

노르망디의 '몽생미셸'은 원래 밀물 때는 육지와 분리되는 섬이었기 때문에 한때 감옥으로도 사용되었다. 유명한 수인으로는 《레미제라블》과 《노트르담의 꼽추》의 작가 빅토르 위고 Victor Hugo가 있다. 뻘로 가득 찬 바다 중간에 우뚝 솟은 언덕위에 자리한 성은 시기가 다르게 증축되어

몽셍미셸

무질서하게 보이지만 전체적으로 잘 어우러져 매우 아름답다. 특히 멀리서 보면 하나의 조각품처럼 완벽한 자태를 드러내고 있어 주위를 압도한다. 돌산에 견고하게 지어져 영국과의 백년전쟁 중 침공을 부단히 받고도 함락되지 않았다. 1979년 유네스코 세계문화유산으로 지정되었으며, 워낙 관광잡지 등에 소개가 자주 되어 세계 각지에서 많은 관광객이 찾는다. 얼마 전부터 자동차를 마을 바깥 주차장에 주차를 해놓고 셔틀버스로만 들어올 수 있어 상당히 불편해졌다.

노르망디 지방 순례의 다음 행선지는 루아르 계곡이다. 계곡은 이름대로 루아르 강을 따라가는 길로 계곡이라는 말이 무색하게 주위의 산은 야산 정도에 불과하다. 하지만 산을 따라 군데군데 포도밭이 눈에 띄는데 유유히 흐르는 강물과 그 주위에 늘어선 나무들이 함께 만드는 풍경은 마치 한 폭의 그림 같다. 특히 프랑스어로 샤또^{Chateau}라고 불리는 왕과 귀족들의 고성이 산자락 구석구석에 즐비하다. 안내 책자에 소개된 큰 성들만 해도 2백 킬로미터 거리 안에 25개나 있고 지도에만 표시된 것들을 대충 세어 봐도 50개가 넘는다. 파리에서 그리 멀지 않은 거리라서 왕과 귀족들이 파리의 혼잡함을 피해 사냥도 하고 포도주를 즐기기가 좋아 자주 내려와 묵으려고 성들을 많이 지었기 때문이다.

조그만 해변가 도시에서 프렌치 스타일의 점심을 느긋하게 즐기고는 레오나르도다빈치$^{Leonardo\ da\ Vinci}$의 무덤이 있는 앙브와즈 성$^{Chateau\ d'Amboise}$으로 향했다.

언덕 위에 서 있는 앙브와즈 성은 나름대로 아름다운 성이지만 그렇다고 프랑스 내에서 특별한 성은 아니다. 단지 세상에서 가장 유명한 〈모나리자〉 그림을 그린 최고의 화가 레오나르도 다빈치의 무덤이 있는

루와르 계곡으로 가는 연변, 강가

곳이라는 이유로 관광객들의 끊임없는 사랑을 받는 성이다. 그래서인지 파리 이외의 지역에서 유일하게 한글로 된 안내서를 갖춘 성이다. 앙브와즈 성을 나서서 파리로 가다 보면 루아르 계곡에서 가장 아름답고 멋지다는 샹보르 성Chateau de Chambord을 만나게 된다. 앙브와즈 성과 샹보르 성에 대한 이야기는 뒤에 다시 하기로 하겠다.

루아르 계곡을 여행하는 동안 미리 호텔을 정하지 않아 광장 안내판에 나와 있는 그럴듯한 호텔들을 찾아갔다. 그러나 유럽의 가장 큰 휴일인 부활절인 탓에 호텔은 이미 만원이었다. 날은 어두워지고 막막한 찰나 표지판을 보고 우연히 찾아들어 간 고성 호텔은 실로 대단했다.

유럽인들이라면 누구나 한번은 자고 싶어 하는 샤또 호텔은 고성을 수리해 고급 호텔로 사용하는 것이다. 내가 루아르 계곡 투어에서 잔 샤

샤또 호텔

또 호텔은 특히 응접실과 복도는 물론 식당의 실내장식까지 감동적이었다. 도버해협을 건너는 페리에서 객실을 얻지 않고 의자에서 쪼그리고 자며 아낀 경비가 하룻밤에 다 들어가도 아깝지 않았다. 유럽 고성의 멋인 프랑스 샤또를 제대로 느끼고 싶다면 샤또 호텔에 한번 묵어야 한다. 시골로 가면 보기 보다는 많이 비싸지 않으니 한두 번 정도는 호사를 누려 볼만한 금액이다. 그것도 잘만 찾으면 파리 시내 3성급 가격에 5성 호텔시설에서 자보는 가벼운 사치를 누릴 수 있다는 말이다.

고성들의 그림 '앙브와즈 성', '샹보르 성'

레오나르도 다빈치Leonardo da Vinci의 무덤이 있는 앙브와즈 성Chateau d'Amboise에는 다빈치를 비롯한 많은 예술가들을 보살펴 프랑스 르네상스의 선구자로 불리는 프랑소와 1세François I 왕이 자라고 거처하던 곳이다. 다빈치가 프랑소와 1세의 초청을 받아 이탈리아에서 올 때 모나리자를 가지고 와 천 에쿠스를 받고 판 곳도 역시 이곳이다. 다빈치는 왕의 후원으로 지금은 다빈치 박물관인 클로루세 성Chateau du Clos Luce에서 죽을 때까지 활동했는데, 죽어서는 유언에 따라 성 구석에 지어진 작은 교회에 혼자 묻히는 영광을 얻었다.

샹보르 성Chateau de Chambord은 루아르 계곡에서 가장 아름답다는 성이다. 프랑소와 1세가 20살 때 건축을 시작했고, 후에 베르사이유 궁전을 지은 태양왕 루이 14세Louis le Grand Monarque가 현재의 상태로 화려하게 중건했다. 하지만 태양왕은 이 성에 겨우 9번밖에 묵지 않았다는 이야기가 전해진다. 이 성의 일부는 레오나르도 다빈치가 설계했는데 그런 인연

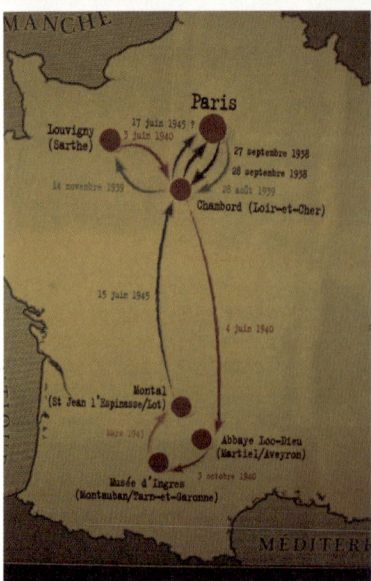

앙브와즈 성
앙브와즈 성 모나리자 피난 경로
앙브와즈 장식

샹보르성, 샹보르 성 침대, 늦은 저녁 식사를 즐기는 프랑스인

때문인지 2차대전 중 루브르 박물관에 있던 그의 작품 〈모나리자〉가 한때 피난을 와서 머무르기도 했다. 마침 큰 모나리자 그림 사진과 피난 사진전이 열리고 있어 그때의 모습을 자세히 볼 수 있었다. 샹보르 성의 정원은 상상을 초월하는 크기다. 프랑스 정원답게 기하학적인 미를 자랑하지만 아무리 왕권신수설을 자랑한 왕이라고 해도 이러한 사치를 누려도 되는가 하는 생각이 들만큼 웅장하다. 그래도 러시아의 황제들의 궁에 비하면 비교가 안된다. 특히 상트페테르부르크의 동궁에 비교하면 샹보르 성도 그냥 소박한 동네 성 같다. 너무 심한 폄하일지는 모르겠지만 그만큼 러시아 궁정은 화려하다.

잔 다르크의 도시 '루앙',
모네의 작품으로 유명한 '루앙 대성당'

루아르 계곡 투어의 마지막 일정은 잔 다르크의 도시인 노르망디의 주도主都 루앙이다. 한 도시를 단 세 가지로 정의한다는 일은 너무 무자비하거나, 잔인하거나, 혹은 무식하거나! 그래도 할 수 없다. 루앙을 말하려면 간단히 쓴다 해도 지면이 모자라니 골라서 쓸 수밖에 없다. 그래서 프랑스 노르망디 지방 루앙Rouen 소개는 잔 다르크Jeanne d'Arc(1412- 1431)와 클로드 모네Claude Monet(1840-1926)와 라 꾸론느이 레스토랑 바로 그 세 가지로 하겠다.

우선 잔 다르크로부터 시작해보자. 잔 다르크는 위기에 처한 프랑스를 구한 인물로 언제나 프랑스인의 영원한 영웅이다. 그녀는 너무나 유명해서 생애도 잘 알려져 있지만 간단하게 적어보면 다음과 같다. 시골

소농이자 하급 관리의 딸이었던 잔 다르크가 신의 수호대장 성 미카엘의 목소리를 듣고 프랑스를 구하기 위해 나섰을 때(1429) 프랑스는 백년전쟁(1337-1453) 거의 막바지에 달해 궁지에 몰리고 있었다. 프랑스는 자신들의 땅을 반도 더 차지하고 있던 잉글랜드와의 전쟁에서 지난 30년간 한 번도 제대로 이겨보지 못했다. 왕세자로서 대관식을 못 치르고 오를레앙에 포위되어 있던 샤를 7세에게 홀연히 나타난 잔 다르크는 정말 구세주였다. 그래도 의심이 많았던 샤를은 잔 다르크가 자신을 알현(謁見)하러 올 때 신하에게 왕의 옷을 입혀 앉히고, 자신은 구석에 신하의 옷을 입고 서 있었다. 잔 다르크는 왕좌에 앉아 있는 왕 복장의 신하는 거들떠보지도 않고 바로 초라한 옷의 왕에게 가서 당신을 여기서 탈출하

루앙 시내

게 해서 프랑스 정식 왕으로 즉위하게 도우라는 대천사장 성 마이클의 계시를 자신이 받았다고 했다. 그 전까지는 샤를의 능력을 의심해 눈치를 보면서 전적인 충성을 바치지 않던 각 지방 영주들도 놀라워하면서 최선을 다해 왕이 오를레앙을 탈출해 전통의 대관식 장소인 파리 교외의 랭스 성당에서 정통의 프랑스 왕이 되는데 큰 도움을 준다. 결국 잔 다르크가 전한 계시가 샤를 7세에게는 신의 신임장과 같은 역할을 한 셈이었다.

샤를은 잔 다르크로 하여금 잉글랜드와 전쟁을 계속하게 한다. 잔 다르크는 왕위와 영토 분쟁의 전쟁을 잉글랜드와 프랑스 간의 종교전쟁으로 만들어 당시 프랑스인들로 하여금 성전을 치르고 있으므로 신은 자신들의 편이라고 굳게 믿도록 만들었다. 그 선봉에 예수의 깃발을 든 잔 다르크가 서 있었다. 잔 다르크는 계속해서 승리했고 그런 식으로 프랑스 땅에서 잉글랜드 군을 완전히 몰아낼 때까지 전투를 계속하겠다고 주장하면서 왕과 의견이 갈리게 된다. 왕은 그 정도에서 잉글랜드와의 전쟁을 끝내고 평화 협상을 원했다.

그러나 잔 다르크는 왕의 명령도 듣지 않고 전투를 계속한다. 자신의 말도 듣지 않고 계속되는 승리로 인기가 자신을 넘어서게 되어 불편해 하던 차에 잔 다르크가 궁지에 몰려 1430년 잉글랜드 군의 포로가 된다. 동족이지만 정치적인 입장이 다른 부르고뉴 시민들에게 사로잡혀 잉글랜드 측에 현상금 때문에 넘겼기 때문이다. 동족이 자신들의 영웅을 돈 때문에 판 배반이었다. 잔 다르크를 사온 잉글랜드는 프랑스 왕 샤를 7세에게 몸값을 내고 데려가라고 권한다. 잔 다르크의 몸값 요구를 받은 왕은 농부의 딸 몸값으로는 터무니없이 비싸다는 핑계를 대고 거절한다. 잉글랜드군은 몸값으로 한몫을 더 챙기려 했다가 실망이 이만저만이 아

마르세 광장의 잔 다르크 성당 내·외부
잔 다르크 성당 벽의 잔 다르크

니었다. 이렇게 해서 잔 다르크는 다시 동족으로부터 배반을 당한다. 그것도 자신 때문에 정식으로 프랑스의 왕이 된 샤를 7세로부터 말이다. 마지막 배반은 한 번 더 있다. 결국 그녀를 처리하는데 곤혹스러워 하던 잉글랜드 군을 곤경에서 구해 준 사람들이 바로 잔 다르크의 동족인 프랑스인들이었다. 샤를 왕이 잔 다르크를 불편해 하는 의중을 안 귀족들과 종교계 그리고 신학자들이 잉글랜드인들에게 그녀의 종교재판을 주장한 이유에서다. 안 그래도 그냥 두기에는 불안하고 사형을 시키자니 뭔가 찜찜해 하던 잉글랜드는 '옳다구나!' 하고 프랑스인들에게 재판을 맡긴다. 잉글랜드인들에게 점령당한 자신의 땅에서 동족에 의해서 다시 재판을 받아 화형을 당하게 된 것이 잔 다르크가 당하는 세 번째 배반이다.

잉글랜드인들이 처형하면 간단한 일을 절차도 복잡하고 시간과 경비도 많이 드는 종교재판을 한 이유는 잔 다르크를 겁냈기 때문이다. 군사 작전술 공부는커녕 활이나 칼도 제대로 쏠 줄 모르는 시골 농부의 딸이 자신들을 연이어 격파하는 그 동안의 신비한 승리 때문에 잔 다르크의 신탁의 힘을 잉글랜드인들도 믿고 있어서 자신들 손으로 처형하기를 꺼려하기도 했다. 그래서 자신들이 아닌 프랑스인들이 그것도 한 두 명의 결단이 아닌 종교계 책임자 모두가 모여서 완벽하게 그녀가 이단이고 마녀임을 증명한 뒤 처형해 준다니 잉글랜드인으로서는 죄책감이나 불안감을 없애는 최선의 방책이었다.

결국 잔 다르크는 19세의 나이로 1431년 잡힌 지 4개월 만에 화형을 당한다. 그런데 결국 이런 복잡한 종교재판 절차가 나중에 그녀의 결백을 증명할 증거로 작용한다. 이 종교재판이 공정한 재판이 될 수 없었던 이유는 잔 다르크를 변호해 줄 변호사도 없었고, 제대로 된 증인이나 증거도 없었기 때문이다. 단순한 신학 논쟁으로 잔 다르크를 이단으로 몰아갔다. 잔 다르크의 사후 고작 20년에 백년전쟁을 거의 정리하고 양심의 가책을 이기지 못한 샤를 7세는 재심을 명했다. 다행히 당시 재판이 워낙 완벽하게 기록되어 있어 결국 잔 다르크의 결백은 밝혀지고 당시에 벌써 순교자로 선언이 된다. 그리고는 453년이 지난 뒤인 1909년 프랑스 가톨릭의 주도로 성인의 바로 전단계인 복자로 시복되고 그 다음 해인 1910년 성녀로 시성된다.

역사 속의 잔 다르크가 이렇게 다시 현세로 불려오게 된 것은 시성된 후 4년 뒤에 일어난 1차대전(1914-1918) 때문이다. 당시는 유럽 대륙에 세계대전의 일촉즉발의 긴장이 감돌고 있었고, 프랑스인들은 독일에 맞서서 영웅이 필요했던 탓이다. 독일과의 전쟁 중에는 애국심을 고취시키기 위해서 프랑스는 애국의 상징으로 잔 다르크를 이용했고 고향 동레미라퓌셀 군인들이 참전하기 전 순례하게 했다.

사실 잔 다르크가 등장할 무렵 프랑스 영토는 잉글랜드 왕이 반 이상을 통치하고 있었다. 노르망디를 통치하고 있던 노르만 공이 잉글랜드를 침공해서 잉글랜드 왕이 된 이후 잉글랜드 왕가는 자신들의 노르망디 영지는 물론 프랑스 서부 해안 지방 영주들과 주로 사돈을 맺었다. 프랑스 며느리는 결혼 지참금으로 영지를 가지고 왔고 그래서 잉글랜드 왕가는 원래의 자신들의 영지인 노르망디와 합쳐서 프랑스 내 땅이 잉글랜드보다 더 컸다. 거기에다가 1337년 프랑스 왕위 계승 권한을 둘러싸고 100년 전쟁의 연승으로 프랑스 내 영지가 계속 늘어났다. 프랑스 왕은 말만 프랑스 왕이었지 실제는 잉글랜드 왕이 프랑스 왕이라고 해야 했을 정도였다. 그래서 1340년에 백년전쟁 중에 즉위한 에드워드 3세 왕 때부터 잉글랜드 왕의 깃발에는 잉글랜드 왕가의 상징인 황금사자 3마리와 함께 프랑스 왕가의 상징인 푸른색 바탕에 황금 백합꽃 3송이 무늬가 같이 들어가게 된다. 잉글랜드 왕은 프랑스 왕을 겸한다는 뜻이다. 왕위 계승권 싸움으로 백년전쟁이 벌어질 정도로 가깝게 피로 연결이 되어있고 땅도 프랑스 왕보다 더 컸으니 무리도 아니다.

그 이후 1800년 조지 3세 왕이 당시 공화국으로 바뀐 프랑스 왕위에 대한 포기 선언으로 프랑스 왕의 상징 백합꽃 무늬가 사라질 때까지 영국 왕의 상징은 360년간 프랑스인들의 심기를 심하게 건드렸다.

잔 다르크가 화형을 당한 비외 마르세 광장에는 잔 다르크를 기리는 성 '잔 다르크 성당'이 세워져 있다. 1979년에 완공한 성당은 초현대식 건물이지만 성당 내에 있는 16세기 스테인드 글라스는 다른 오래 된 루앙 성당 것들을 옮겨 놓았다. 천장에는 유서 깊은 가톨릭 성당들이 대개 그렇듯이 노아의 방주를 뜻하는 나무로 만든 배의 늑골 모형이 인상적이다.

마르세 광장의 잔 다르크 성당 내 • 외부

이제 다음 목적지인 루앙 대성당을 가보자. 루앙 성당은 순수한 미적 감각으로만 보면 크게 호평을 받기 어려움에도 불구하고 아름다운 성당 건물이라는 평이 항상 따른다. 루앙 성당 안에는 십자군 전쟁으로 10년의 재위 기간 동안 잉글랜드에는 1년도 채 못 있은 사자왕 리처드의 심장이 제대 옆에 안치되어 있다. 에두아르 마네[Edouard Manet:1832-1883]를 인상파의 아버지라고 하면 폴 세잔[Paul Cézanne:1839-1906]은 인상파의 대표 작가이고 클로드 모네[Claude Monet:1840-1926]는 인상파의 작명가라고 부른다. 그 이유는 모네의 1873년 작 '인상/해돋이' 이라는 작품을 보고 미술비평가 루이 르로이가 쓴 글에서 '인상파'라는 이름을 비꼬아 사용한 탓이다. 최근 영국 신문의 한 기자가 모네의 이 작품이 인상파라는 당시의 새로운 회화 운동에게 영세를 주었다고 쓴 것을 보았다. 모네는 외광기법으로 그림을 그렸다. 특히 같은 소재를 놓고 외부의 상황에 따른 빛의 변화에 따른 인상을 연작으로 그렸다

모네는 계절, 시간대, 기후 조건, 심지어는 온도가 소재에 비치는 빛에 영향을 끼쳐 생기는 소재의 색깔의 변화를 그리고자 했다. 모네는 몇 시간이고 야외에서 그 자리에 서서 그림을 그렸다. 보통 화가들이 대충의 스케치를 한 뒤 스튜디오에 들어가 기억으로 마무리를 하는데 비해 모네는 정말 우직할 정도로 현장에서 시작해서 끝을 맺어야 자리를 뜰 정도였다. 빛의 변화에 충실하겠다는 뜻이다. 모네는 주로 자연을 많이 그렸다. 그러다가 같은 소재로 연작 시리즈에 몰두하게 된다. 시간이 흘러도 변하지 않는 소재가 빛의 변화에 따라 변하는 모습에 집중하기 시작한 것이다. 그래서 외부의 모습이 쉽게 바뀌지 않는 건축물에 모네가 매료되기 시작했다.

모네가 그린 시리즈 중에는 이렇게 변하지 않는 건축물 그림들이 많

다. 런던의 의회 의사당과 워털루 다리 등이 그런 시리즈의 소재들이다. 그런 시리즈 중에 가장 유명하고 처음으로 연작으로 그리기 시작한 것은 '루앙 성당 시리즈'라고 불리는 1892-1893년 사이에 그린 루앙 대성당의 전면의 빛의 변화를 기록한 30여 점의 그림들이다. 그 전까지는 주로 변하는 자연을 그렸는데, 이제는 쉽게 변하지 않는 인공물이 빛에 따라 어떻게 변하는지에 관심을 두기 시작한 것이다. 빛에 따라 변하는 색깔의 변화가 매일 형상 자체가 바뀌는 자연의 소재보다 더 중요하다고 여겼다.

루앙 대성당 실내

정통파 화가들이 그림자를 그릴 때 원래 물체의 색깔에 브라운과 흑색을 섞어 그림자 색을 만들어 내는데 비해, 인상파 화가들 특히 모네는 브라운이나 흑색을 피하고 무지개 색깔만을 칠해 만들어 냈다. 모네는 물감을 먼저 섞어 놓지 않았다. 예를 들면 초록색의 물체를 그릴 때 노란색 위에 푸른색을 칠해서 색을 냈다. 또 루앙 성당의 그림자 부분의 색을 표현할 때는 노란색과 붉은색을 같이 칠해 오렌지색을 낸 다음 푸른색을 덧칠해 진하게 만들었다. 물론 이런 방식은 옆으로 색이 새어 나오기도 하고 때로는 번져서 검은 그림자안에 다른 색이 보이기도 했지만 별로 상관하지 않았다. 같은 자리에 칠한 모든 색들이 완벽하게 같은 곳에 칠해 진 것도 아니고, 그렇다고 완전하게 섞인 것도 아니다. 그러나 거리를 두고 보면 약간씩의 위치 차이로 칠해진 색깔들이 빛을 받아 결국 옆으로 번지면서 인간의 눈에는 섞어서 칠한 듯한 물감의 효과를 나타내게 되는 이치다. 멀리서 보면 분명 검은색의 그림자가 그려져 있는데, 가까이 가서 보면 다른 색의 다양한 물감들이 비슷한 위치에 칠해져 이것이 어우러져서 한 가지 색깔로 보이는 것과 같다. 실제로 그림자를 멀리서 보면 짙은 색의 그림자로 보이는데 가까이 가서 보면 원래 물체 색깔이 눈에 들어오는 현상과 같다. 그래서 사람들은 모네가 다른 사람이 못 보는 자외선과 적외선을 보고 빛의 파장까지도 본다고도 했다. 실제 모네가 말년에 백내장으로 고생을 할 때 그림은 과거와는 달리 브라운 톤이 많았는데 수술 후는 다른 사람들이 전혀 못 내는 색까지 낸다고 평하는 이유이기도 하다.

    인상파는 전통 화가들처럼 아주 섬세하고 정밀한 묘사의 그림을 그리기가 불가능했다. 두꺼운 붓을 사용해서 쓱쓱 칠해야 했으니 그럴 수가 없었을 것이다. 또 기후와 시간에 따라 시시각각 색깔이 변하는 것을 따라 재빠르게 그리자니 결국 그럴 수밖에 없었다. 아주 두껍게 물감을 칠하고 색깔들을 직조물처럼 서로 섞어서 칠했다. 루앙 성당의 그림에서는 강한 태양에 의해 아지랑이가 피어올라 물체가 흔들리고 직선이 틀어지는 현상을 그리기 위해 모든 색에 흰색을 섞어서 그리기도 했다. 또 안개 속의 루앙 성당을 그리기도 했다. 분명 물체가 변한 것이 아닌데 변한 것처럼 보이는 상황을 그린 것이다. 그래서 전통적인 프랑스 예술원 화가들에 의해 인상파 화가들의 그림은 중학생 수준 밖에 안 된다고 매도당했다. 그림의 기초도 없어 정확하게 그림을 그리는 훈련이 안되어 있는 시정잡배市井雜輩들의 이름이나 알리기 위해 그린 그림이라고 비판을

루앙시의 유명한 시계탑, 루앙 시내

해댔다. 그들이 오래 전부터 숭배해 왔던 '그림은 물체를 정확하게 묘사해야 한다.'는 절대명제를 깼기 때문이다. 그러나 인상파 화가들은 그런 사물의 정확한 묘사는 발명된 지 벌써 50년도 훨씬 넘은 사진을 따라 갈 수 없어 사진사들에게 맡겨야 한다고 주장했다.

모네는 이런 모든 점을 감안해 다양한 그림들을 그렸다. 루앙 성당 시리즈로 그린 26점 중에서 아침부터 황혼까지의 연작 20점을 골라서 파리에서 전시를 했고 까미유 파사로(1830-1903)와 세잔이 방문해 극찬을 했다. 피사로는 아들에게 쓴 편지에 '여기에 걸린 이 하나의 시리즈는 전시회가 끝나고 나면 여기저기로 흩어질 터인데 그전에 네가 여기 오지 못해 못 볼 터라 참 안타깝다.'라고 썼을 정도이다. 그 중 8점이 판매되었는데 당시에는 프랑스에 가톨릭 신앙이 다시 부흥하던 시점이어서 유명한 성당을 그린 그림이라 인기가 있었기 때문이다. 물론 모네는 그런 계산을 하고 한 것은 아니지만 우연히 시기가 기가 막히게 잘 맞아 다른 인상파 화가와는 달리 그림이 팔렸다.

미국 달라스 시가 존 F. 케네디 암살로 두고두고 오명을 쓰듯 루앙도 결국 잔 다르크 화형의 굴레를 벗지 못하고 있다. 잔 다르크가 화형당한 뷰 마르세 광장은 루앙 관광의 또 다른 중심지이다. 주변의 고색창연한 건물들로부터 여기저기의 유명한 식당들 때문이다. 특히 라 꾸론느 레스토랑은 프랑스에서 가장 오래된 여인숙이다. 지금까지 발견된 가장 오래된 임대료 지불 기록은 1345년이다. 식당의 외부 장식과 내부 목재 구조는 굳이 이 식당 건물이 정말 오래되었다는 얘기를 듣지 않아도 알 수 있다. 그런데 사실 기가 죽을 일은 2층으로 올라가는 계단 양쪽 벽에 있다. 이 식당에서 식사를 했던 유명인들의 서명이 들어있는 사진들을 바라보고 있노라면 어지러울 정도이다. 소피아 로렌, 지나 롤로브리지다, 실바노 망가노 같은 옛 전설의 여배우들을 보면서 아득한 추억에 젖어도 이 식당에 온 이유가 충족된다. 그러나 식사도 헛된 명성은 아닌 듯 아주 훌륭하다. 특히 점심시간 메뉴는 전식 · 본식 · 후식의 3가지 코스에 35유로이니 가격도 착하다. 특히 후식은 입이 딱 벌어질 정도의 맛과 멋이 조화된 예술이다. 프랑스의 점잖은 사람들은 점심에 이런 곳에 와서 식사를 하지 않아서인지 점심 식사 예약은 생각보다는 어렵지 않았다. 물론 대책 없이 오는 것은 불가능하지만 2~3주일 전에만 예약하면 이런 역사적인 건물에서 영화에서나 보았던 사람들이 앉았던 자리에 앉

라 꾸론느 식당을 다녀간 명사들이 남긴 사인과 사진들

아 정통 프랑스 정식을 먹어 볼 수 있다. 프랑스 식당이지만 유감스럽게도 주인은 네덜란드 인이다. 고흐가 숨을 거둔 오베르 수르 우아즈 라부 여인숙의 주인이 네덜란드인인 것처럼 말이다.

 잉글랜드 중부 스트랫 포드 어폰 에이번은 7세기부터 발달한 공업도시이다.

셰익스피어 글로브 극장

셰익스피어 글로브 극장은 영국 런던 템스강 남쪽에 있다. 윌리엄 셰익스피어의 작품을 공연했던 엘리자베스 시대의 극장을 재현한 곳이다. 원래 극장이 있던 자리에서 약 230m정도 떨어져 있다.
Open: 2015년 10월 18일까지 적용, 매일 오전 9시~오후 5시 30분(전시장)
글로브극장 투어: 오전 9시 30분~오후 5시(월요일), 오전 9시 30분~오후 12시 30분(화-토요일), 오전 9시 30분~오전 11시 30분(일요일)
#극장 사정(이벤트, 리허설, 공연 등)에 따라 전시와 투어가 취소 될 수 있음
Close: 휴일 없음 (12월 24-25일 제외)
입장료: 일반 13,50 유로, 학생 11 유로
http://www.shakespearesglobe.com/exhibition/exhibition-tour-opening-hours

셰익스피어

셰익스피어의 고향인 '스트랫 포드 어폰 에이번'

세계 최고의 대문호, 셰익스피어가 나고 산 스트랫 포드 어폰 에이번$^{Stratford\ upon\ Avon}$은 런던에서 200킬로미터 남짓 떨어진 곳에 위치한 작은 시골 마을이다. 지금은 운전으로 두 시간 정도면 갈 수 있지만, 당시에는 잰걸음으로도 사나흘이나 걸렸다. 영국을 한 번도 벗어난 적 없는 시골 동네의 셰익스피어는 어떻게 빛나는 작품들을 남길 수 있었을까.

셰익스피어의 고향인 스트랫 포드를 돌아보는 순서는 이곳에서 가장 중요한 곳인 셰익스피어의 생가를 방문하는 것으로부터 시작해야 한다. 헨리 스트리트$^{Henry\ Street}$에 위치한 그의 생가는 자칫했으면 빅토리아시대 때 개발에 밀려 사라질 뻔했다. 다행히도 영국을 비롯한 세계 각지의 셰익스피어 애호가들이 살려 내어 지금도 우리가 볼 수 있게 해 놓았다. 생가를 시작으로 왕립 셰익스피어 극단 약칭 RSC(Royal Shakespeare

정원에서 본 생가

Company)극장, 셰익스피어 일가 무덤이 있는 홀리 트리니티 성당, 부인 앤 해서웨이의 집을 둘러보는 여정을 떠났다.

거의 3만원에 가까운 거금을 주어야 들어 갈 수 있는 생가는 이런 RSC극장의 연극 배우들의 즉석 공연 서비스 말고도 볼 것이 많다. 예를 들면 생가 입구에 세워진 셰익스피어센터 유리장 안에 보관된 《퍼스트 폴리오 First Folio》라는 책에는 셰익스피어의 희곡 36편이 수록되어있다. 셰익스피어 사후 7년 뒤에 셰익스피어 전문 배우이자 친구였던 존 헤밍과 헨리 콘델의 노고에 의해 나온 이 희곡 모음집 덕분에 우리는 지금 셰익스피어의 연극을 볼 수 있게 되었다.

당시는 판권 개념이 없어서 작품집을 애써 만들려 하지 않았다. 거기다가 당시 배우들은 작가가 대본 유출을 걱정해 한꺼번에 전체 대본을 주지 않고 쪽대본처럼 자기 분량만 받아 연습을 하고 공연 전날 제대로 된 연극복장을 입고하는 드레스 리허설에서 전체를 맞추어보는 식이었다. 때문에 배우는 자기 대사만 외우고 들어가면 되었다. 연극이 끝나고 어느 정도 시간이 흐르고 나면 해당 원고는 그냥 사라지고 말았다. 그래서 셰익스피어 생전에는 그의 작품 전집이 출간된 적도 없었고 그도 전혀 관심이 없었다. 그러나 기적적으로 헤밍과 콘델의 노력에 의해 극본이 책으로 출판되었다. 누구도 해보지 않은 일을 했고 히트를 쳤다. 퍼스트 폴리오 출간은 성공작이어서 4판까지 800권 정도 발행되었는데 지금 전 세계에 228권이 남아있다. 미국에 147권이 있어 제일 많고 일본 메이지 대학교에도 12권이 있다. 가장 비싸게 팔린 퍼스트 폴리오는 학교 운영비에 쫓긴 옥스퍼드 오리올 칼리지가 석유 재벌 폴 게티에게 판 350만 파운드(63억 원)이다.

사실 셰익스피어의 생가 내부에 있는 것들은 그와 전혀 관련 없는 것들이다. 그가 살던 시대의 가구를 수집해서 알차게 전시해 분위기만 내고 있다. 셰익스피어 생가 보존 협회는 이런 약점을 보완하기 위해 여러 가지 배려를 한다. 집안에는 셰익스피어 시대의 복장을 한 사람들이 안내를 하고 있고 1층에는 그의 아버지 직업인 장갑 공방을 만들어 놓고 실제 만드는 방법을 보여주기도 한다. 마당에는 연극배우들이 그의 작품 중 한 두 장면을 재연하고 방문객들과 사진을 찍어주기도 한다.

런던 테임즈 강가와 여기 스트랫 포드에 있는 RSC극장은 일 년 내내 셰익스피어의 작품들로만 공연을 한다. 30여 년 전 영국에 처음 와서 이곳에서 주말을 보낸 적이 있는데 멕베드의 연극배우들이 청바지와 가죽 점퍼를 입고 공연을 해서 상당한 충격을 받은 경험이 있다. 중간에 없어

생가가 있는 마을에 남아 있는 당시 건물들

졌다 다시 살아나 우리를 감격케 한 명동국립극장에서는 심각한(?) 복장의 셰익스피어의 연극만을 보았기 때문이었다.

스트랫 포드 동네는 차분하나 깔끔한 18세기 조지안 시대와 화려하고 뽐내는 듯한 19세기 빅토리안 시대의 건물들이 조화를 이루고 있다. 그 사이사이에는 흰색 벽에 검은색의 나무들보^{wooden beam}로 장식된 17세기 튜더^{Tudor} 스타일의 셰익스피어시대 팀버 하우스^{timber house}들이 적지 않게 남아있다. 이 시대 건물의 특징인 외부 벽면의 나무들보는 건물의 무게를 지탱하는데 필요한 기둥으로서의 역할이 아니다. 나무들보가 뒷면이나 옆면에는 없고 앞면에만 보란 듯이 장식되어 있는 것을 보면 짐작할 수 있다. 당시에는 이런 나무가 워낙 비싸서 부를 과시하기 위한 것이었다. 영국 집 지붕에 가느다란 굴뚝이 여러 개 다닥다닥 붙어있는 것도 같은 이유다. 자기 집에 나무를 때는 벽난로가 많다는 것을 자랑하고자 그렇게 만들어 놓은 것이다. 예나 지금이나 사람들은 자신이 부자임을 자랑하고 싶어 안달하기는 마찬가지인 모양이다.

작품 속의 단어와 문장, 언어

셰익스피어가 이런 대단한 대접을 받아야 한다는 이유를 한번 따져 보자. 셰익스피어의 작품 하나하나가 모두 주옥같은 걸작 때문이기도 하지만 그것이 전부는 아니다. '괴테에 의해 독일어가 비로소 언어가 되었고 셰익스피어에 의해 영어가 완성되었다.'라는 말이 있는데, 왜 영어가 셰익스피어로부터 완성되었는지 그 이유를 들어보면 이해가 쉬울 듯하다. 정말 할 일 없는 셰익스피어 연구가들이 연구한 자료(그것도 컴퓨터도 없어 일일이 세어야 했던 19세기 빅토리아 시절에 작성된 자료)에 의하면 셰익스피어의 작품에는 모두 2만 8829개의 단어가 사용되었다고 나온다(현대인은 그에 비해 거의 2배가 넘는 6만 여 개의 단어를 사용하고 있다). 그런데 셰익스피어 작품에는 그 전에는 영어로 된 작품에 한 번도 사용되지 않던 단어가 무려 1700여 개나 등장한다는 사실은 셰익스피어가 위대하다

셰익스피어 흉상

는 첫 논거이다.

《햄릿》한 작품에만도 600여 개의 새 단어가 등장한다. 그런 단어 중에는 우리가 지금 이런 단어가 없으면 영어를 어떻게 사용할 수 있을까 할 정도로 중요한 단어도 허다하다.

'road^길, countless^{셀 수도 없는}, exposure^{노출·폭로}, assassination^{암살}, hurry^{서두르다}, gloomy^{우울한}, impartial^{완전한}, lonely^{외로운}, suspicious^{의심스러운}' 등은 그 중의 일부일 뿐이다. 뿐만 아니다. 작가는 단어 몇 개를 이어붙여 새로운 표현 방법을 만들어 냈다. '슬픈 광경^{sorry sight}, 침묵을 깨다^{break the ice}, 공정한 행위^{fair play}, 약진^{leapfrog}, 명백한 진실^{naked truth}, 달콤한 슬픔^{sweet sorrow}'등이 그것이다. 그 중에서도 《로미오와 줄리엣》의 유명한 발코니 장면에서 등장하는 '달콤한 슬픔'은 백미이다. "이별은 정말 달콤한 슬픔이다^{Parting is such sweet sorrow}." 라는 대사는 로미오가 줄리엣의 방 발코니에 매달려 사랑을 나누다가 헤어져야 하자 줄리엣이 하는 말이다. 내일 다시 만날 수 있음에도 불구하고 지금 헤어져야 하니 슬픈데 다행히 내일 만날 수 있으니 마냥 슬프지만은 않아서 달콤한 이별이라는 두 연인의 애틋한 심정이 그냥 묻어나는 표현이다. 더 이상 어떻게 이 사람 그것도 십대 연인의 마음을 표현할 방법이 있겠는가? 'Sweet Sorrow'는 전혀 어울릴 수 없는 단어 두 개를 붙여 기가 막힌 표현을 만들어 낸 것이다. 그래서인지 동명의 한국 남성 보컬 그룹도 있다. 4명의 훈남들이 부르는 노래는 로미오와 줄리엣의 발코니 장면 대사만큼이나 달콤하고 아름답다.

단어들의 조합으로만 새 표현법을 만들어 낸 것이 아니다. 우리가 보통 셰익스피어의 소설이라고 말하는 그의 작품은 사실 소설이 아니고 모두가 연극 극본이다. 무대 공연을 목적으로 쓰여 진 극본이다. 무대나극 전개 상황을 설명하는 지문地文이 전혀 없이 대사만으로 이루어졌다. 그래서 긴 문장이 나오지 않는다. 당시 연극은 영화 '셰익스피어 인 러브'에 등장하는 극장처럼 배우가 공연을 하는 중에도 관객들이 자유롭게 떠들고 마시고 먹으면서 자유롭게 돌아다니기도 하고 심지어는 배우들에게 야유도 퍼부으면 배우는 대사를 중단하고 그 야유를 욕으로 받아치고 하던 그런 자유스런 분위기였다. 한때 한창 유행하던 극장식 식당보다 더 혼잡스러운 분위기라면 이해가 갈 것이다. 배우가 심각한 대사를 길게 늘어놓고 관중들은 숨도 안 쉬고 귀를 쫑긋해서 듣는 그런 곳이 아니었다. 그래서 대사는 짧아야 했고 그러면서도 관객들에게 강력한 반응을 유도할 수 있어야 하는 소위 말하는 촌철살인寸鐵殺人의 문장이어야 했다. 대사가 길어도 한 문장이 길어서는 안 되었다. 그래서 셰익스피어의 대사는 간결하고 정확해야 했다. 단 한마디에도 슬픔을 자아내게 했고 혹은 배꼽을 잡는 웃음이 터져 나와야 했다. 셰익스피어의 대사 중 가장 유명하고 자주 사용되는 '사느냐 죽느냐 그것이 문제로다.'는 《햄릿》에 나오는 주인공 햄릿의 독백 중 하나일 뿐이다. 우리가 알게 모르게 사용하는 문구 '약한 자여, 그대 이름은 여자니라!Frailty! Thy name is woman!'도 《햄릿》에 나온다. '이해하기 어렵다It was Greek to me, 끝이 좋으면 다 좋은 것이다All is well that ends well, 올 것은 결국 온다Come what come may, 사랑은 결코 쉽게 이루어 지지 않는다The course of love never did run smooth, 옷이 진정 남자를 만든다, 혹은 옷이 날개다Clothes make the man'등도 모두 그런 것들이다.

　　셰익스피어 연구가들은 이렇게 셰익스피어의 작품에 처음 나오는 단어, 구, 문장을 전부 찾아 낼 뿐만이 아니라 희곡 38개에서 2만 8829개의 단어를 88만 4421번을 사용해서 만들었다는 사실도 밝혀냈다. 그 중에서 거의 반에 가까운 1만 2439단어는 딱 한 번만 등장한다. 단 한 번을 사용하더라도 그 장면에서는 바로 그 단어만이 완벽하게 상황을 재현 할 수 있다는 뜻이다. 그만큼 셰익스피어는 상황에 맞는 단어만을 선택하는 각고의 노력을 기울였다. 연구가들의 노고는 거기에서 끝나지 않는다. 셰익스피어 연극에는 모두 1223명의 인물이 등장하고 그들은 3만 4895개의 대사를 말하고 이는 모두 11만 8406행에 이른다는 사실도 연구해 냈다. 정말 이런 통계가 과연 필요한 것인가? 놀라울 따름이다. 지금도 셰익스피어에 대해 이런 깨알 같은 연구를 하고 있는 사람들이 수도 없이 많다.

예를 들면 우리가 아는 영국 중부지방의 스트랫 포드라는 조그만 동네에서 태어나서 런던에서 극장주와 배우로 활약했던 윌리엄 셰익스피어가 정말 그 많은 작품을 쓴 윌리엄 셰익스피어가 맞느냐는 조사를 위해 평생을 바쳤던 과거의 사람들과 지금도 바치고 있는 현재의 사람들이 무수히 있다는 사실이다, "아니 이것이 무슨 소리야?" 라고 하는 독자들도 있겠지만 사실 셰익스피어가 태어난 1564년과 죽은 1616년 사이 52년 동안의 영국 공식 기록에 나오는 자연인 셰익스피어가 지금도 세계인을 웃기고 울리는 희곡을 쓴 그 대문호 셰익스피어인지에 대한 확실한 연결 기록은 유감스럽게 하나도 없다. 셰익스피어 생가가 있는 스트랫 포드 동네에는 분명 윌리엄 셰익스피어가 태어났고 결혼한 기록도 있고 자식을 낳고 집을 사서 살았으며 사망했다는 기록도 있고 유서까지 있다. 또 스트랫 포드 뿐만 아니라 런던의 각종 공공기관 특히 법원 문서에는 셰익스피어라는 극장 주인이 각종 송사에 연루된 기록도 나오고 셰익스피어라는 배우의 기록도 나온다. 그런데 문제는 그 셰익스피어가 바로 희곡을 쓴 바로 그 사람이라는 그 연결 기록이 전혀 없다는 사실이다. 그런 경천동지驚天動地할 의심을 품고 거슬러 올라가보면 볼수록 의심이 드는 물증들이 너무 많이 나온다.

예를 들면 셰익스피어의 학력 말이다. 당시 영국에는 대학이라고는 옥스퍼드와 캠브리지 대학교 밖에 없었다. 그 두 학교는 졸업생뿐만 아니라 조금이라도 학교에 적을 두었던 학생 모두에 대한 아주 자세한 기록을 지금도 보관하고 있다. 그런데 두 대학교 문서 어디를 찾아보아도 셰익스피어가 수학했다는 기록은 없다. 당시 최고의 교육기관인 이 두 대학교를 다니지 않았다면 과연 셰익스피어는 어디서 작품에 나오는 천문학, 고전문학, 예술, 역사, 정치, 수사학, 의학, 법학, 군사 지식을 배워 작품에 사용했나 하는 의문이다. 설사 대학에서 수학을 했다고 하더라도 '과연 궁중에서 살아보지 않은 사람은 도저히 알 수 없는 깊은 궁중 풍습까지 어떻게 알 수 있었는가.' 하는 의문을 감출 수 없다는 것이 셰익스피어 회의론자 즉 '옥스퍼드 학파'가 의심을 하는 요지이다. 런던에서 도보로 4일, 말을 타고 2일이나 걸리는 시골 미을 장갑 공의 아들이 어떻게 그런 대단한 지식을 갖추고 글을 쓸 수 있었나 하는 점은 제쳐놓더라도 말이다. 거기다가 지금도 존재하는 당시의 스트랫 포드 마을의 유일한 예수회 사립학교 '그라마 스쿨'의 기록에도 셰익스피어의 수학 기록은 나오지 않는다.

결국 이런 모든 의문을 풀려고 지금도 셰익스피어의 마지막 연결 고리를 찾아다니는 사람들이 있다. 그래서 그들이 그동안 발견한 셰익스피어에 관한 기록이 400여 편이나 되는데 그 중에서 직접 소송의 당사자로 등장하는 것만 28건이다. 그런데 모두가 부동산과 관련된 것들이다. 그래서 나온 말이 당시에 실존한 셰익스피어는 그냥 극장을 가지고 있던 부동산업자 수준의 투자가였지 않나 하는 추측이다. 그 서류에 등장하는 셰익스피어의 서명은 거의 '문맹자의 낙서illiterate scrawl' 수준이라는 점도 이를 뒷받침 해주는 근거로 자주 등장한다.

　이왕 얘기가 나온 김에 셰익스피어를 폄하하기위해 온갖 이론을 들이대는 옥스퍼드파의 이론도 좀 더 들어보자. 셰익스피어가 극작가로 활동을 하던 당시에는 런던에는 돈을 내고 연극을 보러 올만한 관객층이 많지 않았다. 그래서 극단은 자주 새로운 연극을 무대에 올려서 관객들을 만족시켜야 했다. 해서 당시 작가들은 끝도 없이 새 작품을 썼다. 연극에 대한 일반적인 평가가 요즘 야간 업소의 공연물 정도의 취급을 받았다. 거기다가 극장에서 주는 대본료도 헐값이어서 새로운 글을 계속 써야하는 당시 극작가들은 별로 자신의 글의 창작성을 중요시 하지 않았다. 자신의 것이든, 남의 것이든 상관없이 기존 희곡의 줄거리와 대사만 조금 바꾸고 분위기만 새롭게 해서 새로운 극이라고 포장해서 무대에 마구잡이로 올렸다. 판권이나 표절의 개념도 없을 때였으니 아무도 상관을 안했다. 물론 극본의 가격도 형편없어 극작가들은 생활이 안 될 정도였으니 누구도 굳이 책임감을 가지고 쓸 이유도 없었다.

　그래서 하는 말은 셰익스피어의 작품도 그런 작품들 중에 하나였을 수도 있다. 반드시 그 작품이 순전히 셰익스피어의 머리에서 다 나온 것이 아닐 수도 있다는 뜻이다. 셰익스피어도 여기저기서 들은 것들을 짜깁기해서 연극을 만들었고 다행히도 동시대 다른 작가들은 작품이 전혀 남아있지 않은데 비해 셰익스피어는 퍼스트 폴리오 때문에 작품이 남아 거기에 실린 모든 것이 셰익스피어의 창작처럼 여겨지지만, 사실은 그것도 표절한 것일 수 있다는 이론이 있다. 셰익스피어도 시중에 돌아다니는 희곡들을 골라서 그 중에서 잘된 것만으로 극본을 썼고 어떻게 하다 보니 셰익스피어 것만 남아 모든 것이 셰익스피어의 작품으로 바뀌어 버린 것이라는 말이다. '스트랫 포드'파의 입장으로 보면 아

셰익스피어 생가 전경, 생가 마을의 셰익스피어와 관련된 물품들

세익스피어 극장 배우들의 연기에 몰입한 관객들

무런 물증을 제시하지 않은 순전히 추정으로 믿거나 말거나 한 억지를 쓰는 것으로 볼 수 있지만 사실 정황을 놓고 보면 그럴듯한 얘기이기도 하다.

옥스퍼드 학파들이 뭐라고 떠들어도 스트랫 포드 마을의 셰익스피

어가 바로 대문호 셰익스피어라 주장하는 '스트랫 포드 학파'의 의견은 추호도 흔들리지 않는다. 뿐만 아니다. 오늘도 전 세계에서 셰익스피어의 고향 성지 스트랫 포드를 찾는 사람들의 발걸음은 끊이지 않는다. 스트랫 포드 마을의 헨리가 중간에 위치한 셰익스피어의 생가는 그래서 언제나 붐빈다. 관광객을 기준으로 본다면 영국 전체 관광지 톱 5개 중의 하나를 벗어나 본 적이 없다. 5개 중 3개가 런던 혹은 바로 근교에 있는 대영박물관, 런던탑, 윈저성이고 한 시간 거리의 윈스턴 처칠 생가, 그리고 두 시간 거리의 셰익스피어 고향이 있다는 것은 정말 대단하다. 거리가 있음에도 일 년 내내 관광객이 끊이지 않은 것은 그만큼 모두에게 셰익스피어는 사랑 받고 있는 것이 분명하다.

셰익스피어가 어릴 때 뛰놀았을 생가의 마당에는 셰익스피어 작품에 등장하는 나무와 꽃들이 심어져있다. 그 뒤의 마당에서는 셰익스피어 재단 소속 배우들의 즉흥 공연이 이어지고 있다. 관객 중 누군가가 셰익스피어 연극 중 하나의 이름을 얘기하고 그 중에서도 특정 장면을 얘기하면 바로 그 자리에서 배우들은 조금도 머뭇거리지도 않고 바로 대사가 튀어 나온다. 셰익스피어 전문 배우들 답게 셰익스피어의 모든 연극 전체를 소화할 수 있다는 뜻이다. 놀랍지 않은가? 하긴 영국인들 사이에서는 대화 중에 셰익스피어 연극 대사를 섞어 쓰는 것이 멋이긴 하다. 우리도 가끔 쓰는 '죽느냐 사느냐 그것이 문제이다.' 말고도 유명하지 않은 대사도 잘 섞어 쓴다. 그러면 그 대사, 예를 들면 '친척 보단 가깝고 혈육보단 먼A little more than kin, and less than kind'을 들은 사람은 바로 '셰익스피어의 《햄릿》'에서 비슷한 식으로 받아야 한다. 만약 '2장 방백 부분에서'라고 한다면 금상첨화이다.

8살 연상의 앤과 결혼한 셰익스피어

셰익스피어 고향 다음 행선지는 그의 무덤이 있는 성삼위 성당 즉 홀리 트리니티 성당Holy Trinity Church이다. 시내 중심을 약간 벗어난 지역이긴 하나 워낙 동네가 좁아서 많이 걷지 않아도 된다. 12세기에 지어진 교회의 제대 앞에는 셰익스피어와 그의 아내, 딸, 사위, 손자사위들이 함께 묻혀있다. 굳이 무덤을 가 봐야 하는 이유는 '과연 그 유명한 작가의 무덤이 어떻게 만들어져 있나?' 하는 호기심 보다는 '셰익스피어가 과연 대문호라면 고향에서 죽은 후 어떤 대접을 받는가.' 하기 때문이었다. 무덤은 옥스퍼드학파의 의심이 무색하게 정중하게 성당에서 가장 성스러운 곳이라는 뜻의 '지성소' 바로 앞에 묻혀 있었다. 작가뿐만 아니라 혼전 임신을 시킨 여덟 살 연상의 아내를 비롯해 딸, 사위 등 일가족 모두가 묻혀 있는 것을 보면 의심의 여지가 없다. 당시 대문호라서 대단한 대접을 받아야 하기에 이렇게 일가족이 지성소 앞에 같이 묻혀 있는 듯하다는 생각이 든다. 지성소는 아무리 돈이 많아도 마땅한 사람이 아니면 묻힐 수 없는 곳이기 때문이다.

성당으로 들어가는 길 양쪽으로는 나무 12그루가 심어져 있다. 예수

셰익스피어 무덤

의 12제자를 상징한다. 셰익스피어 무덤 오른쪽 벽 위에 그의 흉상이 있는데 마치 자신의 무덤을 내려다보는 분위기가 난다. 셰익스피어의 묘비명은 다르게도 해석할 수도 있지만 가장 간결하게 한다면 다음과 같다. '여기 덮인 흙을 제발 파헤치지 마세요. 이 돌을 건드리지 않는 사람에게 축복이 있고, 이 뼈를 옮기는 자에게는 저주가 내릴 것입니다.' 대문호로서 전혀 영감이 들어있지 않는 묘비명이다. 단지 당시 무덤을 파헤치던 도굴꾼들에게 하는 경고문 같은 내용으로만 보일 뿐이다.

무덤 앞 사제들이 앉았던 나무 의자에는 재미있는 부조가 새겨져있다. 그 중 세 개는 부부 싸움 부조인데 남편은 아내의 머리채를 아내는 남편의 수염을 잡아채고 있다. 그리고 몽둥이로 아내를 두드려 패는 장면도 있다. 가게 되면 찾아보면 재미있을 것이다. 예사 날에는 부부 싸움이 더 격렬했던 모양이다.

셰익스피어 무덤, 무덤 바로 앞 의자에 조각된 중세의 부부 싸움 모습

왼쪽 벽 쪽에는 당시 호적과 같은 교회 영세 기록부 사본이 전시되어 있다. 펼쳐져 있는 1564년 4월 26일 영세를 받은 아기들의 명단에서 윌리엄 셰익스피어의 이름을 찾을 수 있다. 이를 근거로 그의 생일을 그 사흘 전인 4월 23일로 추정할 수 있다. 당시는 유아 사망률이 너무 높아 가장 빠른 시기에 영세를 주었다. 아무리 어려도 잘못해서 영세도 받지 못하고 죽으면 천당에 못 간다는 믿음 때문이다. 그런데 셰익스피어는 태어난 날과 죽은 날이 같은 4월 23일이다. 이 영세기록이 스트랫 포드에 남아 있는 결혼 사망 기록과 함께 현재까지 우리가 찾을 수 있는 그의 몇 개 되지 않는 공식 기록이다.

셰익스피어는 18살에 8살 연상의 앤 해서웨이$^{Ann\ Hathaway}$를 당시로서

셰익스피어가 탄생한 것으로 추정되는 방 침대

는 상상할 수도 없었던 혼전 임신을 시켜서 부랴부랴 결혼을 하는 소동을 치렀다. 다행히 아버지가 부자였고 동네 치안판사를 하고 있어서 지역 주교에게 특별 허락을 받아 결혼을 시켰다. 상당한 망나니였던 모양이었다. 셰익스피어의 처가 앤의 집은 눈길을 끌만큼 아름다워서 그의 생가와 함께 미니어처 모형으로 만들어져 많은 사람의 사랑을 받는다. 집 앞에 있는 정원은 각종 꽃이 잘 어우러져 영국식 정원의 전형으로 불린다. 하지만 셰익스피어의 생가와 마찬가지로 부인의 초가집 내부에 전시된 물건도 유감스럽게 앤과는 직접적인 연관이 없는 당 시대의 물건들을 수집해 놓은 것들이다. 앤은 이미 첫딸을 임신 중이었다니 당시의 통념으로는 아주 자유분방한 커플이었음이 분명하다.

고뇌하는 햄릿 상

그런 사랑이 있었음에도 그의 유서에 따르면 그는 스트랫 포드 친구는 물론 동네의 거지에게까지도 돈을 물려주면서도 아내에게는 겨우 침대를, 그것도 두 번째로 좋은 것을 남겨주었다. 때문에 지금도 그는 냉혈한이라는 악명과 함께 말년에 부부사이가 좋지 않았던 것이 아닌가하는 궁금증을 불러일으키고 있다. 그런데 그 유서가 또 문제다. 옥스퍼드학파에게 좋은 공격 근거를 재공해 주고 있다. 유서에는 당시로는 책이 상당한 재산이었을 터이고 만일 그런 대단한 작가라면 당연히 가지고 있어야 할 책에 대한 언급이 전혀 없다. 단지 그냥 재산에 대한 무미건조한 언급만 있을 뿐이다.

이처럼 책이 한 권도 없는 것을 근거로 이 사람은 분명 작가가 아니었을 것이라는 것이 옥스퍼드학파가 의심하는 근거 중 다른 하나이다. 유서 자체도 작가의 것이라고 보기에는 너무 문학적인 소양이 빈약해 보이고, 유서의 서명을 비롯해 각종 공식서류에서 발견힐 수 있는 서명은 거의 그림에 가깝기 때문이다. 영원히 풀리지 않을 좋은 논제거리이다. 이렇게 셰익스피어가 누구였느냐는 논쟁은 언젠가 기적처럼 확실한 문건이 발견되기 전까지는 두고두고 세인들의 관심을 벗어날 수 없을 터이다. 그러나 그전까지는 누가 뭐래도 셰익스피어는 대문호이고 스트랫 포드는 그의 고향이다.

마지막 한 곳을 더 들르라고 한다면 에이번 강가의 RSC극장 주변이가 볼만하다. 일 년 내내 셰익스피어 작품만 공연한다는 극장을 보는 것도 의미가 있지만 강가에 자리한 셰익스피어 동상과 그의 4개 주요 작품의 주인공 조각도 볼만하기 때문이다. 특히 맥베스의 '레이디 맥베스'가 꽹한 눈동자를 하고 있는 동상과 해골을 손에 쥐고 고민하는 햄릿의 얼굴은 걸작이다.

로얄 셰익스피어 런던 극장 내부의 당시 모습으로 바로 그 자리에 그대로 복원, 로얄 셰익스피어극장

왕립 셰익스피어 극장의 연극

만일 여기서 조금 더 욕심을 부린다면 왕립 셰익스피어 극장에서 연극을 보라고 권하고 싶다. 셰익스피어는 영국인들이 인도와도 바꾸지 않는다고 할 만큼 이제 세계인의 언어가 되어버린 영어의 발전에 아무도 따라갈 수 없는 지대한 공헌을 한 대문호다. 그의 고향 스트랫 포드. 그가 살았던 당시에는 2천명의 인구가 겨우 양을 쳐서 먹고살던 작은 시골 동네였다.

그의 고향을 다 돌아봐서 이해하겠지만 이곳은 로미오와 줄리엣이 사랑을 나눈 장소나 햄릿이 그의 아버지 유령을 만나던 성이 있는 곳이 아니다. 그곳들은 셰익스피어의 상상에서 나와서 등장하는 이탈리아의 베로나와 덴마크의 크론보르 성이지 여기가 아니다. 여기서는 셰익스피어라는 한 인간의 삶의 존재했던 장소를 통해 그의 작품을 음미하는 기회를 가져야한디. 그래서 바쁘게 서두르먼 반나설이년 다 볼 수 있는 이곳을 제대로 보는 방법은 하룻밤 머무르면서 RSC극장에서 그의 작품을 보는 것이라고 할 수 있다. 비록 영어 대사를 다 이해할 수는 없겠지만 웬만하면 이해할 수 있는 잘 알려진 줄거리를 통해 그의 작품을 음미하는 것이 스트랫 포드를 가장 잘 여행하는 방법의 하나라고 감히 권한다.

📍 괴테 하우스

Open: 오전 10시~오후 6시(월-토요일), 오전 10시~오후 5시 30분(일요일, 국경일)
입장료: 일반 7 유로, 학생 3 유로, 어린이 1.5 유로
⟨참고 사항(2015년 관람시간)⟩
Open: 오전 10시~오후 4시(8월 28일, 29일), 오전 10시~오후 5시 30분(12월 26일)
Close: 12월 24, 25, 31일, 1월 1일(2016년)
괴테하우스는 휠체어와 유모차는 입장할 수 없습니다.
http://www.goethehaus-frankfurt.de/opening-hours-and-entry-fees

괴테

괴테로부터 독일인은 문명인이 되었다

독일인에게 있어 요한 볼프강 폰 괴테(Johann Wolfgang von Goethe)(1749-1832)는 그냥 대문호가 아니다. '괴테로부터 독일인은 문명인이 되었다.', '괴테에 의해 독일어가 비로소 언어로 만들어졌다.'라는 말 뒤에는 '셰익스피어는 영어를 단순한 언어를 지나 세계 최고의 언어로 만들었다.'라는 말이 붙지만 어찌 되었건 괴테의 영향력을 독일인에게 아무리 강조해도 지나치지 않는다. 영국 문화원은 셰익스피어 문화원이 아니고 '브리티시 카운슬'이라고 부르지만 독일 문화원은 '괴테 인스티튜트'라고 부르는 데에서도 독일인의 거의 신경질적인 괴테 사랑과 존경을 알 수 있다.

꼼꼼히 따져 봐도 독일 문화에서 괴테만큼 큰 발자취를 남긴 사람을 찾을 수 없다. 《파우스트》 하나만 가지고도 문학에서 '더 이상을 이룰 수 없다'는 평을 받는 그는 세상 모든 사물에 관심을 가지고 모든 것에 통달

한 정말 전형적인 르네상스 맨 이었다. 시인, 소설가, 극작가, 철학자, 외교관, 공무원, 예술·비평가, 언론인, 화가, 무대연출가, 정치가, 교육가, 광물학자, 식물학자, 색채학자, 미학자. 이 모두가 괴테를 이르는 단어들이다. 그가 저술한 과학 서적만도 14권이다. 지질학에도 관심이 많아 죽었을 때 유럽의 17800개의 돌 표본을 수집해 놓기도 했다. 인류를 대표하는 6인의 인물(몽테뉴, 스웨덴보리, 플라톤, 나폴레옹, 셰익스피어와 함께) 중 한명이라고 여기는 사람도 있다. '어떻게 한 인간으로서 이보다 더 다양한 삶과 업적을 남길 수 있을까?' 하는 의문이 들 정도이다. 무슨 말이 더 필요하겠는가.

독일의 모든 학자, 작가, 작곡가는 모두 괴테의 작품을 인용하거나 사용했다. 헤겔, 쇼펜하우어, 니체, 헤세, 토마스 만, 프로이드, 칼 융도 자신들의 저서에서 괴테를 언급하고 그의 글을 인용했다. 모차르트, 슈만, 베토벤, 슈베르트, 브람스, 구노, 바그너, 말러도 괴테의 작품을 인용하거나 영감을 얻어서 작곡했다. 그의 색채론은 세잔, 모네, 터너 같은 인상파의 대가들도 영향을 받았다. 괴테기 남긴 것은 저서나 논설뿐만이 아니다. 1만여 장의 편지와 3000여 장의 스케치도 있다. 특히 스케치는 아마추어 수준을 넘는 훌륭한 작품이다. 그의 생가인 프랑크푸르트의 괴테 하우스 겸 박물관을 가보면 자신의 다락방을 그린 스케치 사본을 전시해놓고 있는데 보통 솜씨가 아니다.

괴테는 나중에 변호사가 되기 위한 법률 공부만 했지, 그 전에는 공식 교육을 전혀 받은 바가 없다. 자신의 집에서 아버지가 특별히 고용한 당대 최고의 개인 교사에게서 모든 것을 배웠다. 당시로서는 그렇게 특이한 것은 아니었지만 그래도 개인 교습과 독서만으로 그 방대한 지식을 습득한 셈이라 더욱 놀랍다. 물론 이는 괴테의 아버지가 모셔온 독일

괴테가 직접 그린 자기 방 스케치

최고의 가정교사와 거의 광적으로 수집 해 놓은 책이 있어서 가능했다. 괴테 아버지의 수집 도서는 괴테하우스에 가면 일부를 볼 수 있다. 괴테의 아버지는 요즘말로 하면 '타이거대디'였다.

    괴테 아버지는 궁중에서 왕의 고문관이라는 고위 공직자였음에도 불구하고 괴테를 통해 자신이 못 다 이룬 출세의 꿈을 이루려고 아들을 어려서부터 혹독한 조기교육을 시켰다. 각종 지식은 물론 승마, 댄싱, 펜싱까지 다 가르쳤다. 덕분에 괴테는 8살에 이미 외국어로 라틴, 희랍어, 프랑스어, 이탈리아어, 영어 그리고 히브리어까지 능통하게 할 수 있었다. 괴테의 아버지는 그러고도 성에 차지 않아 "내가 너라면 그렇게 나태하게 공부를 게을리 하지 않을 거다."라고 닦달을 해댔다. 몸이 아파서 수

그림들 사이의 문으로 괴테 아버지가 모은
책장이 보인다.
괴테 아버지의 소장 도서
괴테 소장 도서

업을 못하면 나중에 어떻게 해서라도 반드시 그만큼 보충수업을 받게 했다. 괴테 아버지는 어머니로부터 상당한 부를 물려받아 당시로서는 학비가 많이 드는 법학을 공부할 수 있었다. 그리고는 프랑크푸르트 시장 딸과 결혼했다. 괴테의 어머니는 당시로서는 특별하다고 할 만큼 지식인 여성이었다. 그녀가 남긴 편지 내용으로 보아 독서량도 상당했고, 특히 예술적인 감각이 뛰어났다. 그래서 괴테는 아버지의 이성적인 머리와 어머니의 감성적인 가슴을 물려받았다고 사람들은 평가한다.

괴테하우스와 《젊은 베르테르의 슬픔 The sorrows of young Werter》

괴테하우스는 괴테가 중년 이후의 삶을 보낸 바이마르의 괴테하우스보다는 작지만 그래도 당시로서는 아주 큰 건물에 속힌다. 여관 주인이던 괴테 할머니가 1733년에 구입한 1600년대 5층 건물인 이 집에서 괴테는 1749년에 태어났다. 1795년 괴테 가족이 완전히 떠난 후 여러 번 주인이 바뀌었다. 1944년 2차 세계대전 공습으로 파괴되었다가 1949년 프랑크푸르트 시민들에 의해 원형 그대로 복원되었다. 옛 건물에 현대식으로 지어진 괴테박물관이 붙어있어 입장을 하면 괴테하우스를 같이 볼 수 있다. 이곳의 괴테 유물은 유감스럽게도 바이마르의 괴테하우스 겸 괴테 국립박물관과는 비교가 안될 만큼 적다. 괴테 가족이 1795년 완전히 이 집을 떠나기 전까지 괴테는 이 집을 떠났다가 다시 돌아오기를 반복했다.

1층 문을 들어서면 오른쪽에 부엌이 있다. 금방 쓰고 놔둔 윤기가 나는 냄비, 국자를 비롯한 주방기구들이 놓여있고 벽에 걸려있다. 벽난로를 겸한 큰 화덕이 한쪽 구석을 크게 차지하고 있다. 괴테하우스에는 각 방마다 각기 다른 모습의 특이하고 아름다운 벽난로가 있다. 중앙난방이 들어오기 전에는 이런 난로로 난방을 했다. 도기를 비롯해 철재 벽난로는 특이하고 아름답다. 이 난로들만으로도 괴테 가문의 부를 미루어 짐작할 수 있다. 또 각 방을 채우고 있는 가구들도 아주 화려하고 고가의 것들이다.

각 방의 벽지와 색깔의 조화를 이루고 있어 집안을 더욱 고급스럽게 만든다. 벽에는 괴테 아버지와 괴테가 수집한 그림들이 많이 걸려있어 주인의 예술적인 감각이 뛰어남을 보여준다. 현재 괴테하우스에 있는 책, 그림, 가구 같은 물건들은 모두 2차세계대전 중에는 피난을 시켜서 폭격으로 괴테하우스가 부서질 때 다행히 화를 피했다. 괴테가 태어난 방은 2층을 올라가서 바로 보이는 초록색 벽지의 방이다. 그리고 괴테는 3층 바깥쪽으로 창이 난 방에 놓인 책상에서 《젊은 베르테르의 슬픔》을 썼다. 그리고 지금 인형극 세트가 놓인 5층 골방에서 괴테는 어려서 공

괴테 인형극 세트

가구들, 각 방에 놓인 난로들
응접실, 괴테 방 오른쪽에 보이는 책상에서 젊은 베르테르와 파우스트를 집필했다.

부하고 인형극을 하면서 놀았다. 괴테하우스를 돌다가 눈이 밝아지는 일이 있었다. 분홍빛 한복 치마에 그보다 옅은 분홍빛 저고리를 입고 흰색 숄까지 두른 아름다운 한국 여학생을 만나서였다. 여행, 특히 해외여행이라면 모두들 간편한 등산 복장으로 다니는데 행동하는데 불편하기 짝이 없는 한복을, 그것도 때가 잘 묻을 환한 분홍빛을 입은 센스와 용기에 감탄하고 말았다. 칭찬하지 않을 수 없는 역발상의 진수였다. 이런 것이 젊은이들만이 할 수 있는 진정한 용기이다.

셰익스피어와의 조우

'그의 책 첫 페이지를 읽은 순간 나는 평생 그에게 빚을 지게 되었다.'

괴테는 어려서부터 문학에 뛰어난 재주를 가지고 있었다. 그래서 할머니가 사주신 인형극 세트에다 자신이 만든 스토리를 집어넣어 여동생을 비롯해 친구들과 자주 놀았다. 인형극 세트는 지금도 괴테하우스 다락방에 놓여 있다. 최근 신문 보도에 괴테 아버지가 쓴 가계부에 바로 이 인형극 세트의 구입비가 적혀있다고 해서 화제가 된 적이 있었다. 당시는 가장인 남편이나 남자 집사가 가계부를 정리하는 것이 관습이었다.

괴테는 아버지의 영향을 많이 받았다. 괴테의 아버지는 자신의 모든 에너지를 아들 교육에 투입했다. 일찍부터 자식의 천재성을 간파하고 전인교육으로 제대로 집중된 조기 재가교육을 시켜 괴테를 대문호로 만들어 냈다. 괴테 아버지는 원래는 아들을 변호사로 만들고 싶어 했다. 그래서 괴테를 16살에 자신의 모교인 라이프치히 대학으로 보내 법학을 공부하게 했다. 이때 괴테는 하라는 법 공부는 등한시하고 문학·예술 서적들을 뒤지고 다녔다. 3년 뒤 몸이 아파 프랑크푸르트로 돌아오고 다시 2년 뒤인 21살 때 스트라스부르그로 중단한 법 공부를 계속하러 다시 보내진다. 거기서 그는 셰익스피어와 운명적인 조우를 하게 된다. 괴테하우스에 전시 된 괴테가 읽었다는 셰익스피어의 책 옆에 놓인 안내문에는 '그의 책 첫 페이지를 읽은 순간 나는 평생 그에게 빚을 지게 되었다.'라는 괴테의 고백이 적혀 있다. 그 때부터 괴테가 본격적으로 문학 수업에 돌입했다고 괴테 연구가들은 말한다. 영국과 독일의 두 거장이 만나 드디어 큰 결실을 낸 셈이다.

괴테가 읽은 셰익스피어 책

　괴테는 1년 뒤 졸업하고 프랑크푸르트로 돌아와 변호사 사무실을 열었으나 실패하고 만다. 그 동안에도 문학의 꿈을 결코 버리지 않았음이 1772년 10월 14일 독일에서 처음으로 '셰익스피어의 날'이 괴테의 주도로 이곳 괴테하우스에서 열린 것을 보면 알 수 있다. 결국 아들의 능력은 법에 있지 않다는 것을 뒤늦게 깨달은 아버지는 드디어 자신의 고집을 꺾고 괴테의 문학 작업을 돕기 시작한다.

　괴테 최고의 걸작《파우스트》가 아무리 어렵고 난해하다며 모두가 외면해도《파우스트》얘기를 하지 않을 수 없다. 괴테는《파우스트》의 1편을 1808년에 발표하고 24년 뒤 2편을 완성한다. 이마저도 발표는 괴테의 사후에 이루어 졌다. 파우스트 첫 편이 발표 되었을 때 엄청난 반향을 일으켰다. 파우스트는 서재극 closet drama 이라고 불리는 형식이다. 대규모의 극장에서 공연을 목적으로 하는 것이 아니라 소수의 관객들에게 읽히거나 공연되는 형식이다. 1919년 스위스 바젤 근처의 괴테 나움 공연장에서 처음으로 전극이 공연되었다. 사실 파우스트 박사에 대한 전설은 괴테가 처음 만들어 낸 것은 아니다. 독일의 전설로 돌아다니던 것을 괴테가 파우스트를 쓰기 거의 200년 전에 셰익스피어의 친구이자 당대 극작가 크리스토퍼 말로가 극화했었는데, 이것을 나중에 다시 독일로 들어오는 과정에서 괴테가 극으로 만들었다. 새로 각색한 셈이라고 하면 너무 대가의 작품성을 폄하하는 것이겠지만 전설을 당대 최고의 시극으로 극화한 것이다. 괴테는 자신을 반기독교$^{anti-christian}$도 아니고 비기독교$^{un-christian}$도 아니고 그냥 무기독교$^{non-Christian}$일 뿐이라고 하면서 자신이 싫어하는 것 중에는 담배연기, 벌레, 마늘 그리고 십자가라고 당시로서는 아주 위험한 발언을 겁 없이 하고 다녔다. 그러나 괴테의 비서이자 《괴테와의 대화》의 저자 에커만은 "그래도 괴테는 내심 기독교인 이었다."고 했다. 파우스트가 결국 나중에는 구원을 받게 하는 것을 보면 결코 틀린 말은 아닌 듯하다.

괴테는 83세이던 1832년 3월 22일 심장마비로 숨을 거두어 아주 가까운 친구였던 프리드리히 쉴러 옆에 묻힌다. 그의 마지막 말은 "조금 더 빛을."이었다. 괴테는 후세들에게 도움이 될 만한 아주 좋은 문구들을 많이 남겼다. 그 중에 몇 개만 들어 보자.

'세상에는 특별한 것은 없다. 모든 것이 관점에 달려있다.'
'마술이란 당신 안에 있다. 만일 당신이 그것을 믿는다면 당신은 무엇이든지 이룰 수 있다.'
'나는 내가 우리 아이들의 장래를 위한 유산으로 줄 수 있었으면 하

괴테의 노트

고 바라는 것은 두 가지 이다. 하나는 뿌리이고 하나는 날개다.'
'너무 감정에 얽매이지 마라. 지나치게 섬세한 가슴은 이 험한 세상
을 살아가는데 가장 불행한 소유물이다.'
'예술에서 최선이면 충분하다.'
'내가 가진 최고의 지혜는 자유와 인생은 매일 그것을 새롭게 지배하
는 사람만이 얻을 수 있다는 것이다.'
'가끔 혼자 걸을 줄 아는 사람이 아름다움을 본다.'

 호수지방은 영국 중부지역의 큰 호수를 중심으로 하는 몇몇 도시들을 묶은 지역이다. 국가에서 국립공원으로 관리하고 있고 National Trust라는 영국의 비영리단체가 보호하고 있는 지역이다.

워즈워스 박물관

영국의 대표적인 낭만주의 시인 윌리엄 워즈워스William Wordsworth의 원고와 유품 등을 전시하는 박물관이다. 영국 잉글랜드 그래스미어Grasmere의 도브 코티지Dove Cottage에 있다. 워즈워스는 1799년부터 1808년까지 이곳에 살며 결혼을 하였고, 3명의 아이도 태어났다. 영국 낭만주의 문학과 관련된 원고·책·문서 등 관련 자료를 전시한다.

낭만파

영국 사람들이 사랑하는 '호수지방'

영국인이 꼭꼭 숨겨 놓은 비밀 여행지. 런던에서 차로 5시간을 달리면 그림 같은 산속에서 호수와 함께 펼쳐진 고즈넉하고 목가적인 풍경을 마주한다. 레이크 디스트릭트Lake Dstrict라고 불리는 국립공원, 바로 호수지방이다. 시인 윌리엄 워즈워스와 《피터 래비트》의 작가 베아트릭스 포터가 걸었을 그 길을 걷는 평화로운 시간. 영국 도보 여행의 성지라 불릴만한 이유를 찾았다.

영국에 사는 교민들마저도 영국이 우리 한반도보다 상당히 큰 줄 안다. 하지만 실제로는 겨우 10퍼센트 정도 더 클 뿐이다. 물론 우리나라 국토의 70퍼센트가 산이라서 좁아 보이는지 몰라도 영국이 상대적으로 아주 커 보이는 것은 사실이다. 그럼에도 불구하고 영국이 별로 답답하지 않게 느껴지는 것은 산이 없고 벌판이 많기 때문이기도 하지만, 내 생

호수지방 산천의 절경, 힐 톱 근처 마을의 양들과 펍

호수지방 산의 절경

각으로는 작은 땅덩어리에 비해 나라가 다양한 모습을 띠고 있어서 인 것 같다. 잉글랜드의 밋밋한 구릉지와 들판의 아름다움, 스코틀랜드의 황량한 고원과 험준한 산악 풍경, 그리고 웨일즈의 완만하나 평화로운 산 등 각 지방마다 자신만의 완연한 특색을 나타내고 있기 때문이다.

영국 중서부에 위치한 호수지방Lake District 국립공원에 가면 그야말로 산다운 산을 볼 수 있다. 영국 사람들의 이곳 호수지방 사랑은 상상을 초월한다. 스위스 사람들이 들으면 웃을 일이겠지만 그들은 세상에서 이 호수지방이 가장 아름답고 고귀한 곳인 줄 안다. 호수지방 사랑은 산의 높이나 기괴함 때문만은 아니다. 문화, 역사, 전통 속에 살아있는 호수지 방으로부터 연유된 많은 사연들이 있기 때문이기도 하다.

영국 사람들에게 있어서 호수지방은 '낭만의 휴식 공간'이다. 남서쪽 해안가에 위치한 콘 월Cornwall지방이 아름다운 산천의 휴식 공간이라면 호수지방은 거기에 더불어 문학이 포함된 지역이고 어느 여행서는 이곳 을 '영국 걷기의 심장과 영혼'이라고 지칭하기도 했다. 이곳만큼 내국 관 광객이 외국 관광객보다 많은 곳도 영국 내에서는 드물다. 영국 어디를

호수지방 마을의 집들

가나 바글거리는 외국 관광객을 피해 영국인은 이곳으로만 몰려오는 것 같다. 그 대다수가 걷기위해 이곳을 찾는다. 호수와 마을을 끼고 산을 바라보면서 여유롭게 걷거나 주변의 산에 올라가 눈 아래 펼쳐지는 크고 작은 호수와 깊은 계곡, 완만하게 오르내리는 산과 구릉, 그리고 들판을 보기 위해서 온다. 산은 보기보다는 그렇게 험악하지 않아 1년 내내 등반이 가능하다. 많은 산들이 자락부터 꼭대기까지 나무 한 그루나 바위 하나 없다. 그래서 거의 모든 산에 오를 때 굳이 심각한 숙박이나 등반 장비를 갖추지 않아도 된다. 예측할 수 없는 날씨 때문에 가이드를 쓰기도 하지만 거의 대부분의 산을 하루 코스로 둘러 볼 수 있다.

아름다운 자연이 낳은 문학가들 '윌리엄 워즈워스'

호수지방은 영국 문학 그 중에서도 특히 낭만파 시를 낳은 산실이다. 목가적인 아름다운 자연은 빅토리아시대 영국 낭만파 3대인 퍼시 셸리Percy Shelly, 존 키츠John Keats, 조지 고든 바이런George Gordon Byron 등을 비롯해 수많은 영국 시인들에게 시상의 영감을 불어 넣어 주었다. 특히 윌리엄 워즈워스William Wordsworth:1770-1850는 이곳에서 태어났으며 그 치명적인 매력에 빠져 이곳에서 평생을 살면서 자신의 고향을 그의 호반파湖畔派 시인 사무엘 콜러리지Samuel Coleridge, 로버트 사우디Robert Southey와 같이 영국의 문향文鄕으로 만들었다. 워즈워스는 윈드미어 호숫가 마을 그라스미어Grasmere의 도브 코티지Dove Cottage라 불리는 돌집에서 1799년부터 9년간 살면서 많은 명시를 남겼다. 그 중에는 우리에게 잘 알려진 '하늘의 무지개를 바라보면 내 가슴은 뛴다.'라고 시작하는 시〈내 가슴은 뛴다〉와

시인의 집 도브 하우스, 도브 하우스 굴뚝에서 연기가 난다.

워즈워스 작품집 희귀도서 전시

'저 계곡과 언덕을 높이 떠도는 한점의 구름처럼 외로이 나는 그렇게 방황 했다네.'로 시작하는 〈수선화〉가 있다.

   호수지방이 낳은 또 하나의 유명 작가는 《피터 레비트Peter Rabbit》의 베아트릭스 포터Beatrix Potter:1866-1943다. 포터는 자신의 동화속의 의인화 된 주인공들과 그 삽화들을 직접 그렸다. 이 소설책의 성공으로 얻은 부로 포터는 혹스헤드Hawkshead 근처에 힐 톱 팜Hill Top Farm을 구입해 정착했으며 지금도 세계 곳곳에서 어릴 때 피터 레비트를 읽은 많은 독자들이 이곳으로 찾아온다. 예전에는 일반 관광지처럼 가서 입장권을 구입하고 들어가면 되었는데 이제는 너무 많은 관람객이 찾아오기 때문에 사전에 시간이 정해진 입장권을 사서 그 시간에 맞춰가야 한다. 힐 톱 팜 내부에는 작가가 그린 오리지널 삽화를 비롯해 피터 레비트 제작에 얽힌 그림과 도구들이 눈을 즐겁게 한다. 나오다보면 피터 레비트 캐릭터로 만든 수

피터 래빗 작가 비트릭스 포터의 집 '힐 톱 하우스'

많은 상품들이 발길을 사로잡는다. 특히 여기는 다른 곳보다 일본인 관광객들이 많이 와서 일어로 된 상품이 상당히 많기도 하다.

요크셔는 영국 잉글랜드 북부의 행정 구역으로 영국의 행정 구역 가운데 가장 큰 도시이다. 그 큰 면적 때문에 오늘날에는 노스, 웨스트, 사우스요크셔 주로 나뉜다.
에밀리 브론테 《폭풍의 언덕》의 배경인 영국 북부 요크셔 지방은 사계절 내내 경치가 좋은데, 특히 단풍이 물드는 11월 초나 꽃이 피는 5월이 가장 아름답다. 요크셔를 지나 북쪽 스코틀랜드까지 풍광을 즐기면 좋겠다.

◉ 브론테 가문의 목사관

Brontë Parsonage Museum, Church Street, Haworth, Keighley, West Yorkshire, BD22 8DR, United Kingdom
Tel: +44(0)1535 642323   Fax: +44(0)1535 647131   Email: bronte@bronte.org.uk
Open: 오전 10시~오후 5시 30분(4월 1일-10월 31일), 오전 10시~오후 5시(11월 1일~3월 31일), 정오~오후 5시(1월 1일)(마지막 입장은 30분 전까지)
Close: 12월 24일~27일(2015년), 1월 4일~31일(2016년)
입장료(2015년 기준): 일반 7.50 파운드, 학생 6.50 파운드, 어린이 3.75 파운드(5세미만 무료), 가족 18 파운드(성인 2명, 어린이 4명까지)
http://www.bronte.org.uk/

에밀리 브론테

척박한 시골 동네의 세 자매 '샬럿 브론테', '에밀리', '앤'

피부가 가무잡잡하고 이국적이고 반항적인 용모라고 소설에서 묘사되는 '히스 클리프'의 비극이 애절한 《폭풍의 언덕》에 나오는 하워스. 잉글랜드 중부 하워스^{Haworth}마을을 방문할 때면 항상 애잔한 감상에 젖는다. 에밀리 브론테$^{Emily\ Bronte}$(1818-1848)의 《폭풍의 언덕$^{Wuthering\ Height}$》이 주는 비극적인 소설적 이미지 때문만은 아닌 것 같다.

'황량한 언덕'이라는 말인 '무어^{moor}' 그대로의 뜻처럼 폭풍이 곧 불 것 같은 요크셔 무어$^{Yorkshire\ Moor}$의 쓸쓸함 때문만도 아니다. 이 외롭고 바람 부는 언덕에서 유난하게 총명했던 천재 세 자매를 비롯한 브론테 가족의 비극적인 일생도 그 감상에 한몫을 한다. 그리고 그 언덕위로 다닥다닥 붙은 조그맣고 거의 이백년은 훨씬 넘었을 법한 집들의 궁색함도 그렇고 그 옛날 브론테 자매들이 살았던 시절부터 이 척박하고 외진 곳

브론테 자매 아버지가 근무하던 교회

에 살아가는 이들의 애환이 마음에 와 닿아서 인 것 같기도 하다.

하워스는 잉글랜드 중부지방 요크셔 주에 있는 언덕위에 위치한 지금도 조그마한 시골 마을이다. 고속도로에서도 거의 한 시간 이상을 지방도로로 달려야 갈 수 있는 외지이고, 구석진 곳이다. 자동차가 잘 다니지도 못하는 돌이 깔린 작은 골목으로 이루어진 정말 산골 마을이다. 브론테 자매가 살았던 시대로부터 거의 변한 것이 없이 그대로 보존된 모습이다. 이 구석지고 척박한 시골동네에서 제대로 된 교육마저 받지 못한 세 자매(샬럿 브론테Charlotte Bronte, 1816-1855, 에밀리, 앤Anne, 1820-1849)가 어떻게 지금까지도 사람들의 가슴을 울리는 거작을 남길 수 있었는지는 정말 미스터리이다. 우리가 겨우 유추해 낼 수 있는 답은 아버지 패트릭이

폭풍의 언덕에서 바라다보이는 소설의 배경이 된 요크셔의 황량한 풍경(요크셔 무어)

다. 가난한 아일랜드 농부 아들로 태어나 어렵게 케임브리지 대학교를 졸업하고 성공회 신부로 서품을 받아 이곳에서 평생을 사제로 봉직한 아버지의 머리와 좋은 가정교육을 받았기 때문이 아닌가 하는 것이 후대의 구차한 추리이다. 그러나 그것만은 아닐 것이라는 답은 박물관에 들어가 그들이 남긴 유품을 보면 알 수 있다.

외진 곳이라 별로 찾아오는 사람도 없고 대화를 나누거나 배울 사람도 없는 외부 세계와 거의 단절되어 산 이들에게 가족은 삶의 전부이고 중심이었다. 당시로는 최고의 교육을 받은 아버지와 일찍 죽은 자신의 언니를 대신해 평생 결혼하지 않고 형부와 조카들을 돌본 이모 엘리자베스의 일생은, 흡사 평생 결혼하지 않고 오빠 워즈워스를 돌본 그의 여

동생 도로시의 일생을 연상시킨다. 또 이혼한 언니의 남편 찰스 디킨스를 평생 따라다니면서 결혼도 안하고 조카들을 돌보며 산 조지나를 닮기도 했다. 빅토리아 시대 영국 작가들 주변 여인들의 이상한 삶이 참 흥밋거리이긴 하다. 또 천재적인 화가로서의 재능을 타고났으나 세 자매의 재기에 눌려 아편과 술로 인생을 낭비한 아버지의 이름과 어머니의 성을 물려받은 집안의 유일한 아들 패트릭 브란웰은 또 어떤가? 그가 남긴 세 자매의 초상화는 이 천재 자매들의 내면을 가장 잘 끄집어내었다고 평가를 받을 정도인데도 결코 일생은 성공적이 아니다.

   세 자매는 바람 부는 요크셔의 긴 겨울을 난롯가에 둘러앉아 자신들이 읽은 것과 생각하는 바를 부단히 얘기하고 토론해 재능을 키웠다. 지금은 물론 온 세계에서 브론테 자매 소설의 독자들이 몰려와 시즌 때면 좁아터진 골목길이 더 복잡해져 길을 걷지 못할 정도이고 숙박 사정은

하워스 마을, 폭풍의 언덕 이름을 딴 호텔 간판

몇 달 전부터 마을 숙소는 거의 예약이 불가능할 정도인 것은 당연하지만 사실은 아버지 패트릭이 살아있을 때부터 그러했다. 자식 여섯과 아내, 그리고 처제마저 모두 먼저 보내고 당시로는 아주 장수한 나이 84세에 죽은 패트릭을 세 자매의 독자들이 몰려와 사제관과 성당 사이를 막고 사제복을 잡아당겨 동네 사람들이 보호했을 정도라고 했으니 이들 소설의 인기는 어제 오늘의 일이 아님을 알 수 있다.

지금은 브론테 박물관으로 사용되고 있는 사제관은 마을 거의 제일 높은 곳에 위치하고 있다. 그 앞에 패트릭이 봉직하던 성당이 있는데 그 사이에 성당 묘지가 있어 세 자매의 침실 창문에서 보면 성당과 함께 묘지까지 보인다. 박물관 안내서에는 눈만 뜨면 보이는 묘지가 이들의 심리에 상당한 영향을 미쳤을 것이라고 설명하고 있다. 어찌 그 묘지만 이 세 자매의 마음속에 남녀 간의 사랑과 함께 인간의 가장 큰 숙제 중 하

브론테 자매의 사제관 및 박물관

나인 인간의 죽음에 대해 깊은 그림자를 끼쳤을 것인가? 자신들의 어머니가 제일 큰 언니인 샬럿 브론테가 다섯 살, 막내인 앤이 겨우 한 살이었을 때 돌아가셨으니 이들은 이미 몸으로 죽음을 겪었을 터이다. 더군다나 당시 이 마을에는 하수도 시설이 없어 여섯 살까지 유아 사망률이 60퍼센트가 넘었다고 하니 죽음이란 이들에게 있어 하나의 일상사였을 것이라고 짐작하는 것은 어렵지 않을 것 같다. 당시 여자 이름으로는 소설 작품 발표가 되지 않아 세 자매 각자는 'Currer', 'Ellis', 'Acton Bell'이라는 이상한 남자 이름으로 작품을 발표할 수밖에 없었다.

그중에도 가장 유명한 소설은 에밀리의 《폭풍의 언덕》이다. 그리고는 샬럿 브론테의 《제인 에어》도 우리에게 많이 알려진 작품이다. 누가 어떤 기준으로 정의했는지는 몰라도 세계 3대 비극 소설중 하나라는 에밀리 브론테의 《폭풍의 언덕》은 영화로도 여러 번 만들어졌고 소설을 읽어보진 않아도 그 이름을 모르는 사람이 없을 만큼 유명하다. 계급 구분이 지금도 철저한 영국에서 19세기 중엽 빅토리아시대 신분을 넘어선 캐서린과 히스 클리프의 사랑은 정말 센셔이셔널 한 작품이었음은 틀림없었다. 거기에다 유려한 문장과 당시 소설들과는 달리 필연적인 사건들로 잘 직조된 스토리는 색다른 읽을거리에 목말라 하던 빅토리아시대 독자들을 매료시킬 수밖에 없었다. 이들의 소설이 지금도 평가를 받는 이유 중의 하나는 이런 대중적인 인기뿐만이 아니라 세 자매의 소설이 당시 문단의 누구와도 교류하지 않아 영향을 받지 않았고 그 전에도 그 후에도 이들과 같은 소설은 없다는데 있다. 토마스 하디$^{Thomas\ Hardy:}$ (1840-1928)의 《테스》 정도가 그들의 소설류에 속한다니 세상과의 완전한 고립도 때로 새로운 것을 창조하기 위해서는 반드시 해가 되는 것은 아닌가 보다.

　사제관 뒤 언덕 꼭대기에서면 하워스 아래 마을과 함께 소설의 배경이 바로 펼쳐진다. 동네 사람들의 삶의 원천인 목장의 양들과 함께 푸른 잔디, 그들을 감싸고 완만한 곡선을 그리며 언덕을 넘어가는 돌담, 바라만 보아도 가슴을 서늘하게 하는 갈대밭이 그런 것들이다. 그들 사이로 여기저기 나지막이 자라고 있는 우리가 관목^{灌木}이라 부르는 히스^{heath} 무리들 어디서 시작되고 어디서 끝나는지도 모르게 끝없이 펼쳐진 황무지에 무성하게 자라고 있다. 캐서린의 귀신이 나왔다는 방에서 식음을 전폐하고 자살하다시피 죽어간 폭풍의 언덕의 비련의 주인공 이름을 에밀리가 '히스클리프^{Heathcliff}'라 부른 데는 히스가 주는 황량한 이미지와 클리프^{cliff}라는 단어의 뜻 절벽 곧 막다른 곳이라는 절박한 의미를 절묘하게 독자에게 주고자 고른 것이 아닌가 할 정도로 이 언덕은 정말 히스가 깔린 절벽이다.

하워스 마을, 하워스 마을 앞 목장

브론테 가족은 샬럿 브론테가 39살, 에밀리가 30살, 막내인 앤이 20살, 유일한 아들 패트릭 브란웰 마저 31살에 죽어 천재들이 요절한다는 말에 토를 달수가 없게 만든다. 거기다가 후세의 독자들을 더욱 애절하게 만드는 것은 제일 큰 언니가 모든 동생들의 죽음을 보고 제일 나중에 죽는다는 것과 앞에도 얘기했지만 이들의 아버지는 아내, 자식 심지어는 처제마저 모두를 가슴에 묻고 나서도 거의 팔년을 더 살다가 죽었다. 그나마 자신들이 다니던 교회 안에 아버지와 같이 묻혀 있는 샬럿 브론테와 에밀리는 행복하다. 이들로부터 멀리 떨어진, 우리에게는 사이먼과 가펑클의 노래 '스카보러의 추억'으로 알려진, 바람부는 스카보러 해변가 언덕 공동묘지에 혼자 묻힌 앤이 그래서 더 슬프다.

박물관에 전시된 이들의 유품을 보다 보면 세 자매는 지금도 어디에선가 담배종이에 애절한 시를 쓰고 손바닥만한 노트북에 동화 주인공

교회의 무덤, 교회와 목사관 사이에 교회 묘지가 있다.

브론테 박물관 간판 브론테의 집필 장면이 이채롭다.
에밀리와 샤롯테 자매의 무덤 묘비

목사관 앞에 핀 꽃

그림을 그리고 꽃과 하워스 경치를 자수를 하고 인형 옷 바느질을 하면서 깔깔거리며 오순도순 살고 있을 것 같은 느낌을 받는다. 이렇게 멀리서 온 길손은 자신들의 일생과 자신들의 만들어 낸 소설 주인공의 애달픈 인생을 애잔해한다는 것도 모르는 채.

✈ 야스나야폴랴나는 러시아 툴라 주에 있는 마을로 러시아 중심부로 모스크바에서 남쪽으로 190㎞, 툴라에서 남쪽으로 14㎞ 떨어진 작은 마을이다. 모스크바에서 버스로 3시간 정도 걸리며 이 지역에는 활엽수가 많이 자란다.

📍 **톨스토이 박물관**

톨스토이가 1910년 사망 후 레닌의 명령에 따라 1939년 박물관을 개관.
Museum-estate of Leo Tolstoy "Yasnaya Polyana"
Open: 화~일 (월요일 제외)
  - The estate premises: 오전 9시~오후 5시(11월 1일-3월 31일, 입장 손님은 6시까지 관람 가능), 오전 9시~오후 8시(4월 1일-10월 31일, 입장 손님은 9시까지 관람 가능
  - The memorial buildings: 오전 10시~오후 3시 30분 (4월 1일-10월 31일 사이의 토요일과 일요일은 오전 10시~오후 4시 30분)
  - Tolstoy House는 매달 마지막 화요일에 휴관
  - Kuzminsky House는 매달 마지막 수요일에 휴관
  - 4월 1일-10월 31일: The memorial buildings는 가이드 투어만 입장 가능

http://www.ypmuseum.ru/index.php?option=com_content&view=category&layout=blog&id=31&Itemid=28&lang=en

톨스토이

태어나고 죽을 때까지 산
'야스냐야 폴랴나'와 아내 소피아

　누구에게나 삶이 힘들고 어려울 때 위로를 받는 마음의 고향 같은 곳들이 있다. 그것은 고향의 뒷동산일 수도 있고 어머니와 나란히 손잡고 하교하던 시골집 앞 들판의 코스모스가 줄지어 핀 논두렁 길일수도 있다. 내게는 이제 막 소개 하려고 하는 톨스토이의 야스냐야 폴랴나^{Yasnaya Polyana} 고향집 정원과 모스크바 집 정원이 그런 것들이다. 톨스토이의 모스크바 집은 시내 한복판에 있으나 그 정원 벤치에 앉아 있으면 속세를 떠난 것 같다. '고즈넉하다'라는 단어 이외에는 더 이상의 적당한 표현이 없다. 결코 크지 않으나 누군가가 애정을 가지고 아주 정성들여 잘 가꾼 정원이다. 당시의 분위기를 살리려고 가능하면 노력을 했다고 하니 우리가 보는 것이 문호가 보던 것과 같으리라는 상상을 해본다.

가족 없이 혼자서 보낸 모스크바 시절 나는 여기에 가면 왠지 마음이 차분해지고 생각이 정리되어 참 많은 도움을 받았었다. 힘들고 어려운 일이 닥치면 혼자서 여기를 찾아 멍하니 생각하면서 이겨나가곤 했었다. 다른 하나는 그의 생가로 '빛나는 숲 속의 빈 땅'이라는 뜻의 '야스나야 폴랴나'라는 톨스토이의 고향 마을이다. 모스크바에서 약 200km 떨어진 인구 만 명의 시골 마을이다. 그곳에 이르는 모스크바에서의 길 좌우로는 러시아의 전형적인 모습의 시골 풍경이 펼쳐진다. 눈이 닿는 곳은 어디든지 산은 커녕 언덕마저도 보이지 않는 문자 그대로 일망무제一望無際의 평원이다. 밭이 끝도 없이 펼쳐져있고 그 사이를 강이 편안하게 흘러내리고 있는 평화로운 모습이다.

그 길을 그렇게 가다보면 이미 마음은 한없이 차분해지고 대도시에서 그리 멀리 떨어진 것도 아닌데 벌써 생각은 세상을 떠나있는 듯하다. 야스나야 폴랴나의 톨스토이 본가는 그가 태어나고 죽을 때까지 산 곳이다. 거기서 그는 《부활》도 쓰고 34살에 16살 어린 신부를 맞아 6남 2녀를 낳고 길렀다. 정원의 크기는 120만평이지만 그 안에는 백작의 집이라기에는 걸맞지 않게 소박하나 정갈해 보이는 하얀 2층짜리 나무집과 그 앞에 소박한 정원이 톨스토이의 생활공간이었다. 나머지는 보통 톨스토이 영지라고 하지만 그냥 자연 그대로의 야산과 나무 숲길이다. 그 숲길을 걷다보면 심산유곡에 들어와 있는 듯 내가 어디 있는지조차 잊어버릴 정도로 자연 그대로의 모습이다. 그 집 옆으로는 톨스토이가 직접 농민들을 가르치기 위해 만든 학교도 있다. 정원 입구에는 하늘을 찌를 듯이 높은 백자작나무가 길의 양 옆으로 늘어서있다. 당시에 벌써 톨스토이는 세계적으로 유명했고 그래서 수많은 세계 각국의 지성인들이 선지자先知者를 찾아오듯이 먼 길을 찾아와 대화를 나누고 갔다.

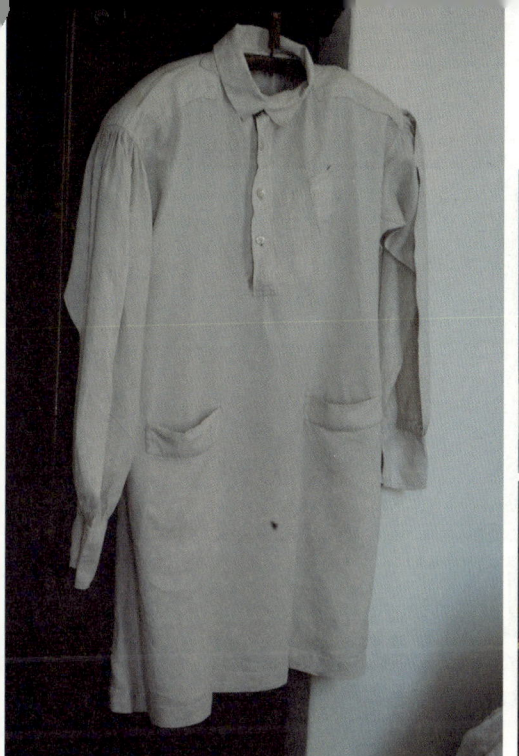

톨스토이가 농장 일을 할 때 입던 농민복, 톨스토이가 쓰던 아령과 장화 벗는 기구, 톨스토이의 장화와 정원 손질 기구

　집안으로 들어가기 위해서는 덧신을 신어야 한다. 집안의 가구나 집기, 또는 톨스토이의 소지품 등 당시의 것들이 감탄이 나올 정도로 소소한 것까지 그대로 잘 보관되어 있다. 장서 2만 2천권을 비롯해 집필을 하던 책상과 펜, 그리고 각종 소도구들은 물론 톨스토이가 입고 직접 정원일이나 농사를 짓던 흰색의 농민복까지도 보존되어 있다. 금방이라도 톨스토이가 나타나 그 옷을 입고 유리장 안에 진열된 장화를 신고 정원으로 나갈 듯하다. 부부 침실의 침대에는 먼지 하나 없는 하얀 이불보가 깨끗하게 씌워져있고 찻물을 끓이던 사모바르samovar에서는 금방이라도 물 끓는 소리가 날 것만 같다. 톨스토이가 만년에 타던 휠체어, 자전거, 돋보기, 안경, 아버지가 사왔다는 영국제 괘종시계들은 물론이고 심지

어느 작가가 운동을 하던 아령과 장화를 벗을 때 쓰던 나무로 된 구둣주걱까지도 버리지 않고 모아놓았다. 특히 거실의 책상은 서거 당시의 위치에 있고 심지어 책상 위 소도구 위치도 그때 그대로다. 톨스토이가 죽던 시간에서 모든 것이 정지되어 버린 듯한 느낌이 든다. 육필 원고를 비롯해 문호에게 온 유명 인사들의 편지, 신문기사 스크랩, 각종 자료 등을 잘 보관하고 분류해 놓아 톨스토이를 연구하는 사람들에게 큰 도움이 되고 있다. 오랜 세월을 두고 사명감을 가진 전문가들이 그냥 철저한 직업 정신을 넘어서 대문호에 대한 무한한 존경과 애정을 가지고 모았을 것 같은 입이 딱 벌어지는 수준의 꼼꼼한 수집품들이다. 복도에 있는 책장에는 문호의 3대 걸작인 《안나카레리나》, 《부활》, 《전쟁과 평화》 같은 소설의 번역본을 많이 모아놓았다. 물론 한글로 된 소설책도 있었다.

대문호의 부인 소피아는 격정적이고 불같은 성격의 톨스토이와는 달리 지적이고 차분한 성격의 여인이었다. 무려 16살이 어렸는데도 남편을 누나처럼 잘 달래면서 14명의 아이를 낳아 그중에서 살아남은 8남매의 어머니 역할을 잘해낸 전형적인 가정주부였다. 또 농노들을 비롯한 대가족을 잘 다루었다. 특히 악필이었던 톨스토이의 원고를 모두 정서한 것도 바로 그녀였다. 말년에는 농노들에게 재산과 토지를 나눠주고 세상을 구해야한다는 등의 원대한 꿈을 가진 톨스토이 때문에 무척 속상해 했다. 이미 이는 결혼 초기부터 예견되었던 일이기도 했다.

결혼으로부터 불과 2개월도 지나지 않아 쓴 부인의 일기에는 '민중들과 그 사람, 내게는 역겹기만 하다. 내가 정말 이 집안의 안주인인지

거실 책상, 부활을 쓰던 책상, 톨스토이 거실

톨스토이 부부 침실

아니면 그이가 그렇게 열렬하게 사랑하는 민중이 안주인인지 모르겠다.'고 천상 여자처럼 푸념을 늘어놓았다. 그나마 톨스토이가 다른 러시아의 문호들과는 달리 부인과 이혼을 하지 않고 소피아와 해로를 한 것을 보면 그래도 이런 여성다움이 좋은 효과를 낸 것임은 의심의 여지가 없다.

   소피아와 비슷한 경우가 도스토옙스키가 두 번째 부인으로 맞이한 안나였다. 원래 속기사였던 안나는 도스토옙스키가 노름빚에 쫓겨 스위스까지 도망 다닐 때도 옆에서 문호를 끝까지 지키고 보호했다. 이와는 달리 푸쉬킨은 러시아가 떠들썩한 미인이었던 부인 나탈리아의 낭비벽과 염문 때문에 속을 끓이다가 결국 그 부인의 미모를 흠모한 연적과의 결투로 죽게 된다. 물론 자신의 애정 행각도 부인보다 몇 배는 심했지만 말이다.

'빈자의 종'과 '레브 톨스토이 역'

톨스토이에 대해 후세는 그를 당대의 양심이었으며 시대를 앞선 반전사상과 인권과 자유사상 그리고 무저항주의를 주창하는 선지자로 거의 성자 취급의 호평을 한다. 그러나 소설 《부활》에서 카츄샤를 농락하는 타락한 네플류도프는 사실 젊을 때의 작가 자신을 묘사한 것이다. 젊은 학창 시절 농노의 딸과 숙모집의 하녀와 관계하는 등 노는 데만 열중하여 기말시험을 망쳐 낙제했다. 쫓겨나는 대신에 전공을 바꾸었는데도 불구하고 못 따라가 급기야는 자퇴를 하고 고향으로 돌아가야 하는 정도였다. 낙향 생활마저 적응을 못해 다시 모스크바로 가서 주색잡기에 빠져 세월을 보낸 것이 나중에 대문호이자 성자 취급을 받은 젊은 톨스토이였다. 그의 저서들이나 만년의 회심은 이러한 젊은 날의 방탕을 밑바탕으로 한 탓에 보다 진정성을 갖고 독자들에게 다가온다.

34살에 당시로는 상당히 늦은 노총각으로 결혼을 한 후 얼마 안 있어 현대소설의 최고봉이라고 인정을 받는 《전쟁과 평화》 집필을 시작한다. 나폴레옹 전쟁을 배경으로 하면서 6만장의 원고로 이루어지고 559명의 인물이 등장하는 것으로 유명하다. 여기서도 지적이고 냉소적인 안드레이와 심약하나 친절하면서 비사교적인 피에르가 톨스토이의 자전적 인물로 등장한다. 비록 끝을 못 맺긴 했지만 대학의 전공은 철학부 동양어학과에서 아랍·터키어를 공부한다. 당시 지식인의 필수인 고대 희

《전쟁과 평화》를 쓰던 책상

랍어를 비롯해 독어, 스페인어 등 13개 국어를 사전 없이 해독할 정도였다. 끊임없이 그를 만나러 오는 사람들도 다 만나주고 세계 독자들로부터 온 5만 통의 편지 중 1만 통은 직접 회답을 했다고 하니 그 많은 저작을 언제 다 썼는지 정말 모를 지경이다. 82세로 죽기 바로 직전까지도 집필에 열중했다.

사실 당시로서는 그의 소설이나 글은 시대를 거스르는 것이어서 상당한 반향을 일으켰다. 귀족들이 너무 많은 것을 가져 민중들은 굶주린다는 비판을 해서 그의 저서들이 판금되기도 했다. 러시아 정교회 내의 소수 과격파였던 두호보르 종파를 두둔하기도 하고, 교회가 민중들을 위해 아무것도 하지 않는다고 공개적으로 비난해 결국 파문을 당할 정도로 당시로는 아주 과격한 자유주의자였다. 이렇게 그의 관심 활동 영역이 미치지 않는 곳은 없었다. 그래서 그의 사후 얼마 되지 않아 터진 10월 혁명 이후 들어선 공산주의 시절에도 그는 귀족 출신이었음에도 사상적으로도 러시아의 대문호로 계속 존경받았지 비판을 당하지 않았다. 당시 심한 기근이 들어 굶주리는 농민들이 자신의 집을 찾아와 나무에 매달린 '빈자의 종'을 치면 나가서 식량을 직접 나눠줘 종소리가 끊이질 않았다. 지금도 그 빈자의 종은 그의 흰 집 앞 큰 나무에 매달려있다.

나이가 들어갈수록 자신이 귀족 출신이라는 태생적인 업보를 벗어나기 위함이었는지 모르나 박애주의에 극단적으로 빠져들기 시작한다. 그 전에 썼던 자신의 저작을 종교적으로 보이 비도덕적이고 본능적이라 비판하기 시작한다. 그러다가 결국은 '전 인류와의 사랑의 길'을 작업복 차림에 망토를 걸치고 펜과 종이 몇 장 들고 떠난다.

"나는 사치스러운 삶을 살 수 없기 때문에 내 나이의 늙은이들이 했던 방식으로 행하는 것 뿐이오. 즉 삶의 마지막 날들을 고독과 평화 속에서 보내기 위해 세속의 삶을 떠나는 것이오." 라는 것이 그가 출가할 때 한 말이었다. 사흘 뒤 아스타포브 기차역 역장 실에서 폐렴으로 몸져누운 지 일주일, 집 떠난 지 열흘 만에 숨을 거둔다. 톨스토이가 아프다는 소문은 즉각 전국으로 퍼졌고 당시 역 앞에는 수많은 기자들이 장사진을 이뤘다. 지나는 기차마저 경적을 울리지 않았다. 혼수상태 속에서 톨스토이는 '마샤'라고 두 번 크게 불렀다고 하는데 일찍 죽은 딸 마리아를 부른 것인지 젊은 시절 자신이 농락한 뒤 속죄를 못한 고모 집 하녀 이름 마샤를 뜻함이었는지는 아무도 모른다.

　대문호 서거 100주년이 되던 2010년 11월 20일 지금은 '레브 톨스토이 역'이라 불리는 이 역에서 성대한 추모 행사가 열렸다. 톨스토이가 타고 여행하던 것과 같은 형태의 증기기관차가 톨스토이 사진을 앞에 걸고 운행했다. 그가 숨진 역장실과 역사는 박물관으로 개조되었고 지금도 많은 사람들이 모스크바에서 차로 5시간 걸리는 그곳까지 성지순례를 하듯이 찾아온다.

　러시아인은 무덤을 우리처럼 양지바른 곳이 아닌 숲속 나무사이 그늘에 안치한다. 특히 몸통이 늘씬하고 하얗다하여 '러시아 여인'이라 하는 백자작나무 숲이 바로 러시아인들이 좋아하는 무덤의 장소이다. 톨스토이의 무덤도 문호의 하얀 저택에서 얼마 떨어져있지 않은 '옛 숲'이라는 뜻의 '스타리 자카스' 언덕 자작나무 숲속에 있다.

　톨스토이의 집을 떠나 어른 키로 몇 길이나 됨직한 나무 오솔길을 따라 얼마만큼 가다보면 충격처럼 무덤이 나타난다. 충격이란 말을 쓰는 이유는 문호의 무덤이 의외이기 때문이다. 물론 톨스토이는 유언으로 자신의 무덤을 만들지 말라고 했다. 그러나 유족들이 무덤을 만들긴 했으나 최대한 그의 유지를 존중해서 아무런 장식도 묘비도 없이 만들었다. 그냥 관 모양의 땅이 위로 약간 올라와 있다. 내가 갔을 때는 무덤 위의 풀이 길어 봉두난발한 농군의 머리 같았다. 보통 서양의 무덤은 평분인데도 불구하고 동양의 봉분만큼은 아니더라도 상당히 올라온 것이 그의 동양에 대한 관심이 반영 된 것 같기도 해서 이채로웠다. 위대한 문호임에도 초라하다 못해 처연하기까지 했던 그 무덤을 처음 보았을 때의 경건했던 충격이 새롭다.

　그의 《러시아 민화집》에 나오는 '사람에겐 얼마만큼의 땅이 필요한

톨스토이 무덤

가.'라는 얘기처럼 영지 120만 평을 가졌어도 그는 자신의 무덤을 위해서 겨우 2평의 땅이 필요했을 뿐이다. '모든 것을 다 주고 가겠다는 그의 유언을 가족들이 못 받아들일 때 그가 느꼈던 절망감은 어떠했을까?' 하는 생각을 그의 무덤을 보고 다시 하게 되었다.

위안을 받는 소설 《부활》

러시아에서 톨스토이 연구의 최고학자인 고려인 김려춘 선생이 쓴 책 《톨스토이와 동양》에서 저자는 톨스토이와 한국과의 연결을 찾기 위해 많은 노력을 했고, 그에 관해 언급한 것이 있다. 러일전쟁을 전후하여 톨스토이는 한반도 정세에 관심을 갖는다. 1906년 8월 15일 그의 집을 방문한 손님들과 나눈 담화에 대한 비서의 기록에 의하면 손님 중 누군가가 일본인들이 한국 사람들을 대단히 박해한다고 말했다. 톨스토이는 중국학자가 쓴 책을 읽었는데 한국인은 동양적 의미로 볼 때 대단히 문명한 국민이라고 말했다고 한다. 동양어를 전공한 톨스토이는 동양에 대해 대단한 지식과 관심을 동시에 가지고 있었다. 그는 일본이 비록 서구 근대화의 우등생이었으나 동양에는 고유한 문화가 있으니 탈아(脫亞)로 가지 말고 동양으로 돌아가라고 가르쳤다. 그래서 동양적인 한국은 그의 정신세계에 가까워서 그 문화를 많이 알고 싶어 했다.

또한 김려춘 선생은 톨스토이를 찾아온 세계 각국의 인사 중에서 혹시 한국인이 끼여 있었는지를 찾아보다가 한 사람을 발견하게 된다. 1910년 5월 30일의 야스나야 폴랴나에서 쓴 일기에 보면 '아침에 한국인이 방문했다.'라고 적혀있다. 유감스럽게도 이름이 적혀있지 않아 김

톨스토이 정원

려춘 선생은 각고의 노력을 기울이나 별다른 성과 없이 결국 찾지 못했다고 책에 쓰여 있다. 겨우 그가 각고의 노력으로 찾을 수 있었던 것은 1928년 〈신생〉이라는 잡지가 문호의 탄생 100주년을 맞아 특집을 실었다. 거기에 'EAS생'이라는 사람이 〈두옹杜翁을 찾아서〉라고 쓴 글을 찾았는데 혹시 그가 아닌가 유추해 볼 뿐이었다. 글의 내용으로 봐서는 독일에 사는 기독교 관련 인사인 것 정도로 밖에 밝혀내지 못했고 본명도 결국 못 찾고 만다. 또 톨스토이가 평생을 통해 전 세계로부터 받은 5만 통

톨스토이 정원 내의 처녀들

의 편지 중에 혹시 한국에서 온 것이 있는지 박물관에 문의했으나 없다는 답을 들었다고 한다. 더 이상의 조사는 후학들에게 남겨진 숙제인 것 같다.

내가 톨스토이 집들의 정원을 좋아하는 이유는 정원 자체가 주는 평화로움과 아름다움 때문이기도 하지만 그 정원이 소설만큼이나 드라마틱하고 의미 있는 삶을 치열하게 살고 간 톨스토이의 숨결과 손길이 깃든 정원이기 때문이다. 그 정원 벤치에 앉아 그의 생애와 작품을 떠올리면 평화가 찾아왔다. 특히 《부활》은 지금부터 무려 100여년 전에 쓰여

진 소설임에도 불구하고 읽을 때마다 새롭고 깊은 위안을 받는다. 대작은 분명 시공을 초월하나보다.

네플류도프는 소설의 마지막에서 '우리는 우리 인생의 주인이라든가, 생명이 우리의 쾌락을 위해 주어진 것이라는 불합리한 확신 속에서 살아간다. 그런데 이것은 완전히 어리석은 짓이다. 우리가 이 세상에 보내진 존재라고 한다면 그것은 어떤 의지에 의한 것이며, 또 그 어떤 목적이 있었음에 틀림없는 것이다.'라고 한다. 우리가 지금 하찮은 인간으로서 아무리 힘든 삶을 살고 있어도 어떤 의지와 어떤 목적에 의해 보내진 것이라면, 그래도 인생은 살만한 가치가 있는 것이 아닌가.

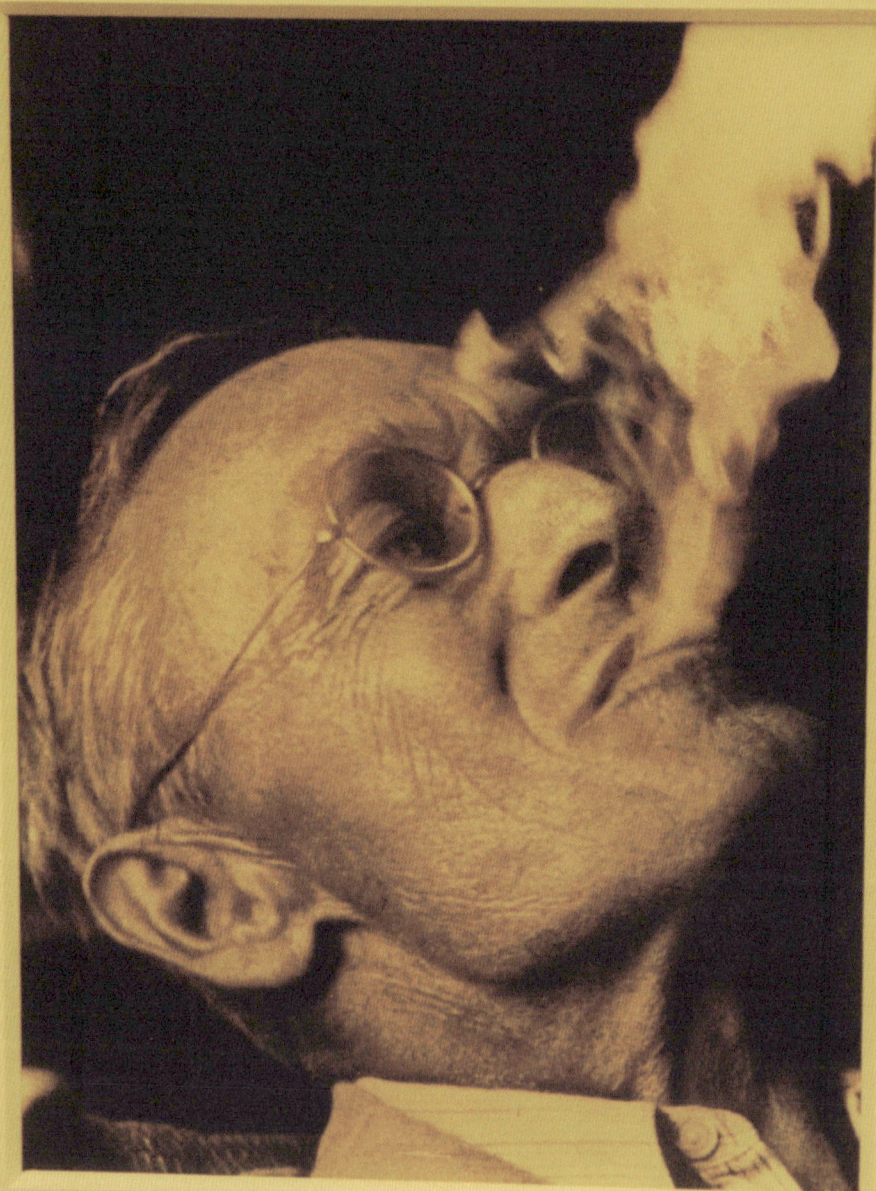

✈ 독일 남서부 소도시에 있는 검은 숲 속의 마을 칼프는 인구 2–3만 명인 작은 도시이다. 슈투트가르트에서 열차로 약 1시간 남짓 소요된다.

📍 헤세 박물관
Marktplatz 30-Haus Schüz, 75365 Calw
Info: Stadtinformation Calw, 전화: 07051 7522
Open: 화–일요일 오전 11시~오후 5시(4월–10월), 화–목요일, 토–일요일 오전 11~오후 4시(11월–3월)
입장료: 일반(18세 이상) 5 유로, 아동/학생/경로 3 유로, 그룹(10명 이상) 3 유로
http://www.hermann-hesse.de/museen/calw, http://www.calw.de/museum-hermann-hesse

헤르만 헤세

작품의 번역 제목은 아름답다

우리가 잘 아는 유럽 문인들의 이름은 참 낭만적이다. 그중에도 독일 문인들의 이름이 특히나 아름답다. 소리 내어 불러보면 시의 한 구절 같기도 하다. 라이너 마리아 릴케, 루이제 린저, 하인리히 하이네 그리고 오늘 우리가 길을 찾아 나서는 헤르만 헤세herman Hesse의 이름이 그렇지 않은가.

헤르만 헤세 작품의 번역 제목들도 이것 못지않게 아름답다. 그중 백미는 '유리알 유희'이다. 원제는 Das Glasperlenspiel(The Glass Bead Game)로 직역하면 '유리구슬 장난'으로 이걸 '유리알 유희'라 하니 정말 아름답지 않은가. '수레바퀴 아래서'는 어떤가. 원제 Unterm Rad(Beneath the Wheel)는 그냥 '바퀴 밑'이다. '청춘은 아름다워라'나 '나르치스와 골트문트'를 '애愛와 지知'라고 번역한건 어떤가.

60-70년대에 학창시절을 보낸 세대를 '헤르만 헤세 세대'라 해도 될 정도로 당시 한국 젊은이들은 헤세에 열광했다. 헤세의 가장 대표작 《데미안》은 당시 한국뿐만 아니라 세계적으로도 '젊은이들의 성서'라고까지 불렸다. 작가는 인류 역사상 가장 참혹한 전쟁이라는 1차대전 중에 《데미안》을 써서 종전 후 바로 발표했다. 특히 대전의 악몽에서 헤어나지 못하고 있던 참전 군인들 사이에서 인기가 많아 그들의 영육의 상처를 어루만져 주었다. 당시 《데미안》을 토마스 만은 제임스 조이스의 《율리시즈》나 앙드레지드의 《위조 지폐범》에 견줄 만한 작품이라고까지 극찬했다. 헤세의 작품에 반한 토마스 만이 헤세가 노벨상을 반드시 받아야 한다고 하면서 수년간 추천을 하는 등 공을 들였다. 토마스 만은 45세의 나이로 이미 1929년에 노벨 문학상을 수상했다.

노벨상을 받던 1946년 헤세의 나이는 이미 69세였다. 수상을 별로 반기지도 않았고 몸도 안 좋아 상도 본인이 받으러가지 않았고, 스웨덴 스위스 대사가 대신 받는다. 그가 노벨 문학상을 받은 이후 온 세계로부터 관심을 불러일으켜 수많은 방문객과 기자들이 헤세를 만나러 찾아왔다. 독자들로부터도 편지가 매일 산더미처럼 몰려들었다. 심지어는 우체국에서 헤세에게 오는 우편물

헤르만 헤세 집필실

헤르만 헤세

을 옮기기 위해 손수레를 동원해야 할 정도였다. 평생을 쉴 줄 모르고 살아온 헤세는 그 버릇을 버리지 못하고 답장을 하루에 150통 이상 썼다. 답장을 자신이 직접 해주어야 한다고 고집을 부려 헤세는 노벨상 수상 이후 16년간 3만 5천통의 편지를 아내의 도움을 받아 직접 썼다.

톨스토이가 평생 그에게 온 5만 통의 편지 중 만 통의 회답을 했다고 하나 헤세에 비하면 맨발로 쫓아와도 도저히 따라오지 못할 정도가 아니겠는가. 그래서 헤세는 "나는 병든 늙은인데 세상은 나를 내버려두지 않고 상, 축하, 논문, 편지로 죽이려 한다. 희생자인 내가 고마워하지 않지만 어떻게 막을 방법이 없다."고 하소연을 했다.

젊은이들의 성서 《데미안》

세상은 헤세를 '진정한 세계인'이라고 한다. 친가 외가의 조부모까지 따지면 에스토니아, 러시아, 독일, 프랑스, 스위스 등 무려 5개국의 국적이 연관되어 있다. 외할아버지는 철학 박사에 수개국의 외국어를 하는 지식인이었다. 손자에게 세계 각국의 책이 있는 자신의 서재를 열어주어 다양한 독서를 하도록 권했다. 이런 어릴 때의 독서 경험과 다국적인 가족 배경을 통해 헤세는 진정한 세계인이 될 수 있었다. 이런 배경으로 헤세는 "그래서 나는 어떤 민족주의로부터도 자유로울 수 있었다." 라고 했다. 히틀러 시절에 독일의 국민들로부터 배반자라는 엄청난 비난과 함께 헤세의 책은 출판 금지, 공공도서관에서 소장 금지라는 곤경을 겪으면서도 자신의 양심을 지켰다.

헤르만 헤세의 작품은 거의가 다 자전적인 소설이다. 《데미안》의 첫 구절은 가장 많이 인용되는 문구이다. '내 속에서 솟아나오려는 것, 바로 그것을 나는 살아보려고 했다. 왜 그것이 그토록 어려웠을까.' 누구나 이 문구를 대하면 순간적으로 가슴이 먹먹해짐을 느끼게 된다. 꼭 작가 헤세의 얘기만이 아닌 누구나 겪은 자신의 얘기임이 분명하다고 느껴 작가의 고통이 전해지기 때문이다. 자기가 누구이고 이 세상에 왜 무엇을 이루러 왔으며 어떻게 살아야 하는지를 고민하고 고뇌하는 주인공의 모습에서 독자들은 자신을 발견하게 된다.

대개 이 소설은 성장소설이라 하여 자아 상실의 고민에 빠진 청소년이 봐야하는 청소년 권장 소설이라고 알려져 있다. 어떤 인터넷 블로거는 '그건 아주 어리석은 권유이고 절대 그렇게 하지 말라.'고 한다. 나도

헤르만 헤세의 데드마스크

거기에 전적으로 동의한다. 이 소설은 세월을 살고 나서 최소한 헤세가 이 작품을 발표했던 나이인 42살 정도에 읽어야 참맛을 알 수 있는 책이다. 자신이 누구인지를 알고 싶어 하는 자아를 찾아 헤매는 젊은이가 읽을 책이 아니다. '천둥은 먹구름 속에서 또 그렇게 울었다.'는 질풍노도의 시절이 가고 '멀고 먼 젊음의 뒤안길에서 이제는 돌아와 거울 앞에선' 중년의 책이다. 젊은 시절을 돌아보고 앞으로 살아가야 할 길을 바라보는 자리에서 또한 이제 곧 싱클레어의 나이가 될 자신의 자식을 생각하면서 봐야 할 책이다.

틀에서 벗어나기 위한 고통이 헤세를 만들다

헤세는 노벨 문학상 수상 즈음해서 쓴 자기소개서에서 자신의 일생 중 가장 중요한 시기를 얘기 한다. '나는 열두 살 때부터 시인이 되고 싶었다. 시인이 되는 어떤 공식 통로도 상식적인 길도 없었기에 학교를 졸업하고 무엇을 할 것인지를 정하는데 아주 애를 먹었다.'라고 털어 놓았다. 세기의 천재도 이런 고민을 했다. 선교사의 아들로 태어나 할아버지와 아버지의 바람으로 신학교를 들어갔다. 그러나 "나는 다루기 쉬운 학생도 아니었다. 나를 개성을 억눌러 깨부수기 위한 엄격한 교육의 틀 안에 집어넣을 수가 없었다." 라고 말했다. 15살에는 학교를 탈출해 하루 뒤에 벌판에서 발견되기도 하고 자살 소동까지 벌여 정신병원에 잠깐 입원하기도 했다. 이때 생긴 우울증으로 평생 고생한다. 쫓겨나다시피 8개월 만에 학교를 나와 상당히 오랜 기간 제 길을 찾지 못했다. 시계공으로 일해보기도 하고 서점의 점원으로 일하다가 그만두기도 했다.

결국은 다시 서점으로 들어가 일하는 동안 책을 읽고 글을 쓰기 시작하면서 작가로의 자질을 갖춰간다. 이때 발간 된 두 권의 책은 거의 팔리지 않았다. 《낭만적인 노래들》은 600부를 인쇄해 겨우 4권을 팔았을 뿐이다. 두 번째 책 《자정 지난 한 시간》은 헤세의 시 애독자인 부인을 행복하게 해주기 위해 출판했으나 거의 판매되지 않았다. 다행히 《낭만적인 노래들》이 라이너마리아 릴케의 극찬을 받으면서부터 서서히 이름을 쌓아간다. 본격적으로 작가로서 인정받은 작품은 《페터 카멘친트(1904)》이다. 이 책은 정신분석학의 대가 지그문트 프로이드가 '내가 가장 좋아하는 책 중의 하나다.'라는 평을 할 정도로 성공해 헤세는 본격적인 작가로서의 길로 들어서게 된다.

또한 헤세는 글의 구절이 가장 많이 인용되는 작가 중 하나다. 주인공들이 하는 말이나 생각들이 인생의 깊은 지혜가 담긴 선지자의 말 같기 때문이다. 예를 들면 《데미안》에 나오는 '새는 알에서 나오려고 바둥거린다. 알은 곧 세계이다. 새로 태어나려는 자는 하나의 세계를 깨뜨리지 않으면 안 된다. 새는 신에게로 날아간다. 신의 이름은 아프락사스Abraxas이다.'라는 문구는 소설을 안 읽어본 사람도 알고 있는 유명한 문구이다. 《데미안》이 당시 그렇게 큰 반향을 일으킬 수 있었던 이유 중 하나는 '아프락사스'라는 선악 신마神魔, 남녀 인수人獸의 신이 등장하기 때문이다. 흡사 이문열의 소설 《사람의 아들》에서 주인공이 찾아 헤매는 신 '인간보다 더 노여워하길 잘하고 사랑하는 자식들을 시험에 들게 하고 죄짓게 만들고 징벌하는 그런 신'이 아닌, '한없이 너그럽고 언제나 인자한 완벽한 신' 같기도 하다.

센트 니콜라스 브리지 동상

헤세의 도시 '칼프'

헤세는 인도와 동남아 지역을 여러 번 여행하면서 동양철학과 종교에 심취하게 되고 그런 영향이 그의 책에서 나타난다. 이런 이유로 한국과 일본인 같은 동양의 독자들에게서 헤세의 책은 특히 인기가 있다. 특히 《싯다르타(1922)》는 가장 많이 읽히는 책인데 서양 소설가가 쓴 소설로는 가장 인도 철학을 잘 이해하고 쓴 소설이라는 평이다.

헤세의 고향 칼프Calw는 스튜트가르트에서 30km 떨어진 조그만 마을로 흑림Black Forest이라 불리는 지방의 한 구석에 속해 있다. 헤세의 생가는 칼프의 중심 마르크플랏츠Marktplatz 6번지 건물이다. 헤세는 이 건물 2층에서 태어났다. 아래층에는 지금 상점이 들어서 있고 건물 자체에는 헤세 출생지라는 명패가 하나 붙어있을 뿐 헤세와 관련된 것은 아무것도 없다. 이 집을 내려다보고 있는 언덕길 위의 큰 집 마르크플랏츠 30번지가 1990년부터 헤세 박물관이다.

헤세는 그의 생애 반 이상을 그림에 몰두하며 살았

헤르만 헤세 생가

헤르만 헤세 화구, 소지품들

다. 작가인지 화가인지 모를 정도로 많은 작품을 이때 남겼다. 헤세는 수채화 스케치를 비롯해 천여 점의 그림을 그렸다. 헤세는 이태리에 매혹 당해 8번에 걸쳐 이태리 전국을 여행한다. 그러던 이태리를 무솔리니가 파시스트 정권을 세우고부터는 발길을 끊고 자신의 표현에 따르면 '이태리가 바라다 보이는 테신^{Tessin}에서 바라보면서' 그림을 그리며 살았다. 칼프 박물관에도 상당히 훌륭한 수채화와 스케치를 소장하고 있다. 특히 타이프라이터를 비롯해 작가가 말년에 애용하던 안경, 펜, 화구, 여행 가방, 메모, 심지어는 권총 두 점과 탄알 여섯 점까지 진열되어 있다.

박물관 방 하나에 전 세계에서 출판된 헤세의 책을 수집해 놓았는데 한국에서 출판된 책으로는 문학과 지성사에서 나온 《헤르만 헤세 작가 총선》과 범우사의 《헤세의 명언》이 비치되어 있다.

칼프는 헤세의 도시다. 곳곳에 헤세를 기리는 기념물들이 있다. 마르

세계 각국 헤세 책

헤세 분수

크플랏츠 중앙의 분수에는 둥근 안경을 쓴 헤세의 얼굴이 새겨진 명판이 붙어있다. 동네 입구의 헤세가 좋아했다는 센트 니콜라스 브리지에는 헤세의 등신대 동상이 받침대도 없이 동네 아저씨처럼 서서 지나가는 행인에게 말을 거는 듯 서있다. 1960년대에 헤세의 작품은 다시 한 번 세계적으로 각광을 받는다. 헤세의 작품이 가지는 반문화 counter culture 적 요소가 당시 '히피 문화'와 맞아떨어졌기 때문이다. 한국에서 헤세 광풍이 분 것도 바로 이때다. 당시 통기타 가수 중 한명인 서유석의 히트곡 〈아름다운 여인아〉도 이때 헤세의 시를 가사로 해서 만든 곡이다.

피비린내 나는 동족상잔의 한국전을 겪고 장기 독재 하에 있던 당시 사람들에게는 '낭만파의 마지막 기사 헤세의《데미안》,《싯달타》,《청춘은 아름다워》같은 작품은 구원과 같았다. 숨이 턱턱 막히는 한 여름나무 밑에서 땀을 식히던 중 불어오는 시원한 한 줄기 바람과 같았던 것이다. 요즘 젊은이들은 어디서 영혼의 위안을 얻는가? '아프니까 청춘'에서?

✈ 찰스 디킨스는 남 영국 포츠머스에서 태어났다. 포츠머스는 영국 남부 해안 도시로 브라이튼에서 기차로 1시간 10분쯤 걸린다.

📍 **찰스 디킨스 박물관**
찰스 디킨스가 1837년 3월부터 1839년 12월까지 살았던 런던에 위치한 집으로 1925년 박물관으로 만들어 졌다. 지하철 러셀 스퀘어 역을 나와 길포드 스트리트 지나 도보로 10분 걸린다.
Open: 매일 오전 10시~오후 5시(마지막 입장 4시)
입장료: 일반 8 파운드, 어린이(6-16세) 4 파운드, 6세 미만 무료
http://www.dickensmuseum.com/your-visit/

찰스 디킨스

디킨스 탄생 200주년

　내가 쓴 어떤 글에 '세상 사람들은 보통 우리가 셰익스피어를 가져서 행운이라고 하는데, 나는 찰스 디킨스를 가져서 더 행복하다.'라고 하는 한 영국인의 말을 인용해 디킨스를 사랑하는 영국인의 심정을 소개한 적이 있다. 이제 다음과 같은 말로 디킨스에 대한 영국인의 사랑을 한 번 더 말해 보고자 한다.

　'우리는 셰익스피어는 존경하지만 디킨스는 사랑한다.' 맞다! 디킨스는 영국인들이 가장 사랑하는 작가임에 틀림없다. 디킨스만큼 영국인을 잘 표현한 작가도 없다. 런던 블룸스버리 지역의 도티가 48번지는 디킨스가 살았던 런던의 집 중 유일하게 현재까지 남아 있는 집이다. 이 집에서 디킨스는 《픽윅 페이퍼》, 《올리버 트위스트》, 《니콜라스 니클비》, 《바나비 러지》 같은 작품을 썼다. 작가로서의 이름이 이런 작품들에서 나고

작가의 소지품들

부터 비로소 경제적인 풍족함을 여기서부터 맛보기 시작했으니 디킨스에게 있어 가장 중요한 집인 셈이다. 1923년에 철거되어 새로운 건물이 들어설 예정이었으나 디킨스 협회에서 나서서 모금하고 구입해서 지금의 박물관으로 유지하고 있다. 디킨스에 관한한 제일 많은 수집품을 자랑한다는 박물관에는 디킨스 초상화 그림, 작품 등장인물 그림, 초기 소설집, 자필 원고, 디킨스 소장 가구 및 필기도구 같은 개인 소장품 등이 꼼꼼하게 수집되어 4층에 걸쳐 전시하고 있다.

영국 남동부 해변가 브로드스테어 마을에 있는 블릭크 하우스는 해변이 내려다보는 절벽 위에 있다. 원래는 포트 하우스라고 불렸는데 해변을 방어하는 성의 대위가 살려고 만든 집이다. 디킨스는 이곳에서 여름을 나기를 좋아해서 1850년부터 10년간의 여름을 거의 여기서 보냈다. 여름에 이곳에 오면 휴가를 와있던 인근 호텔과 여관의 손님들이 디킨스를 보러 와서 항상 블릭크 하우스 응접실은 붐볐다. 여기서 디킨스는 그의 작품 중 가장 걸작이라는《데이비드 코퍼필드》를 썼다. 그리고 그의 작품《황폐한 집Bleak House》의 이름도 여기서 나왔다고 한다. 블릭크 하우스에도 수집품은 상당히 알차다. 수십 장의 친필 편지며 디킨스가 쓰던 돋보기, 펜, 책상, 찻잔을 비롯한 식기들 디킨스의 손때가 묻은 많은 소장품 들을 자랑하고 있다. 더군다나 백발이 하얀 안내인은 오랜만에 보는 동양인의 내방이 반가워서인지 쉬지 않고 설명을 한다. 런던에서 승용차로 두 시간도 더 걸리는 동쪽 해변가 시골 마을을 누가 쉽게 찾아오겠는가.

이렇게 자신이 좋아하는 작가의 집을 방문하는 이유는 사람마다 다르다. 내 경우는 지금까지 활자로만 봐오던 작품 속 주인공들의 이미지를 더욱 실감나게 느껴보고 싶어서이다. 이스라엘 성지순례를 가서 막연하게만 상상하던 가나안 지방, 갈릴리 호수, 산상수훈 중에 있있다는 언덕을 보고나서는 더욱 생생하게 성경 구절이 와 닿았던 경험은 특히 느낀 바가 크다. 이렇게 내가 좋아하는 작품을 쓴 작가가 쓰던 물건들과 작가가 한때 숨 쉬던 공간을 같이 나누어 본다는 것은 비록 시차는 있지만 어떤 의미로 보면 쉽게 하지 못하는 시공간 체험을 하는 셈이다. 사람마다 느낌은 다르겠지만 때로 나는 이렇게 해서 아주 실감나는 감동을 받을 때가 많다. 그래서인지 다녀와서 다시 읽은 작품에서 전에는 못 느끼던 작가의 숨결을 강하게 느끼는 때도 상당히 많았다. 그런 체험 때문에 좋아하는 작가와 관련된 곳에 가는 오랜 운전이 고달프지만은 않다.

디킨스는 빅토리아 시대의 보통 영국인의 고달픈 삶의 애환을 시대를 넘어 누구나 이해할 수 있게 가감 없이 그대로 잘 표현해 놓았다. 디킨스의 작품은 대중적인 독자들을 대상으로 하는 언론에 연재되었던 관

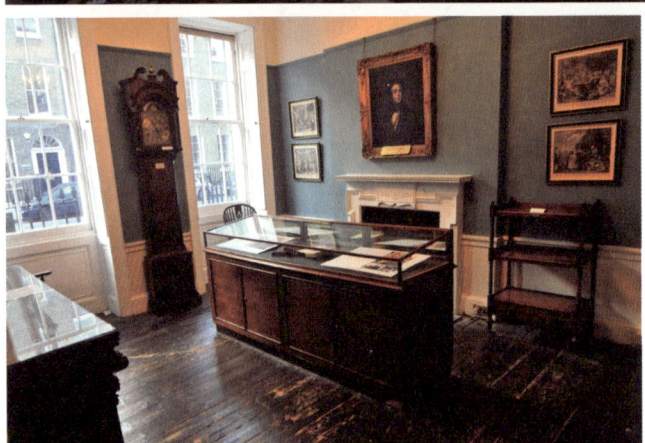

디킨스 런던 집 거실, 응접실, 부엌

계로 평이하고 흥미진진해 지금도 인기를 끌고 있다. 특히 영어를 모국어로 쓰는 영연방 국가들에서의 디킨스의 인기는 그의 사후 거의 150년이 다 되도록 여전히 높다. 2012년은 디킨스 탄생 200주년이었다. 그 때 다시 세계적으로 일었던 디킨스 바람은 디킨스를 다시 조명 할 수 있던 기회였다. 때맞춰 나온 영국 디킨스의 작품을 다시 제작한 BBC TV의 〈위대한 유산〉과 〈에드윈 드루드의 비밀〉은 공전의 히트를 쳐서 영국 내에서만 300만 명이 시청했었다. 이 바람에 디킨스 소설책이 서점에서 고전 서적 판매대가 아닌 최근 출간된 신간 서적 옆에서 팔리기도 했었다. 더군다나 이런 디킨스 소설은 작가 사후 70년이 지난 작품들이라 인세를 줄 필요가 없어 출판사들은 입을 다물지 못할 정도였다.

디킨스의 소설은 단행본이 아니고 당시 잡지나 신문에 연재되거나 팜플렛 형식으로 시리즈로 출간되었다. 요즘 TV 드라마 주말 연속극 시리즈처럼 일정 기간을 두고 많이 나왔다. 디킨스는 연재물의 특성을 잘 파악해서 소설의 끝부분을 독자들이 그 다음 스토리 전개가 어떻게 되는지 궁금해서 몸살이 나게끔 썼다. 돈을 벌어야 한다는 생각이 한 번도 청년 디킨스의 머리를 떠나 본 적이 없었다. 디킨스는 독자들을 붙잡아 놓고 인기를 얻어야 자기 수입이 늘어난다는 사실을 분명하게 인식하고 있었다. 한때 신문들이 연재소설로 독자를 끌어들였듯이 디킨스 시대의 언론도 이런 흥미 소설이 독자를 유지하는 하나의 방법이었다. 그래서 독자들의 흥미를 최대한도 불러일으키는 소설이 유행했다. 그 중에서도 디킨스의 소설은 독보적인 존재였다. 심지어는 미국으로 디킨스 소설을 실은 신문이 배달되는 배를 기다리는 독자들로 항구는 인산인해를 이루었다고 한다. 집까지 배달되는 신문을 기다리지 못하고 부두에 나와 신문을 내리자마자 그 자리에 서서 읽었으려고 몰려나온 독자들 때문이었다. 그만큼 그의 소설은 대중성이 있었고 따라서 인기도 폭발적이었다.

영국인들이 가장 사랑하는 대중적 작가,
《올리버트위스트》와《위대한 유산》

디킨스는 소설로만 독자를 만난 것이 아니다. 전국을 순회하는 소설 낭독이나 강연회를 했다. 낭독을 통해 다음 소설을 발표하기도 하고 강연회를 이용해 자신이 주장하는 빈곤퇴치 운동을 설파하러 다녔다. 디킨스는 당시로서는 대단한 대중 스타였다. 그래서인지 유난히 옷에 관심을 쏟았고 구레나룻을 비롯해 턱수염, 머리 같은 용모에도 상당한 투자를 하고 신경을 썼다. 이런 강연은 자신의 작품에 대한 인기 유지를 위해서 필요했지만 수입도 상당히 좋았다. 대서양을 건너 미국으로도 순회강연을 떠나기도 했다. 디킨스는 자신의 소설을 정말 미친 듯이 좋아하는 독자들을 만나기 위해 1867-1868년 미국 순회강연을 갔고 여기서 선풍적인 인기를 끌었다. 1964년에는 〈에드 셜리반 쇼〉에 출연해서 미국 인구 중 40%인 7400만 명을 시청하게 만든 비틀즈의 미국 투어 〈영국의 대침공British Invasion〉의 빅토리안 시대판이다. 그러나 대단한 명성과 돈을 얻고 돌아 온 디킨스는 정작 미국인들에게서는 좋은 인상을 받지 못한 듯 했다.

이런 디킨스의 미국에 대한 인상은 《미국 인상기Amercian Note》에 자세하게 나온다. 특히 식탁 매너에는 머리를 흔들었다. 또 씹는담배를 즐기는 미국인들을 이해 못했고 아무 곳에서나 씹던 담배를 뱉는 모습에 경악했다. 거기다가 과도하게 치장된 미국 건물의 내부 장식의 천함에 질

찰스 디킨스 소설 속 인물들, 스크루지

렸고, 절제 없이 떠들고 웃는 미국 숙녀들의 언행에는 전혀 매력을 못 느꼈다고 토로했다. 디킨스는 미국 투어 기간 동안 관광보다는 미국 내의 감옥, 정신병자 수용소, 빈민구호소 같은 곳을 찾아다니면서 관심을 표명했다. 당시 자신이 관심을 가지고 있던 영국 내의 사회복지 시설들과 비교를 하고 개선할 점을 가르쳐 주기도 하고 미국에서 배우기도 했다.

디킨스는 소설가로서도 유명하지만 영국에서는 사회 개혁가로도 유명하다. 얼마 전 엘리자베스 영국 여왕 부처가 찰스 디킨스가 설립한 언론인 자선 재단 창립 150주년 기념식에 참석해서 기사가 된 적이 있다. 이렇게 디킨스가 세우고 만든 자선단체나 사회복지시설 관련 법규들이 아직도 살아서 움직이고 있다. 그래서 경제가 어려워진 지금 영국은 사회복지를 줄이려 할 때마다 나오는 말이 디킨스가 세운 제도인데 이제 어렵다고 150년 전으로 돌아갈 것이냐는 말이다. 디킨스는 자신이 어릴 때 아버지의 채무로 인한 수형 생활로 고통을 받은 바 있어 그늘진 곳의 사람들에 대한 관심이 유별났다. 특히 고아, 빈민, 자녀 교육에 관심을 많이 쏟았고 말년에는 자신의 재산을 털어 그런 기관들을 설립하고 도왔다.

디킨스는 해군 경리국의 하급 회계원의 여덟 자식 중 둘째로 태어났다. 아버지 존은 디킨스가 12살 때 빚을 져서 당시 유명한 마샬 시 채무자 감옥에 잡혀 들어갔다. 그 바람에 사립학교를 다니던 디킨스는 한때 아버지와 같이 감옥에 있기도 했고, 나중에는 구두약 공장에서 노동을 해야 했다. 그때의 가혹한 공장 경험은 디킨스의 뇌리에 평생 남아있었다. 필설로 다 묘사가 안 되는 빅토리아 시대의 서민들의 참혹한 삶과 빈민가의 참상 그리고 열악한 공장 환경은 《올리버 트위스트》같은 그의 작품 여러 곳에 잘 묘사되어 있다. 그래서인지 디킨스는 평생 금전 관념이 투철했다. 어떡하든 돈을 벌려고 노력했다. 구두약 공장에서 일을 마치고 고픈 배를 잡고 집으로 돌아가던 디킨스의 눈에 골목길 창문으로 보이던 부잣집의 저녁식사 장면은 바로 천국의 모습과 같았다고 자신의 글에 쓴 적이 있다. 그래서 반드시 돈을 벌겠다고 일찍이 결심했다. 자식들에게는 절대 자신과 같은 가난의 경험을 겪게 하지 않겠다고 마음먹었고, 결과로 10명의 자식을 잘 보살폈다. 그렇게 하기 위해서는 디킨스는 아주 상업적 작가가 되어야만 했다.

다른 한편으로 얘기하면 그는 철저한 통속 소설가였다. 지금은 영국의 정통 문학 작가의 한 명으로 치지만 당시의 지식인들은 디킨스를 벌레 보듯이 하던 사람도 많았다. 그를 독자들의 구미에 영합해 스토리를 바꾸고 조작하는데 천재라고 비꼬았다. 그 중에는 요절한 천재 여류작가 버지니아 울프의 아버지 레슬리 스테판 경의 '만일 문학이 어설프게 교육된 대중 사이의 인기로만 판단된다면 당연히 디킨스의 것이 영국 소설 중에는 가장 평가를 받아야 마땅하다'고 비꼬아 한 말이 제일 유명하다. 그의 말 중에 나오는 '어설프게 교육된$^{half\ educated}$'이라는 말은 말이 '반^{half}' 이자 전혀 교육 받지 못한 무식한 대중이라는 뜻이다. 영국인은 대놓고 말을 하지 않는 편이니 디킨스 소설에 열광하는 독자들은 다 무식한 군중이라는 뜻이다. 레슬리경의 말이 옳고 그르냐는 판단은 디킨스의 소설이 누가 뭐래도 지금까지 오랫동안 전 세계적으로 인기가 있다는 말로 대신하고자 한다.

문학작품이란 반드시 머리를 쥐어뜯고 읽어야 하고 예술영화란 무슨 내용인지 몰라 의자에서 일어났다 앉았다 하면서 봐야 하는 요령부득의 어려운 것이어야 하는 것은 아니다. 누가 지금 디킨스의 작품성에 대해 감히 입을 열 것인가. 이렇게 오랫동안 수많은 사람들에게 사랑받고 읽

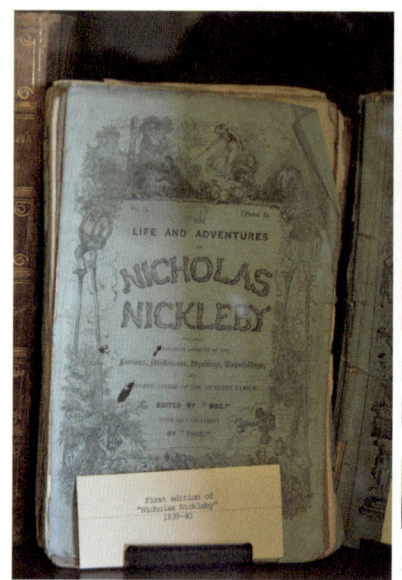

찰스 디킨스 작품집

혔다면 더 이상 무슨 평가가 필요한가? 한 작품의 작품성은 시간을 두고 독자가 판단할 일이지 책상 앞의 비평가들의 몫이 아니다.

독특했던 디킨스의 유언

디킨스가 마지막으로 숨을 거둔 영국 남부 켄트지방 히검 마을의 가드힐 플레이스 가의 집도 9살 때 아버지가 열심히 일하면 저런 집에 살 수 있다고 했을 때부터 마음에 두었던 집이었다. 디킨스는 그때부터 자주 그 집 앞을 지나면서 나중에 커서 돈을 벌어 저 집에서 살고 있는 자신을 상상했었다고 한다. 그러다가 유명해지고 돈을 많이 벌은 44살의 디킨스는 드디어 그 집을 사게 된다. 그 이후 이 집은 디킨스의 별장이 되었고 결국은 거기서 숨을 거둔다. 자신의 모든 꿈을 이루고 죽은 것이다. 돈도 벌고 명예도 얻고 가족들도 잘 돌보고······.

디킨스의 유언은 정말 유별나다. 특히 그 중에서도 자신의 장례식은 정말 특이하다. "나는 검소하고 간소한 조용한 장례식을 정말 원한다. 나의 장례식의 시간과 장소를 공개하지 말아 달라. 내 장례식에 오는 조문객은 검은 스카프, 검은 나비넥타이, 긴 검은 리본 같은 구역질나는 어리석은 것들로 치장하고 오지 마라. 내 묘비에는 미스터니, 신사$^{Esq.}$니 하는 우스꽝스러운 호칭을 쓰지 마라. 기념비나 동상이나 나를 기억할 어떤 것도 만들지 마라. 내 조국 사람들에게 나는 그냥 나의 책들로 기억되기를 바란다." 가 그의 유언 중 장례에 관한 부분이다. 이 부분만 읽으면 가히 결벽증 환자 같지만 전체적으로는 시대를 앞선 사회 개혁가로서의 면모가 확연하게 드러나는 유언이다. 과연 당대는 물론 그 후에도 이렇게 당당하게 세상에서 사라지는 사람이 몇 명이나 되는가? 이 유언은 허례와 허식이 판치는 지금으로부터도 145년 전에 나온 것이다.

뿐만 아니다. 디킨스는 유서에 비석에는 그냥 '평이한 영어$^{plain\ English}$'로 간단하게만 새겨 달라고 했다. 그리고는 자신을 조용한 자신의 집 근처 교회에 묻어달라고 했다. 그래서 가족들은 유언에 따라 로체스타시의 성당에 묻으려 했다. 그러나 그렇게 되기에는 디킨스는 너무 유명했다. 타임스지의 선도로 시작된 '디킨스는 반드시 웨스트민스터 사원에 묻혀야 한다.'는 여론은 나중에는 디킨스의 열렬 독자인 빅토리아 여왕까지 개입하게 만들었다. 결국 자신의 의지와는 상관없이 영국작가로서는 최고의 영예인 웨스트민스터 성당 내 남쪽 벽 쪽 '시인의 코너$^{poet's\ corner}$'

찰스 디킨스 작가 부부

에 묻혔다. '시인의 코너'는 영국 최초의 작가인 시인 제프리 초서(1343-1400)가 처음으로 묻혔고 이후 토마스 하디, 알프레드 테니슨 같은 영국의 수많은 저명 작가들이 뒤를 잇달아 '시인의 코너'로 불리기 시작했다. 시인의 코너에는 이름과는 달리 헨리 어빙, 로렌스 올리비에 같은 영국 배우들도 같이 묻혀 있다. 또 헨델 같은 음악가도 근처에 묻혔다. 웨스트민스터사원 북쪽 벽 밑에는 공전에 대한 학설로 히트를 친 '다빈치 코드'에도 나오는 아이작 뉴턴을 비롯해 찰스 다윈 같은 영국 과학자들의 무덤이 있는 과학자의 코너도 있고, 서쪽 출입구 옆에는 정치인의 코너 등이 있다.

　유명인은 자기의 마지막 영면 장소도 맘대로 선택하지 못하나보다. 그 대신 디킨스의 묘비에는 그의 소원대로 정말 간단하게 '찰스 디킨스 1812년 2월 7일 출생, 1870년 6월 9일 사망.'으로만 적혀 있다. 대문호의 비문으로 이 이상 무엇이 더 필요하겠는가? 그리고는 작가의 소원대로 아침 일찍 가족친지 12명만 참석한 가운데 철저하게 가족장으로 비밀리(당시 영국 신문 표현)에 치러졌다. 그 대신 무덤은 닫지 않고 열어 놓아 소식을 듣고 온 조문객 수십만 명이 작가에게 마지막 존경을 표시할 기회를 주었다.

아일랜드의 수도인 더블린은 유네스코 지정 세계 문학의 도시이다.
더블린 공항에서 시내로 이동할 때에는 대부분 버스로 이동한다. 수로와 육로의 다양한 교통수단을 골고루 경험할 수 있다.

📍 더블린 작가 박물관

파넬 스퀘어에 위치했으며 아일랜드 출신 작가들을 기리기 위해 1991년 개관하였다.
18세기 원형의 가옥으로 아일랜드 작가 협회에서 운영하는 작가들의 방과 도서관 갤러리 등이 있다.
Open: 월–토 오전 10시~오후 5시, 일요일/국경일 오전 11시~오후 5시 (마지막 입장 오후 4시 15분)
입장료: 일반 7.5 유로, 학생/경로 6.3 유로 어린이 4.70 유로

📍 아일랜드 출신 노벨 문학상 수상자

1995년 시머스 히니 Seamus Heaney : 《어느 자연주의자의 죽음》, 《스테이션 아일랜드》
1969년 사무엘 베케트 Samuel Beckett : 《고도를 기다리며》, 《몰로이》, 《말론은 죽다》
1925년 조지 버나드 쇼 George Bernard Shaw : 《인간과 초인》
1923년 윌리엄 버틀러 예이츠 William Butler Yeats : 《환상》

오스카 와일드

더블린은 친절한가

　호들갑 떨지 말고 더블린을 구경하라. 깊이 없는 고정관념이거나 선입견이겠지만, 어떤 나라를 떠올리면 금방 떠오르는 느낌이 있다. 예를 들면 프랑스하면 예술과 멋의 나라, 그러나 어딘가 향락적인 냄새가 나는 느낌이 있다. 독일하면 딱딱하고 융통성 없이 효율적이기만 한 나라, 그러면서도 뭔가 깊이가 있고 철학적인 분위기가 있는 나라. 이탈리아하면 괜히 즐겁고 행복하지만 어쩐지 무질서한 느낌이 있는 나라. 대충 그런 것들이 일반적인 고정관념이다. 유럽에서 30년을 넘게 살면서 수도 없이 앞에서 예를 든 세 나라를 다녀왔지만 아직도 그 일반적인 선입견을 벗어나지 못한다. 갈 때마다 예외 없이 그런 인상을 받고 돌아오는 것을 보면 결코 일반적인 선입견 때문만은 아닌 것 같다.
　그러면 아일랜드는 어떤가? 아일랜드하면 슬프다는 느낌이 먼저 다

더블린 건물

가온다. 아일랜드 문화 속에는 어딘지 모르게 눈물이 스며들어 있는 듯하다. 역사적인 비애 때문인지 이들의 문화에는 우리 것과 같은 한(恨)의 정서가 분명 숨어 있다. 노래로 보면 우리에게 가장 잘 알려진 아일랜드 노래 〈데니 보이Danny Boy〉가 바로 대표적인 예이다. 이 노래에는 사랑하는 아들을 전쟁터에 보내야 하는 어머니의 한이 진하게 숨어있다. '너는 가야하고 나는 기다려야만 한다. 모든 꽃이 질 때 너는 돌아올 것이고, 그 때는 나는 이미 싸늘하게 죽어 있을 것이다. 너는 돌아와 내 무덤가에 무릎 꿇고 그때서야 내 곁에 있겠다고 말하겠지.'라고 어머니의 애통한 심정을 노래하고 있다. 이 애절한 가사를 '아! 목동아!'라고 촌스럽게 번안해 원곡 가사의 본 뜻을 바꿔버렸다. 그래도 한국인은 곡조만으로도 이미 노래의 진가를 알아 국민 애창곡 중의 하나로 만들 정도로 한국과 아일랜드 두 국민은 정서적으로 통한다.

그리고는 친절이다. 아이리쉬들의 친절은 굳이 다른 사람들의 예를 들지 않더라도 내가 여러 번 겪은 바이다. 출장 가서 물어 찾아간 일본 식당에서 혼자서 우동 국물로 거의 열흘이 넘게 서양식에 지친 입맛을 달래고 있는데 옆 식탁의 아일랜드 젊은 연인들이 말을 건넸다. 외국인 같은데 혼자서 밥을 먹는 것이 안타까워 보여서 말을 걸었다고 했다. 결국 이차, 삼차로 이어져 이국에서의 저녁을 같이 잘 보냈던 기억이 있다. 마지막에는 자신들이 아일랜드 인이고 여기가 아일랜드이니 기어코 술값을 내겠다고 하도 우겨서 도저히 이길 수 없어 결국 생면부지의 연배임에도 어린 커플들에게서 신세를 진 적이 있다. 펍에서도 각자가 자기 마실 것만 사서 먹는 영국은 물론이고 유럽 어디서고 겪어보지 못한 친절이었다. 이렇게 아일랜드의 친절은 더블린을 《론리플래닛》 여행 잡지

더블린 거리 모습

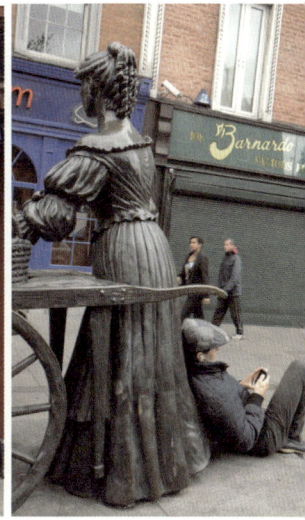

에서 세계에서 가장 친절한 도시로 뽑히게 했다.

그 예를 위에서 들었지만 간단하게 하나 더 들어보자. 길거리를 걸어 다니다가 목이 말라 마실 것을 하나 사려고 주머니를 뒤지니 센트 동전 몇 개가 모자랐다. 점원인 청년은 그냥 됐다면서 가라고 했다. 아주 적은 금액이지만 영국에서는 절대 볼 수 없는 일이다. 그러나 유명한 아일랜드인의 친절의 신화를 배반한 사건이 마지막 날 두 군데서 일어났다. 관광을 위해 트리니티 칼리지에 주차하려고 동전을 찾으니 모자랐다. 그 때부터 거의 30분 동안 동전 바꾸기 전쟁이 벌어졌다. 이곳저곳 상점들은 자신들도 동전이 모자란다고 거절했고, 근처에서 제일 큰 은행인 아일랜드 은행Bank of Ireland은 해당 은행에 계좌를 가지고 있지 않으면 동전을 바꿔 줄 수 없다고 했다. 기가 막힐 노릇이었다. 세상에 중앙은행이 동전을 바꿔주지 않느냐고 항의를 하니, 규정이 그렇고 이름과는 달리 자신들은 중앙은행이 아니라고 하는데 별수가 없었다. 우여곡절 끝에 30분 걸려 동전을 바꿔서 뛰어가니 다행히도 주차위반 딱지는 붙어있지 않았다. 그 30분 동안에 아일랜드의 친절에 대한 신념이 단박에 무너졌다. 거기다가 공항에서 일어난 사건은 아일랜드 인이라고 무조건 친절하지 않다는 당연한 진리를 일깨워 주었다.

더블린 공항 에어링구스 고객서비스 창구에서 일어난 일이다. 에어링구스가 이지제트처럼 별송하는 짐에 요금을 따로 매기는 것은 정규 항공사치고는 항공권을 싸게 파니 그렇다고 치자. 최소한 이지제트는 부피만 자신들이 요구하는 크기를 충족시키면 무게는 묻지도 따지지도 않는다. 그런데 에어링구스는 무게를 따지나보다. 에어링구스를 처음 타봐서 혹시 일정 무게는 별도의 요금 없이 별송이 가능하냐고 고객서비스 창구의 중년 여인에게 물었다. 아니라고 하면서 나의 기내 가방 크기가 규정보다 크고, 무게도 무거워 보인다며 재려고 덤비는 것이 아닌가. 내가 들고 다니는 기내용 백은 규정에 딱 맞는 평균 사이즈인데 말이다. 하필이면 뭔가 기분 나쁜 상태의 그녀 앞에 내가 운이 좋지 않은 것인지는 모르겠지만 처음부터 전혀 친절이라는 말은 모르는 듯 했다.

지금도 더블린 공항 에어링구스 고객서비스 데스크 담당자가 생각나면 기분이 나빠진다. 아일랜드 국적기인 에어링구스는 저가 항공이 아니면서 저가 항공보다 고객서비스가 고약하다는 인식이 내게 박혔다. 하나를 보고 전체를 판단하는 일은 옳은 일은 아니지만 당분간 이런 악감정은 오래 가고 주위 사람들에게까지 영향을 끼칠 것 같다.

'오스카 와일드의 조각상'과 더블린에서 꼭 봐야 할 세 가지

더블린에서 다른 것은 몰라도 이것만은 반드시 봐야하는 세 개만 고르라면 트리니티 칼리지 도서관의 '롱 룸'과 아일랜드 국립미술관, 그리고 메리온 스퀘어 귀퉁이의 오스카 와일드 조각상이다. 특히 오스카 와일드 조각상은 작가의 팬이 아니라도 반드시 찾아보라고 강력히 추천한다.

먼저 더블린 트리니티 칼리지의 '롱 룸'은 대학교 도서관 서가가 보관된 큰 방이다. 1732년 20년에 걸쳐 지어진 건물인데 1850년 많은 책을 보관하기 위해 천정을 더 올리는 바람에 지금의 웅장한 모습을 갖추었다. 직접 가보지 않고 사진만으로는 그 압도적인 광경을 그려낼 방법이 없다. 65미터 길이의 3층 건물 높이 천장 방에 20만 권의 가죽 장정 고서가 꽉 차있다고 상상해 보라. 그 장관을 어찌 한 장의 사진으로 느낄 수

더블린 트리니티 칼리지 대학교의 유명한 도서관

있겠는가.

다음은 아일랜드 국립미술관이다. 결코 사이즈나 소장품으로는 파리의 루브르나 런던의 국립미술관을 당할 수는 없다. 그러나 이 미술관에는 어디서도 볼 수 없는 걸작인 그림들이 몇 점이 있어서 방문하기를 고집한다.

그 첫 번째 작품은 프레드릭 윌리엄 버튼의 〈터레트 계단의 이별〉이라는 수채화이다. 공주의 경호기사가 공주와 맺어지지 못할 사랑에 대한 왕의 노여움으로 사형을 당하러 가는 날 마지막 작별의 애틋한 장면이 기막히게 묘사되어 있다. 유감스럽게도 월·수·토요일 매일 한 시간밖에 공개하지 않는다. 정말 어지간한 성의가 아니면 보지 못할 작품이다. 시간이 맞는다면 반드시 봐야 할 작품인 것이다.

나머지는 두 점의 성 모자상이다. 취미로 성모상을 모으는 나는 이 두 성모상처럼 장난스러운 예수를 본적이 없다. 하나는 얼굴에 개구쟁이 웃음을 함빡 지으면서 어머니 품을 벗어나 창문처럼 묘사된 그림 액자를 넘어 곧 뛰어내릴 자세의 그림이다. 성모는 그런 일을 하도 많이 겪어서인지 별로 놀라는 표정을 짓지도 않으면서 그쪽으로 단지 눈길만 줄 뿐이다.

나머지 하나는 아프칸 블루 색의 성의를 입은 성모에게 안겨있는 맨몸인 예수의 왼손이 어머니의 윗옷 가슴 속으로 곧 들어갈 기세이다. 어머니 품에 얌전히 안겨 있는 보통의 예수의 모습이 아니다. 얼굴로 봐서 예수는 어머니의 젖을 아직도 그릴 나이이긴 하지만 그렇다고 존엄한 성모님의 가슴팍에 손을 집어넣으려는 모습은 정말 귀엽다. 예수를 사람의 아들인 천진난만한 아기의 순수한 모습으로 잘 그려놓았다.

마지막으로 아일랜드 작가 오스카 와일드의 조각상을 순례하고 나면 아쉽지만 더블린 순례는 마감해도 될 듯하다. 오스카 와일드는 서슬이 시퍼렇던 1895년에 드러내 놓고 동성애를 해서 감옥에 갈 정도로 당시로는 정말 특이한 인물이었지만 그의 조각상은 그 이상으로 작가를 잘 묘사하고 있다. 지금까지 누구도 따라올 수 없을 만큼 도도한 풍자와 날카로운 야유가 작품에서 넘치던 작가 와일드의 삶의 자세를 잘 나타내고 있다. 자연석 받침위에 오불관언吾不關焉의 냉소적인 자세로 아무렇게나 비스듬히 앉아 세상을 내려다보는 조각상은 '정말 특이하다!'라고 밖에 표현할 방법이 없다. 거기 세상에서 일어나고 있는 일들은 나와 전혀 관련이 없다는 듯 혹은 세상이 나를 버렸으니 나도 너희들과 등을 지겠다는 듯한 이 조각상은 다른 어떤 사람의 것과도 다르다. 각 부분을 각종 색깔의 돌로 조각하여 흡사 실물처럼 리얼하다. 그 앞에는 아름다운 나신의 여인이 검은 석대위에서 오스카 와일드로 부터 몸을 돌려 외면하고 땅을 내려다보고 있다. 남자 애인에게 남편을 뺏긴 아내 콘스탄신의 조각이다. 콘스틴신의 조각상 옆에는 남자 나신 흉상이 같은 받침대 위에 놓여있다. 남자 나신 흉상은 와일드의 남자 애인을 뜻한다고는 하나 확인된 바는 없다. 만일 그렇다면 그 배치가 정말 기가 막히다.

오스카 와일드는 두 남녀를 앞에 두고 자신이 자란 메리온 스퀘어 1번지 집을 바라보고 있다. 와일드는 영국 감옥에서 2년간의 중노동을 치르고 파리로 건너가 15년 뒤 46세로 죽을 때까지 영국과 아일랜드에는 한발도 딛지 않았다. 지금도 페르 라세즈 공동묘지의 와일드의 무덤은 그를 추모하는 세계 여인들의 립스틱이 묻은 키스 마크로 얼룩져 있다. 2011년 묘지 당국이 립스틱 자국을 지우고 비석을 유리로 덮어놓았으나 그 유리에 여전히 여인들은 키스하고 간다.

작가의 조각상 앞의 콘스탄신의 조각상 받침대와 그 옆의 남자 나신

더블린 시내 공원 한구석에 있는 오스카 와일드 조각상(오스카 와일드의 세상을 조소하는 듯한 표정)

오스카 와일드 조상 앞에 있는 작가가 살던 집

흉상 조각상 받침대에는 유명 인사들이 선정한 와일드의 어구가 그들의 필체로 새겨져 있다. 그러나 오스카 와일드는 더블린의 그 바위에 앉아 오늘도 우리들에게 던진 냉소적인 자신의 어구들을 읽고 무슨 뜻인지 제대로 알지도 못하면서 고개를 끄덕이고 가는 중생들을 불쌍하게 내려다본다.

〈오스카 와일드의 문구〉
'나는 정신과 육신을 분리시켜 놓기 위해 술을 마신다.'
'인생은 복잡하지 않다. 우리가 복잡할 뿐이다.
인생은 간단하고, 간단한 것이 옳은 것이다.'
'냉소가야말로 모든 것과 무가치의 것의 가치를 아는 사람이다.'
'오로지 재미없는 사람만이 아침 식탁에서 지혜가 반짝인다.'
'사람들이 내 의견에 동의할 때마다
나는 내가 무엇인가 잘못했다는 걸 안다.'
'나는 유혹 빼고는 무엇이든 이겨 낼 수 있다.'
'우리가 모두 시궁창에 처 박혀 있을 때도
그 중 몇 명은 하늘의 별들을 보고 있다.'
'거짓말, 아름다운 그러나 진실이 아닌 것이
진정한 예술의 목적이다.'

> JANE AUSTEN'S HOME
> GIVEN BY
> THOMAS EDWARD CARPENTER, J.P. OF MILL HILL
> IN MEMORY OF HIS SON
> LIEUT. PHILIP JOHN CARPENTER,
> EAST SURREY REGT.
> KILLED IN ACTION, LAKE TRASIMENE, 1944
> OPENED 1949 BY THE DUKE OF WELLINGTON, K.G.,
> PRESIDENT OF THE JANE AUSTEN SOCIETY,
> FOUNDED 1940 BY DOROTHY DARNELL, OF ALTON.

📍 제인 오스틴 하우스 뮤지엄

런던 시내에서 차로 한 시간, 한인촌 뉴몰든에서 30분 거리이다.
동네 집이 20채도 채 넘지 않는 작은 마을에 제일 오스틴이 마지막 7년을 보낸 붉은 벽돌집이 있다.

Open: 1월 2일–2월 13일: 오전 10시30분~오후 4시30분(주말만 가능) / 2월 14일–5월 31일: 매일 10시30분~오후 4시30분
6월 1일–8월 31일: 매일 오전 10시~오후 5시/9월 1일–1월 1일: 매일 10시30분~오후 4시30분
(마지막 입장은 마감 30분 전까지)

Closed: 12월 24, 25 & 26

입장료: 어른 8 파운드, 경로/학생 6.50 파운드, 어린이(6–16세) 3 파운드, 6세 미만 무료

http://www.jane-austens-house-museum.org.uk/#!visit-us/c3ia

제인 오스틴

《오만과 편견》,《이성과 감성》
18세기 말엽의 영국을 담은 제인 오스틴

세상 모든 연인들의 로맨스가 시작된다.

제인 오스틴^{Jane Austen}(1775-1817)의 집이자 박물관인 제인 오스틴 하우스 뮤지엄은 런던 시내에서 차로 한 시간, 내가 사는 한인촌 뉴 몰던에서 삼십 분 밖에 걸리지 않는 가까운 곳에 있다. 영국에서 가장 아름다운 전원 지방으로 손꼽히는 햄프셔 주의 초톤^{Chawton}은 숲속에 숨어있는 듯한 작은 마을이다. 런던에서 겨우 한 시간 거리에 이렇게 평화로운 들판과 고즈넉한 마을이 있으리라고는 생각하기 힘들다. 동네 집이라고 해봐야 20채를 넘지 않는 있는 듯 없는 듯 들판 속 깊숙이 자리 잡은 마을이다. 자그마하고 단아한 모습의 마을은 바로 초상화에서 보는 앞머리를 얌전하게 내린 작가의 모습을 연상하게 한다. 그런 마을 초입에 제인 오

제인 오스틴 하우스

스틴이 마지막 7년을 보낸 붉은 벽돌집이 위치하고 있다.

　박물관은 제인 오스틴이 가지고 놀던 장난감을 비롯해 소소한 물건들과 그녀가 글을 쓰던 자그마한 탁자까지 잘 모아 놓았다. 특히 마을길이 내려다보이는 이층 방 거실 창문 옆에 있는 탁자를 보면 그곳에 앉아 글을 쓰던 그녀의 모습이 굳이 눈을 감지 않아도 떠오르기 마련이다. 이렇게 방방마다 그녀의 체취가 남아있는 듯 해 흡사 타임머신을 타고 200년 전으로 돌아온 느낌이다. 보통 이런 기념 건물들은 내셔날 트러스트 같은 전국적인 유적 보호 단체의 소속인데 비해 제인 오스틴 하우스 뮤지엄은 소규모의 오스틴 독립 재단이 보존하고 있는데도 이렇게 잘 유지되고 있어 참 흐뭇하다.

제인 언니 카산드라의 체스판,
제인 오스틴의 작품 쓰던 책상과 의자,
제인 오스틴이 쓰던 물건, 장난감

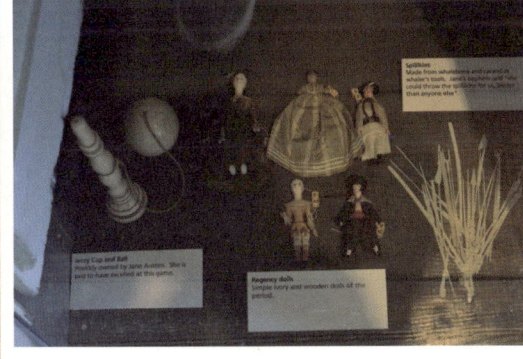

단 여섯 편의 소설만을 썼음에도 제인 오스틴의 인기는 200년이 지난 지금도 식지 않는다. 그래서인지 작품이 가장 영화화가 많이 된 작가 중 한명이다. 그녀의 소설은 비평가들에 의해 소녀적인 취향이라는 천만부당千萬不當한 폄하를 가끔 받기도 한다. 대표작인《오만과 편견》,《이성과 감성》에 등장하는 여주인공들이 사랑과 결혼에 연연해하는 스토리 탓이기도 하다. 그러나 제대로 이해하고 보면 작가가 실제 말하고자 하는 뜻은 결코 그런 것은 아니다. 제인 오스틴 작품속의 여주인공들은 작가와 같은 시골 마을의 처녀들이다. 제인 오스틴은 그녀들의 삶을 자신의 얘기를 하듯 잔잔한 필치로 적어갔다. 인간에게서 가장 중요한 사랑과 결혼을 통해 당시 사회를 조용히 들여다보고 그를 종이위에 옮겨 놓았다.

당시에도 결혼은 조건의 결합이었다. 여자가 부잣집이나 세도가로 시집가기 위해서는 미모와 함께 어느 정도의 지참금도 있어야 했다. 물론 남자는 상당한 수입이 보장되는 사회적인 지위와 함께 부도 갖추어야 마음에 드는 가문의 아름다운 규수를 자신의 아내로 맞을 수 있었다. 지금도 별로 다를 바 없는 18세기 말엽의 영국의 사회적인 현상을 작가는 결코 흥분하지 않고 조용히 독자들 앞에 꺼내 놓았다. 자신이 '옳다' 혹은 '그르다'를 애써 나서서 강변하지 하지 않고 그냥 사실적으로 묘사한 것이다. 그래서 사람들은 그녀를 '세심한 인생의 화가'fine painter of life'라고 하면서도 동시에 '조용한 혁명가'Quiet Subversive'라고 부르기도 한다. 가장 사실적으로 당시 사회를 묘사하면서 결코 작가가 앞에 나서서 선동하지 않으면서도 당시 물질만 중시하는 사회 풍조를 꾸짖었다는 말이다.

사실 제인 오스틴의 인생은 당시로는 아주 파격적이었다. 평생을 독신으로 산 그녀는 중간에 옥스퍼드를 나온 시골 부잣집 아들의 청혼을 받아들이나 다음날 파혼을 한다. 영혼의 합치를 느끼기 어려울 것 같다는 것이 이유였다. 남동생이건 누구건 무조건 남자의 보호를 받아야 여자로서 완성된다는 당시의 통념으로는 거의 혁명에 가까운 저항이었다. 당시에는 시집도 안가고 집에 있는 과년한 처녀의 관심은 그녀의 소설에 나오듯 온통 결혼에 있다. 그러나 소설은 그렇게 썼음에도 자신은 조건에 맞추어 결혼하지 않고 영혼이 통하는 진정한 사랑으로 결혼하겠다는 엄청난 결정으로 미루어보아 그녀의 소설에 나오는 여주인공의 결혼에 목을 매다는 행태는 또 다른 형태의 비아냥거림이나 세태에 대한 칼날을 숨긴 강한 비판이 아니었나 하는 생각이 든다. 이런 그녀의 작품을 면밀하게 분석한 전문가들은 그녀를 '조용한 혁명가'라고 이른다. 목소리를 높이지 않고 티를 전혀 내지 않으면서 세상에 반기를 든 그런 혁명가라는 말이다.

슬픈 사랑의 추억으로 돌아온 제인과 시산 여행자들

제인 오스틴에게도 이루지 못한 아픈 사랑이 있었다. 제인은 26살이던 1801년에 초톤의 친척을 방문하러 온 아일랜드 태생의 토마스 루프로이와 깊은 사랑에 빠지게 된다. 제인은 언니에게 쓴 편지에 '내가 만일 언니에게 내 아일랜드 남자친구와 어떤 행동을 했는지 말하면 아주 놀랄 것이다. 우리는 같이 앉아있거나 춤을 출 때 상상할 수도 없는 일까지도 했다.'고 자랑스럽게 고백할 정도로 진한 사랑을 했다. 나중에 아일랜드의 수석 재판관이 된 토마스 루프로이는 자신의 조카에게 제인 오스틴과 젊었던 시절 한때 사랑을 한 적이 있다고 했다. 삼촌의 후원으로 런던에서 변호사 수업을 하던 토마스 루프로이로서는 삼촌의 반대로 어쩔 수 없이 제인을 멀리할 수밖에 없었다. 가난한 젊은이 둘이서는 장래를 같이 설계할 수 없다는 현실적인 장애를 사랑만으로 결국 넘지 못한 것이다. 그 아픔 탓인지 루프로이는 결혼 후 첫딸의 이름을 제인이라고 지었다.

이런 스토리를 가지고 만든 영화가 2007년에 개봉한 앤 해서웨이 주연의 〈비커밍 제인〉이다. 제인 오스틴은 이렇게 자신의 삶을 자신의 작품 속에 녹여 넣었거나 작품처럼 삶을 살았다. 오스틴은 첫 작품 《감성과 이성》을 자신의 이름이 아닌 '어느 숙녀[By a Lady]'라는 익명으로밖에 발표할 수 없었다. 영국의 여류 소설가인 조지 엘리엇의 본명은 메리 앤 에번스이다. 브론테 자매로 알려진 샬럿 브론테, 에밀리, 앤 브론테 자매들도 작품 발표는 큐러, 엘리스, 액톤 벨이라는 남자 이름으로 발표를 했다. 당시는 여자가 유명해져서 대중 앞에 나서는 일은 여성답지 못하다는 편견이 있었다. 해서 여자들은 작품 활동을 공개적으로 할 수가 없었고 사회적인 활동마저도 활발하지 않았다. 남자들이 동행하지 않은 외출도 바람직하지 않은 일이라 여겼다. 이 때 지어진 런던 극장가인 코벤트 가든의 극장들은 지금도 여자 화장실이 아주 작아 공연 중간에 휴식 시간이면 긴 줄이 이어지는 해프닝이 벌어지는 것도 이 때문이었다.

세상에는 제인 오스틴을 진정으로 사랑하는 사람들이 많다. 물론 셰익스피어를 비롯해 찰스 디킨스 같은 작가들도 열성팬이 참으로 많지만 그래도 제인 오스틴 팬들에 비할 수가 없을 정도다. 제인 오스틴 팬들의 극성은 그들을 일컫는 제나이트[Janite]라는 단어를 통해 짐작 할 수 있다. 그래서 제나이트를 나타내는 단어나 현상을 이르는 말은 참 많다. Austenian, Austen-worshipper, Austenpros, Austenites, Austenolatry, Janeism 같은 말부터 Austen Cult, Austen Culture,

Austen-land 같은 단어도 있다. 심지어는 제인 오스틴을 'Divine Jane 신성한 제인'이라고 까지 부른다. 이런 '제나이트 현상phenomenon'을 하위문화subculture적인 풍조라고 구분하기도 하지만 그러기에는 이런 현상은 너무 오래 지속되고 있다. 지난 100년간 미국을 중심으로 이런 현상이 이어지고 있고 최근에는 영화와 BBC TV에 그녀의 소설을 드라마로 시리즈화해서 더욱 불이 붙었다. 제인 오스틴이나 그녀의 소설 속 인물 등과 관련한 별별 상품이 다 만들어지고 팔린다. 심지어 당시의 의상을 입고 모임을 가지는 일명 '코스프레 의상댄스costume balls'까지도 열린다.

오스틴과 관련된 장소를 성지순례를 가듯이 간다. 당시의 옷을 입고 지금은 사라진 영국 전통의 향수를 찾아가는 시간 여행자들의 모임이나 다름없다. TV 시리즈 스타트랙의 광팬들을 일러 '트렉키Trekkie'라고 하는데 거의 그들과 같다고 보면 된다. 매 미국 오스틴 소사이어티Jasna 주최로 오스틴의 생일에는 제인 오스틴이 살던 시대의 복장으로 보여서 잉글리쉬 티를 마시고 제인 오스틴 퀴즈와 게임을 한다. 5000여명의 회원이 있고 매년 거의 1000여명의 회원들이 당시의 복장을 입고 모인다. 이런 현상이 일어나는 이유는 오스틴의 소설이 여섯 개에 불과해서 아쉬운 탓도 있고 영국적인 것에 대한 미국인들의 향수가 너무 강하기 때문이라고도 한다. 또한 오스틴의 소설이 워낙 센티멘털한 감정을 일으키게 하는 성향이 있어서라는 분석도 있다.

이런 분석을 뒷받침한 것은 1, 2차 양 세계대전 동안 총탄이 오고 가는 참호 속에서 군인들이 제인 오스틴의 소설을 보고 안식을 찾았다는 유명한 사실에서 알 수 있다. 소설을 읽으면서 고향을 떠올리고 그러면서 전장의 고통과 죽음의 공포를 이겨낸 것이다. 정글북으로 유명한 러디어드 키플링은 그래서 《데빗 앤 크레딧》이라는 단편 모음집에 수록된

〈더 제이 나이트〉라는 단편에서 이런 군인들의 이야기를 자세히 썼다.

2017년 10파운드 지폐로 태어날 제인 오스틴

2013년 소더비에서 제인 오스틴의 후손이 소유하던 〈제인 오스틴 초상화〉가 무려 164,500파운드(한화3억 원)에 팔렸다. 그리고 이 초상화는 오스틴의 언니 카산드라가 연필로 그린 스케치를 기본으로 해서 제인 오스틴의 조카가 화가에게 의뢰해서 수채화를 그린 작품으로 2017년에 10파운드 지폐에 등장하게 된다. 카산드라가 생전에 인정해서 '확실한 definitive 초상화'라고 불린다. 지금까지 영국 파운드화에 등장한 여성으로는 브리타니아 여신, 현 여왕 엘리자베스 2세, 간호사의 상징 플로렌스 나이팅게일, 영국 교도소 개혁가 엘리자베스 프라이에 이어 다섯 번째이다. 현재 5파운드 지폐에 들어있는 영국의 여성 사회 개혁가인 엘리자베스 프라이의 초상화가 2016년부터 윈스턴 처칠로 바뀌게 되자 '영국 화폐에 여성을 지키자.'라는 운동이 벌어져 35000명의 서명을 받아 마침내 제인 오스틴이 선정된 것이다.

2011년 7월 제인 오스틴의 미완성 소설인 《왓슨가의 사람들》 친필 원고가 99만 파운드(17억 원)의 추정가보다 무려 3배 높게 팔렸다. 제인 오스틴의 원고를 분석한 학자들은 제인 오스틴의 원고에서 문법이나 철자가 틀린 부분이 많이 보인다고 발표했다. 출판 전에 편집자에 의해 상당한 손질이 가해 졌다는 뜻이다. 1818년 그녀의 오빠 헨리 오스틴은 "제인의 문장은 더 이상 누가 손댈 필요가 없을 정도로 완벽하다"라고 해서 세상은 그렇게 믿었다. 사실 그녀는 정규 교육은 11살까지 밖에 못 받고 아버지와 손위 오빠들로부터 교육을 받거나 독서를 통해 지식을 습득했을 뿐이니 그럴 법도 하다. 하지만 소소한 철자법이나 문법의 잘못이 5살에 벌써 〈사랑과 우정〉이라는 글을 써서 주위 사람들을 놀라게 하고, 15살에 단편, 21살에 첫 장편소설을 완성한 그녀의 천재성에 흠이 되지는 않으리라.

제인 오스틴에 관한 뉴스는 계속된다. 2013년 미국의 팝 가수인 켈리 클락슨이 소더비 경매장에서 제인 오스틴이 끼던 반지를 152,450 파운드(2억 7,000만원)에 샀다. 이 가격은 원래 추정가의 5배가 넘는 가격이다. 하지만 미국으로 가지고 나가지 못했다. 영국 법에는 이런 국가적인 기념물이 될 만한 조상의 유물들은 영국 내에 다른 구매자가 나타나지 않아야만 가지고 나갈 수 있기 때문이었다. 두 달을 기다려야 하고 다시 세 달을 연장할 수 있다. 이 반지는 제인 오스틴이 소유하던 패물 3점 중의 하나이고 언니 카산드라가 가지고 있다가 후손들에 의해 전해오던 물건이었다. 만일 이런 물건을 영국 내 개인이 사서 후손에게 물려주되 상속세를 내지 않으려면 일 년에 100일은 일반인에게 공개해야 한다. 현재 이 반지는 초톤^{Chawton}의 제인 오스틴 박물관이 전국적인 모금을 전개해 만든 자금으로 구입해 전시하고 있다.

제인 오스틴의 작품이 일반 대중들에게 알려진 계기는 그녀의 사후 반세기도 더 지난 1870년에 출간된 오스틴의 조카 제임스 애드워드 오스틴-리의 《제인 오스틴의 회상록》에 의해서이다. 이렇게 시작된 제인 오스틴 바람은 20세기를 들어서면서 학계를 비롯해 일반인들에게 본격적으로 번져가기 시작했다.

그녀의 작품은 처음에는 '촌스럽고 조용하다$^{provincial\ and\ quiet}$'는 평을 받았다. 평자들은 그녀의 작품이 일반인의 기호와는 달리 너무 줄거리가 단순하다고 했다. 즉, 극적인 효과가 없다는 말이다. 《제인 에어》의 작가 샬럿 브론테의 평이 가장 유명하다. 샬럿은 제인 오스틴의 작품을 높이 평가하면서도 '작품이 너무 조심스럽고 빈틈이 없어 열정이 안 보인다' 고 했다. 그래서 '세심하게 선정된 화초들이 잘 가꾸어진 깔끔한 담장에 잘 쳐진 정원 같다. 그러나 거기에는 화려한 색깔의 어떤 모습도, 펼쳐진 들판도, 신선한 공기도, 하늘 아래의 푸른 언덕도, 아름다운 개울도 볼 수 없다.'고 점잖게 비평을 했다. 당시는 브론테 자매들 작품처럼 계급을 뛰어 넘는 불같은 사랑이 인기를 끌던 시절이었다.

그런데 햄프셔의 아름다운 전원에서 조용하게 살아 온 제인 오스틴에게서는 그런 질풍노도의 작품이 나올 수가 없었을 것이다. 작가의 작품도 결국은 환경의 산물일 수밖에 없다. 브론테 자매들이 자라고 죽은 《폭풍의 언덕》의 무대 요크셔 탄광 마을 하워스에서 보는 세상은 황량하고 어둡고 우울하다. 탄광에 오염된 물로 인해 영아 사망률이 60%를 넘는 척박한 곳에서 침실 창문으로 보이는 것은 교회 무덤뿐인 곳이다. 마을을 둘러싼 언덕에는 언제나 바람이 불고 들판에는 유난히 매서운 겨울이 빨리 온다. 이런 곳에서 어릴 때 어머니마저 여의고 이모 손에서 자란 브론테 자매가 쏟아내는 소설에는 누구의 것보다 더 극적이고 드라마틱한 감정들이 실릴 수밖에 없었을 것이다. 그러나 오스틴이 자라고 살다가 죽은 햄프셔 지방은 평온하고 부드럽기만 하다. 사시사철 푸르고 겨울에도 잔디가 죽지 않고 살아있는 곳이다. 평화롭기만 한 언덕과 들판에서 여유롭게 풀을 뜯고 다니는 양들, 얕게 둘러쳐진 돌담과 그 사이를 졸졸 소리도 내지 않고 흐르는 개울들, 그리고 푸른 하늘에서 지저귀는 종달새. 이런 것들이 오스틴이 자란 고향마을 주변의 풍경이다. 그 안에 오스틴이 살던 마을 초톤도 지난 200년간 잠이 들었다 깨어난 듯 전

제인 가족의 도장, 제인 가족이 쓰던 식기

혀 달라지지 않았다.

초톤에서 살다가 당시로서는 원인모를 병인 에디슨 병으로 1817년 41세의 나이로 사망해 근처 윈체스터 대성당에 묻힌 제인 오스틴. 필사가 거의 하루도 빠짐없이 다니는 A3 도로를 계속해서 가면 그녀가 살던 초톤도 나오고, 태어난 스티븐턴도 나오고, 묻힌 윈체스터도 나온다. 또 그녀의 활동 무대였던 베이싱 스토크, 래딩, 판함 등도 자주 지나치는 마을이다. 그곳의 이름이 도로 표지판에 나타나면 언제나 제인 오스틴의 단아하고 우아한 초상화의 얼굴이 아련하게 떠오른다.

버지니아 울프의 슬픈 이야기

이번에는 요절한 시인 박인환의 시 〈목마와 숙녀〉에서 '버지니아 울프의 서러운 이야기'라고 인용되어 더 유명해진 영국 여류 작가 버지니아 울프^{Virginia Woolf: 1882-1941} 부부의 집을 찾아 그녀의 '서러운 이야기'를 한 번 들어 보려고 한다. 몽크스 하우스^{Monk's House}라 불리는 둘의 집은 런던에서 자동차로 한 시간 거리인 이스트 서섹스 지방의 조그만 마을 로드멜^{Rodemell}에 있다. 부부가 결혼한 지 7년 뒤인 1919년에 사서 1941년 버지니아와 사별한 뒤에도 남편 레너드는 이 집에서 1969년 죽을 때까지 28년을 더 살았다. 이 집은 1700년대에 지어진 터라 전기, 가스는 고사하고 수도도 없었다.

버지니아는 가사에 별로 관심이 없었던지 지금도 몽크스 하우스에는 가구는 물론 장식도 별로 없다. 심지어는 버지니아의 일기에는 비가 오면 부엌 바닥으로 물이 흐르기도 했다고 쓸 정도로 별로 신경을 안 썼다. 동쪽 끝에 붙은 버지니아의 침실에는 창문 쪽으로 싱글베드가 하나 놓여있어 부부 관계를 짐작할 수 있다. 침대 발치에 조그만 책상이 하나 놓여있을 뿐 아무런 가구도 없이 횅하다. 내가 갔을 때는 침대 끝 의자위에 버지니아가 늙었으면 바로 그랬을 듯한 할머니 한 분이 그 방에 영원히 속한 가구처럼 앉아 지키고 있었다. 벽 중간의 벽난로는 언니 바네사가 그린 타일로 장식되어 있다. 버지니아의 소설 제목《등대를 향하여》처럼 등대를 향해 가는 보트가 하나 그려져 있다. 버지니아는 13살 때 잃어버린 어머니와 같이 휴가를 갔던 영국 서남부 휴양지 콘월 지방 센트 아이브의 등대를 떠올리고 소설을 썼다고 했다. 소설을 쓰고 나서 어머니를 향한 그리움에서 좀 벗어났다고 고백했다. 그 등대와 보트가 그려진 타일을 바라보면서 버지니아는 계속 어머니를 그리워했을까?

4명의 의붓 형제자매를 비롯해 10명의 식구와 하인들을 합쳐서 북적거리던 어린 시절의 기억 때문으로 버지니아는 유독 자신만의 방을 특별히 원했다. '500파운드의 수입과 자신만의 방'이라는 유명한 말이 여

버지니아
'당신의 인생이 책이라면 제목은 무엇인가요'
버지니아와 남편

버지니아 침실의 싱글 침대, 남편과 같이 지내지 않아 싱글 침대가 눈에 띄인다.

기서 나왔다. 원문은 'Five hundred a year and a room with a lock on the door'이다. 그래서인지 버지니아는 정원에 목재로 된 영국인들이 '서머하우스'라 부르는 오두막 집필실 '그 방'을 지었다. 아침 9시 30분에 그리로 들어가면 오후 1시나 되어서야 나왔다. 점심을 먹고 오후에는 나중에 투신자살한 오즈강가를 비롯해 집 근처 산천을 두세 시간 혼자서 산책했다. 저녁이 되어야 부부는 같이 모여 벽난로 가에 앉아 책 보고, 음악 듣고, 대화했다. 몽크스 하우스의 거실 벽난로 옆에 가면 아직도 두 부부의 소파가 놓여 있는 것을 볼 수 있다. 몽크스 하우스는 특이하게 버지니아의 책을 전혀 팔지 않는다. 그냥 버지니아의 얼굴이 들어간 엽서나 몇 종류 있을 뿐이다. 차라리 근처의 언니 바네사 벨의 찰스턴 하우스에는 여러 종류의 책을 팔고 있다.

평생을 우울증과 정신질환으로 고생하던 59살의 버지니아는 정원의 집필실에서 작성한 유서를 집안의 책상에 꽂아놓고는 걸어서 근처의 우즈강으로 갔다. 강까지는 상당한 거리가 있다. 그동안 생각할 여유가 있었을

버지니아 울프 집필실의 책상

버지니아 울프 정원 섬머하우스 집필실, 버지니아와 남편 레오니드의 골분(骨粉)이 뿌려진 정원의 느릅나무

것임에도 불구하고 전혀 돌아보지 않았다. 당시에는 워낙 귀했던 여류 유명작가의 실종이라 영국은 물론 미국을 비롯한 영어권 국가들에서 난리가 났다. 강이라고 부르기에는 너무 작은 개울같은 크기인데도 3주 동안 찾을 수가 없었다. 결국 근처에서 놀던 아이들에 의해 주머니에 돌이 든 버지니아가 발견되었다. 그리고는 화장되어 정원의 느릅나무 아래에 뿌려졌다. 지금도 나무는 서있고 레오니드도 28년 뒤 그 옆에 뿌려졌다.

사람들은 버지니아의 남편 레오니드를 일러 당대 최고의 순애보의 전형이라고 이른다. 29년의 결혼 생활 동안 잠자리를 같이하지 않고 결혼 후 10년도 넘게 배운 요리를 하려다가 푸딩 반죽 밀가루 안에 결혼반지를 넣은 채 오븐에 구워 망칠 정도로 가사에는 전혀 관심이 없고 끝도 없이 우울증과 정신병에 시달리는 여인을 아내로 맞아 결국 그녀가 자살할 때까지 옆을 지켰으니 그런 명예를 받아도 마땅하다. 더욱이 당시 유행처럼 번졌던 풍조를 따라 애인을 두지도 않았다. 아내인 버지니아가 동성연애를 해도 묵묵히 지켜볼 뿐이었다. 그런 면에서 보면 버지니아는 참을 수 없는 정신질환 때문에 평생 고통 받고 그로인해 비록 자살을 해서 비극의 여인으로 비쳐지지만 불행한 여인은 아니었다. 한 남자의 전적인 사랑을 평생 한없이 받았으니 말이다. 그런 사랑을 받아서인지 버지니아는 유서에서 언니에게 누누이 이른다. 이 자살의 책임이 전적으로 자신에게 있다고 말이다. 그래서 '이 끔찍한 증상이 생긴 몇 주 전까지만 해도 우리는 완벽하게 행복했었어. 언니가 그이에게 이 점을 꼭 좀 일러줄래요?' 그리고는 '내가 말할 수 있

남편 레오니드 울프

는 모든 것은 레오니드가 내게 언제나 그리고 매일 놀랄 정도로 너무나 잘해주었다는 점이야. 누가 그렇게 내게 더 잘해줄 수 있는지를 나는 상상할 수 없어.'라고 말하면서 간곡하게 부탁한다.

보통의 유서는 자신의 자살 책임을 다른 사람에게 돌리는데 여기서는 버지니아는 완벽하게 자신에게 책임이 있음을 확실하게 밝힌다. 세상이 레오니드를 비난할까 싶어서 기록을 남기는 투가 역력하다. 언니에게 쓴 유서는 요일이 일요일이니 자살한 날(1941년 3월 28일 금요일)로부터 5일 전이다. 이를 보면 그녀의 자살이 정신병으로 인한 충동적인 자살이라고 하는데 꼭 그런 것이 아님을 알 수 있다. 확신에 찬 결행이었다는 뜻이다.

남긴 유서도 아주 정상적이고 감사와 책임감으로 가득 차 있다. 자살 이유도 합리적이고 논리적으로 설명했다. 글씨체도 별로 흔들림이 없었다.

그러나 버지니아는 자신이 죽고 나면 남편인 레오니드가 더 일을 잘 해 나갈 수 있을 것이라고 확신했다. 레오니드에게 더 이상 부담을 주지 않고자 하는 뜻이라고 했지만 정작 당사자는 그렇게 받아들이지 못하고 못내 애통해 했다. 버지니아 사후 29년 뒤이고 레오니드도 이미 1년 전에 죽고 나온 《도착지가 상관없는 여행The Journey Not the Arrival Matters》이란 비장한 제목이 붙은 자서전에서 자신의 행동이 남겨진 사랑하는 사람에게 어떤 엄청난 충격을 주었는지에 대해서는 생각을 하지 않은 듯 했다고 그 오랜 세월이 지나서도 여전히 깊은 아쉬움을 표현했다.

버지니아는 두 개의 유서 오른쪽 위에 모두 요일을 썼다. 죽기 바로 하루 전인 목요일로 표시된 남편에게 남긴 유서는 언니에게 남긴 유서와 거의 동일하다. 거기에서도 버지니아는 '당신은 당신이 줄 수 있는 가장 큰 행복을 내게 주었어요. 사람으로서 할 수 있는 모든 일을 당신은 다 했어요. 이 끔찍한 병이 닥쳐오기 전까지 세상의 어떤 두 사람도 우리가 지내 온 이상으로 행복할 수가 있을지 나는 생각할 수 없어요.'라고 하면서 '내가 없다면 당신은 자신의 일을 더 잘 할 수 있어요.'라고 한다. '당신에게 나는 내 인생의 모든 행복을 빚졌다는 것을 말하고 싶어요. 당신은 내게 언제나 잘 참았고 정말 친절하게 대해 줬어요. 나는 이 사실을 모든 사람들이 알 수 있게 말하고 싶어요.'라고 한다. 그리고는 마지막으로 다시 한 번 '세상의 어떤 두 사람도 우리가 지내 온 이상으로 행복할 수가 있었을 지를 나는 생각할 수 없어요.'라고 자신들이 너무나 행복했음을 강조하고 유서의 끝을 맺는다.

그러나 29년의 결혼 생활을 한 부부로서 평소에는 안 해주었더라도 마지막으로 한 번은 해 주었을 법한 사랑한다는 말은 결국 하지 않는다. 정말 인색한건지 마음을 아꼈는지는 모르겠다. 결국 버지니아는 레오니드의 자신에 대한 사랑은 인정하고 정말 고마워하면서도 자신은 그를 사랑하지는 않았었는지 모르나 사랑이 반드시 말해져야 하는 것은 아닐지도 모른다. 사랑은 말로 시작되는 것보다 어딘가에서 조용히 다가와 우리도 모르게 우리들의 몸속으로 스며드는 것이 아닌가? 버지니아는 어땠는지 몰라도 평생을 그런 아내를 옆에서 지켜보면서 같이 아파한 레오니드의 사랑이 정말 가슴이 아리도록 눈물겹다.

버지니아가 죽은 뒤 레오니드는 수많은 친구와 동료들로부터 위로를 받는다. 그래도 그 어느 것도 레오니드에게는 큰 위안이 되지 못한다. 그래서 "모두들 와서 차나 한잔하고 자기네들이 나를 위로할 수 있게 해 달라고 하지만 별로 소용이 없다. '자신의 십자가는 자신이 져야 한다 One must be crucified on one's own private cross.' 정말 우스운 일은 이런 가슴 찢어지는 큰 아픔도 아주 작은 고통 – 오른발의 넷째 발가락의 상처 때문에 방해 받는 다는 사실이다. 나는 버지니아가 정원 집필실에서 정원을 건너 이리로 오지 않을 것임을 알면서도 그 쪽을 자꾸 바라본다. 그녀가 이미 영원히 가버렸는데도 그 문을 열고 곧 그녀가 들어오고 있는 것 같은 소리를 나는 여전히 듣는다. 나는 이것이 마지막 페이지인줄 알면서도 아직도 넘기려하지 않고 있다. 한 사람의 멍청함과 이기심은 끝을 모른다."라고 노트에 적으면서 애통해 한다. 레오니드가 여기서 적은 '한 사람의 멍청함과 이기심'이 누굴 지칭하는지가 애매하다. '멍청함과 이기심'으로 자신을 버리고 떠난 버지니아를 말하는지 아니면 이미 자신이 원해 영원히 곁을 떠난 버지니아를 아직도 놓아주지 못하고 붙들어 잡아놓고 있는 자신이 '멍청하고 이기적'인지.

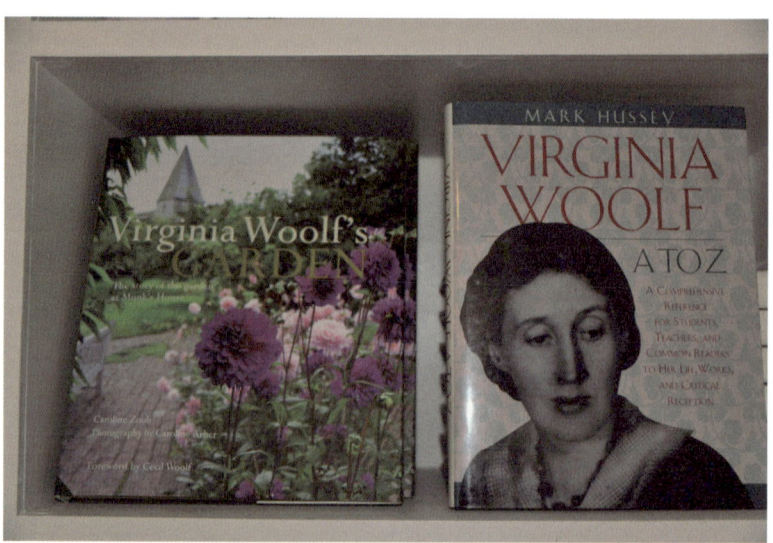

버지니아 언니 바네사 벨의 집 찰스턴 하우스,
찰스턴 하우스의 버지니아 울프 책

버지니아의 장례식에는 작곡가 크리스토퍼 글룩의 오페라 〈오르페우스와 에우리디케〉에 나오는 〈정령들의 춤〉이 연주되었다. 뱀에 물려 저승에 간 아내를 구해서 돌아오는데 뒤를 돌아보지 말라는 당부를 아내가 어겨서 다시 죽는다. 오르페우스가 절망한 나머지 자신도 죽으려하자 사랑의 여신이 그 사랑에 감복해 에우리디케를 다시 살려준다. 아내를 잃어버린 레오니드의 애절한 심정을 표현하는 선곡이다. 자신도 오르페우스처럼 그렇게 아내를 찾아서 돌아오고 싶었는지도 모른다. 이렇게 장례식을 마치고 집에 돌아와서 레오니드는 친구와 오래 걷는다. 친구는 레오니드에게 그녀의 편지에 있는 대로 이번에는 도저히 이기지 못할 것이라는 점을 들어 그녀의 선택이 옳았을 수도 있다고 위로했다. 또 이번에는 반드시 미쳐버리고 말 것이라는 그녀의 말처럼 고통에서 해방된 것이 더 좋은 일이 아니냐고 위로하자 레오니드는 단호하게 말했다. '분명히 우리는 전처럼 같이 이겨냈을 것이다.'라고 하면서 '그녀는 이제 죽고 없어 오페라와는 달리 전혀 돌아올 수 없다는 사실 때문에 도저히 어떤 말과 위로로도 치유될 수 없는 고독감과 상실감으로 견딜 수 없다'고 했다. 죽기 전날 같이 의사한테 갔다가 돌아오면서 레오니드는 버지니아의 유난히 길고, 하얗고, 파리한 손을 잡고 '당신이 협조만 한다면 나는 온 잉글랜드의 어느 누구보다도 더 많이 내가 당신을 도울 수 있음을 알지?'라며 의사의 치료에도 차도가 없어 절망하는 버지니아를 간곡하게 달랬다. 그런데도 그 다음 날 버지니아는 자살을 감행한다.

'자살은 용기 있는 자만이 누릴 수 있는 최고의 사치다.', '자살은 비겁한 자의 마지막 피난처이다.'라고 말이 갈린다. 그러나 우리는 그 누구일지라도 자살한 사람을 비판할 자격은 없다. 그들이 삶의 지옥을 떠나기로 결심했을 때 그들 옆에는 아무도 없었다. 그들이 지금 그들이 그렇게 갈망하던 평화의 안식을 거기에서 누리고 있을지는 지금 여기에 살아있는 우리들은 모른다. 그들이 어떤 분노에 졌는지 절망에 스러졌는지도 모른다. 다만 그들이 우리 곁에 없고 저 먼 어딘가에 있다는 점만 안다. 지금은 몰라도 우리가 언젠가 그들과 같은 곳에 있게 되었을 때야 비로소 우리는 그들의 절실했던 아픔을 알게 될 것이다.

버지니아의 일생을 조사하다가 당시 지식인들의 놀라운 애정 관계를 발견하게 되었다. 흡사 1960년대 히피들의 자유연애 문화를 보는 듯 했다. 레오니드는 버지니아를 잃은 바로 서너 달 뒤 화가 트렉키 파슨과 깊은 사랑에 빠진다. 자신도 가늠 수 없는 절대 상실감에 너무 애통한 나머지 누군가에게 별 다른 이유 없이 절실하게 빠지는 대체 보상 심리라고 할 수 있다.

그는 암 투병을 하는 자신의 출판사 삽화가를 자주 병문안 하다가 그녀를 만났다. 그녀는 삽화가의 여동생이었는데 유부녀였고, 20년 연하였다. 레오니드는 그녀를 광적으로 사랑하게 된다. 이 사랑은 레오니드가 죽을 때까지 계속된다. 트렉키는 남편과 레오니드 사이를 오고 가는데 남편도 모든 것을 알면서도 용인한다. 레오니드는 몽크 하우스에 그녀의 작업 스튜디오를 만들어준다. 그래서 트렉키는 주중에는 레오니드와 있으면서 요리를 비롯해 모든 가사를 해주는 등 부인의 역할을 다했고 주말에는 런던의 남편에게 돌아갔다. 그런데 둘 사이는 전혀 성적인 관계가 없는 문자 그대로 플라토닉 러브만의 연인관계였다. 그러면서도 트렉키는 남편에게 정절을 지켜야 한다고 여겼다. 레오니드도 버지니아와의 관계 때문에 그런 사랑에 익숙해져 있었는지도 모른다. 그런데 트렉키의 남편 이안 파슨도 레오니드의 출판사 동료인 한 여인과 연인 관계였고 트랙키도 알고 있었다. 나중에 이 네 명은 근처에 집들을 각각 얻어서 같이 지내기도 한다.

이런 놀라운 사각관계는 버지니아의 언니 바네사에게도 있었다. 바네사는 남편 클라이브 벨과 소위 말하는 'Open Marriage' 즉 '개방 결혼' 혹은 '자유 결혼' 상태였다. 바네사 부부는 각자 여러 명의 애인을 두었다. 심지어는 블룸즈버리 그룹 멤버 중 한 명인 던컨 그란트와 그의 동성 애인과 같이 찰스턴 하우스에서 네 명이 같이 살기도 했다. 그래서 언니 바네사는 그란트와 사이에 딸까지도 두었다. 남편 클라이브는 전혀 문제없이 자신의 딸처럼 키웠다. 이 부부가 살던 찰스턴 하우스는 몽크스 하우스 바로 근처에 있다. 블룸즈버리 그룹의 주요 모임 장소였다. 한 번 회합을 하면 며칠씩 밤낮으로 통음을 하면서 동숙을 하고 격론을 벌였다. 지금도 주위에 인가가 하나도 없는 벌판 한가운데의 찰스턴 하우스는 그런 모임 장소로는 더할 나위 없이 안성맞춤이다. 찰스턴 하우스는 화가였고 실내 장식가 였던 여주인 바네사의 손길이 구석

식당, 응접실, 거실, 거실의 의자

구석에 있어서 집 전체가 하나의 작품이다. 문 하나하나는 물론 온갖 가구, 도자기들을 비롯해 벽화까지 어디하나 빈 곳 없이 완벽하게 채색되어 있다.

알다시피 버지니아와 레오니드의 관계도 정상적인 부부관계는 아니다. 버지니아는 남자에게서는 육체적인 감정을 전혀 못 느꼈다. 어릴 때 이복 오빠들로부터의 성폭행 때문이다. 결국 이렇게 해서 버지니아는 레오니드와 결혼 생활을 하면서도 전혀 육체적인 접촉을 하지 않는다. 한국 인터넷 글에는 이것이 결혼 전제 조건이었다고 하는데 그런 기록은 찾을 수 없다. 사실 버지니아도 아이를 낳고 싶어 했지만 의사가 그녀의 정신 병력을 들어 말렸다.

조카, 언니, 형부, 버지니아 그리고 경제학자 케인즈

그러다가 결혼 10년 뒤인 1922년 버지니아는 근처에 사는, 영국 귀족 부인이자 현재까지도 거의 따라갈 사람이 없을 정도의 최고의 정원 설계사이고 작가였던 비타 섹크빌 웨스트와 육체관계까지 가는 깊은 동성연애를 하게 된다. 그런데 버지니아와 섹크빌 웨스트와의 관계에서도 반전이 하나있다. 바로 섹크빌 웨스트의 외교관이자 작가 남편 해럴드가 동성애자였다는 사실이다. 그래서 그도 자신의 아내와 버지니아의 관계를 묵인했다. 비록 이들 사이에는 아들이 둘 있었지만 그래도 정상적인 부부사이는 아니었다. 그냥 사회적인 비판을 피하기 위해 결혼 생활을 유지하고 있었을 뿐이다. 그렇다고 결혼 생활이 불행한 것은 아니었다. 각자의 연애 사건에 따른 있을 수 있는 비난에서 서로를 보호하며 끝까지 관계를 지속해 나갔다.

버지니아도 한때 블룸즈버리 그룹의 멤버 리톤 스트라치와 결혼을 생각한 적이 있었다. 이유는 그가 동성애자여서 결혼하면 편할 것 같아서였다. 블룸즈버리 그룹은 남자 멤버 9명 중 3명이 동성애자였다. 당시는 이렇게 사회적인 시선을 피하면서 동성연애자들이 결혼을 해서 정상적인 결혼 생활을 유지하는 것처럼 위장하는 것이 일반화된 모습이기도 했다. 당시 최고의 지성인의 모임이었던 블룸스버리 그룹 멤버들의 성해방 분위기는 워낙 특별하기도 했다. 사실 이렇게 보면 버지니아 주의 사람들 중 통상적인 표현으로 정상적인 애정 관계를 가진 사람은 남편 레오니드 밖에 없다. 정말 문자 그대로 세기말적인 현상이라고 밖에 할 수 없다. 물론 그도 평생을 여성과 육체적인 관계를 가지지 않고 가톨릭 사제처럼 살았으니 정상적이라고는 할 수 없지만. 그래서인지 그들의 집 이름 '몽크스 하우스'가 '가톨릭 수사^{monk}의 집'이라는 뜻이라 더욱 장난스러워 보인다.

정원에서 바라 보는 캔트 지방 풍경, 정원에서 바라보는 집 전경

또 하나 한국의 인터넷에 떠도는 버지니아의 마지막 유서라는 글도 근거 없는 정말 코미디 같은 창작이다. 너무 그럴듯한지 심지어 유명 신문의 기자들마저 기사에 인용한다. '흐르는 저 강물을 바라보며 당신의 이름을 목 놓아 불러 봅니다.'라고 시작하는 부분부터 너무 멜로드라마 대사 같이 통속적이라 의심을 했는데 '추행과 폭력이 없는 세상, 성차별이 없는 세상에 대한 꿈을 간직한 채 저는 지금 저 강물을 바라보고 있습니다.'라고 끝나는 부분을 보고는 '분명 이건 아니다.'라는 확신이 섰다. 결국 찾아보니 완전 창작이었다. 버지니아는 남편과 언니에게 두 편의 유서를 남겼는데 그것은 길지 않고 간략하다. 인터넷의 유서는 일종의 간단한 자서전이다. 어릴 때 이복오빠로부터 성폭행 당한 얘기부터 해서 주절주절 자신의 인생을 늘어놓고 있다. 누가 절실해서 죽는 마당에 그렇게 긴 글을 쓸 수 있을까? 누군지는 몰라도 버지니아의 일생을 연구해서 잘 창작을 해 놓은 듯하다. 그런데 너무 멜로 드라마틱하게 창작을 해서 버지니아 울프를 유치하게 만들어서 유감이다.

마지막으로 몽크스 하우스를 돌아 나오다 차 한잔을 하기 위해 들른 동네 펍Pub은 문자 그대로 동네 펍이었다. 겨울이라 관광객도 보이지 않고 온통 동네 사람들뿐이었다. 그런데 거기서 시킨 초콜릿 푸딩은 환상적이었다. 세 가지 맛과 세 가지 온도였다. 뜨거운 푸딩 위에 얹힌 찬 아이스크림과 머리가 아찔할 정도로 달지만 아주 뛰어나게 감칠맛 나던 따뜻한 온도의 캐러멜 소스는 정말 잊기 힘들 것 같았다.

✈ 독일 하이델베르크는 네카어강 연안에 있는 도시.
독일에서 최초로 대학이 생겼고, 수많은 문인·화가·작곡가들이 활약했다.

 하이델베르크 성
1225년 축조된 독일의 고성으로 독일에서 가장 아름다운 르네상스 양식의 건축물로 손꼽힌다.
입장료: 성인 6 유로, 학생/경로 4 유로 (THE FUNICULAR RAILWAY, GREAT TUN, GERMAN APOTHECARY MUSEUM 포함)
학생감옥 입장료: 성인 3 유로, 할인 2.5 유로
http://www.schloss-heidelberg.de/en/visitor-information/ (하이델베르크 성)
http://www.heidelberg-marketing.com/culture/museums/studentenkarzer.html (학생감옥)

하이델 베르크의 인문학

철학자들이 길을 걷다, '하이델 베르크 성'

1613년 당시 17세였던 프레드릭 5세$^{Fredrik\ V}$는 일 년 중 반을 처가인 영국에서 지냈다. 그동안 영국의 유명한 건축가들과 교류를 했는데 그 중에는 이니고 존스$^{Inigo\ Jones}$(1573-1652)라는 천재적인 영국왕실 건축가도 있었다. 프레드릭 5세는 이니고 존스에게 부탁해 1615년 성의 대문인 '엘리자베스 문'을 동갑의 영국 출신 엘리자베스 스튜어트 왕비의 19세 생일 선물로 하룻밤 사이에 만들게 해서 왕비를 기쁘게 했다. 이런 연유로 이 성문 앞에서 사진을 찍은 연인은 절대 헤어지지 않는다는 얘기도 있다. 그래서인지 연간 100쌍 이상이 이 성의 교회에서 결혼식을 한다. 이 낭만적인 왕은 이름까지도 낭만적인 '흰 산의 전투'에서 져서 망명을 떠나게 되고 결국 자신의 성으로 다시 돌아오지 못하고 죽게 된다. 왕으로서의 재위 기간이 겨우 한해 겨울이었다고 해서 그는 '겨울 왕

하이델베르크 성

'Winter King'이라는 별명으로 불린다. 엘리자베스 문에 들어서면 고딕, 바로크, 르네상스 양식이 혼잡스럽게 섞인 건물이 나온다. 일부는 무너지고 일부는 온전하게 남아 있는데 13세기에 지어진 이후 400년간 무너지고 개축되는 과정의 산물이어서 고딕, 바로크, 르네상스 양식이 혼잡스럽게 섞여있다. 특히 이중 프리드리히 관 지하실에는 1751년에 만든 높이 8미터의 22만 1726리터를 담을 수 있는 나무로 만든 세계 최대의 포도주 통 그로스 파세가 있다.

하이델베르크는 독일인들도 인정하듯이 독일 도시 중에서 가장 아름다운 도시로 손꼽힌다. 올드타운이 네카 강과 어우러져 오덴발트 언덕

영국 건축가 이니고 존스의 작품, 엘리자베스의 문

사이에 자리 잡고 있어 낭만파 화가들과 시인들의 소재로 많이 등장했다. 특히 그 중에서도 영국 국민 화가이자 빛의 화가 조지프 밀로드 윌리엄 터너는 이곳을 자주 방문해 많은 작품을 남겼다. 특히 하이델베르크 성을 터너는 여러 번 그렸다. 소설 《레미제라블》로 유명한 프랑스 작가 빅토르 위고가 1838년 하이델베르크 성을 돌아보면서 남긴 말은 유명하다. "이 성은 지난 500년간 유럽을 흔들었던 모든 사건의 희생자이다. 지금 이 성은 자신의 무게에 의해 무너져 내렸다. 하이델베르크 성은 항상 당시의 권력자를 거슬러왔기 때문이다."

한때는 자신을 가톨릭 교황이라고 자칭하던 요한 23세(1410-1415)가 이곳에 갇혀 있기도 했다. 괴테도 이 성에서 연인 '마리아네 폰 빌레마'와 사랑을 나눴다. 하이델베르크 성이 이렇게 낭만파 화가와 시인들의 관심과 소재로 등장하는 이유는 성이 가진 낭만적이고 비극적인 역사와 함께 무너져 내린 폐허 때문이다. 사람들은 무너져 내린 궁 성터에서 세

하이델베르크 대학과 하이델베르크 성, 석상 부분

성령교회, 올드 타운 상가 길, 카르테오도르교 탑

월의 무상함과 권력의 허무함을 느끼나보다.

《톰 소여의 모험》, 《허클베리 핀의 모험》의 미국 소설가 마크 트웨인도 그의 여행기인 〈유럽여행기〉에서 하이델베르크 성을 언급한다.

'폐허는 적절하게 위치해 있어야 효과를 발휘한다. 오래된 탑 중 하나는 중간이 부러져 윗부분이 굴러 떨어져 옆으로 누워있다. 일부러 멋있게 보이려 그렇게 만든 것처럼 보인다. 불운이 인간을 바르게 만드는 것처럼 부서진 올드 타워는 그래서 더 아름답게 보인다.'

이렇게 역사적 폐허에 반하는 정서를 '역사적 이국정서 historical exoticism'라고 한다.

✈ 런던 북동부(서포크주)에 있는 인구 1,800명의 작은 마을 라벤함.
해리포터 7권의 '고드릭스 할로우'(해리 부모님이 돌아가신 곳)이다.

 해리포터의 작가 조앤 롤링과 오프라 윈프리의 인터뷰 중에서

오프라 윈프리: 해리포터의 전 7권의 핵심적인 주제를 하나 선택하라면?

조앤 롤링: 가장 중요한 것은 사랑입니다. 예외가 없습니다. 결국 사랑이 승리하게 되는 것입니다. 죽는다 해도 사랑의 스위치가 꺼지지 않습니다. 사랑은 놀라울 정도로 굳건하게 일어서게 해 줍니다.

《해리포터》

《해리포터》의 '고드릭스 할로우Godric's Hollw' 마을 라벤함

　라벤함은 워낙 작은 마을이라 유명한 사람들이 별로 없었지만 그나마 딱 한명이 있었다. 1141년 이 마을의 드 비어 가문에서 백작이 나온 것. 당시로 봐서는 아주 큰일이었다. 이 옥스퍼드 백작 가문의 후원 덕으로 라벤함은 부자 마을로 자리 잡게 되었다. 그런데 이 옥스퍼드 16대 백작은 엘리자베스 1세 여왕 시대의 사람이다. 지식인인데다가 글도 잘 썼고 연극과 관련된 일을 많이 했다. 그래서 그가 진정한 셰익스피어라는 가설이 상당한 무게를 두고 지금도 세간에 떠돈다. 이를 주장해 온 소위 옥스퍼드파라는 측은 우리가 아는 스트랫 포드 어폰 에이번에서 존재했던 셰익스피어라는 사람은 실제 작품하고는 관련이 없고 모든 정황과 증거로 보아 16대 옥스퍼드 백작이 대작가 셰익스피어가 분명하다고 주장한다. 이들과 반대편 스트랫 포드 파와의 논쟁은 아직 끝

라벤함의 집들 (1), (2), (3),
길드 홀 1530년 건설

마을 게시판, 청년 전사 추모판

이 나지 않았고 결국 특별한 증거가 나오기 전까지는 영원히 계속되리라 생각된다.

라벤함과 문화적인 연관을 굳이 찾아본다면 지금도 유명한 영어노래 「반짝 반짝 작은 별$^{\text{Twinkle Twinkle Little Star}}$」을 지은 19세기 시인 '제인 테일러'가 라벤함의 주민이었다. 동네 중앙시장은 존 레논과 오노 요꼬가 1970년 제작한 단편 영화 〈신성^{Apotheosis}〉의 촬영 장소였다. 또 2010년에는 해리포터 시리즈 〈죽음의 성물 1, 2부〉가 촬영되기도 했다. 라벤함이 바로 그 시리즈에 나오던 해리포터의 생가가 있는 마을인 '고드릭스 할로우$^{\text{Godric's Hollw}}$' 마을이고, 라벤함 워터 스트리트에 있는 '드 비어 하우스$^{\text{De Vere House}}$'가 영화에서 해리포터와 호그와트 마법사 학교의 교장인 알부스 덤블도어 교장의 생가로 나온다. 이 집에서 해리포터의 부모들이 볼드모트로부터 살해당하기도 한다. 현재 드 비어 하우스는 5성급 호텔이다.

해리포터 집 대문과 창문, 해리포터 집

해리포터 1편에서 마법사학교 학생들이 다 모여 식사를 하던 식당(옥스퍼드 대학교 크라이스 처치 칼리지 대식당). 지금도 학생들과 교수들이 가운을 입고 식사를 한다.

해리포터 1편에서 해리 포터가 도서관 서가 사이를 날아 다니는 장면을 찍은 옥스퍼트 대학교 브들리언 도서관

Highbrow musit

바그너
비틀즈
헨델
바흐

바그너 음악 축제
오스트리아 잘츠부르크의 모차르트 음악축제와 함께 유럽의 양대 음악 축제.
1951년부터 독일 남부에 위치한 바그너의 성지 바이로이트에서 개최되며 매년 전 세계 바그너리안들이 몰려든다. 바그너 축제 극장에는 음악 축제 기간을 제외하고 오전 10시부터 오후 2시까지 극장 건물과 내부 관람을 할 수 있으며 월요일은 쉰다.

바그너 박물관
스위스 루체른Lucerne의 교외 트립셴Tribschen에 있는 음악가 바그너 기념관이다.
1933년에 설립된 이 박물관은 바그너가 6년간 1866–1872 거주하던 집을 전시관으로 사용한 것이다.
Open: 화–일요일 오전 10시~오후 12시/오후 2시~오후 5시
Closed: 월요일
이용요금: 어른 8 스위스프랑, 학생/경로 6 스위스프랑, 어린이(12세까지) 무료
http://www.richard-wagner-museum.ch/en/informationen/ozeiten.htm

바그너

바그너리안의 꿈 〈바그너 음악 축제〉, 〈바그너의 오페라〉

독일 바이에른 주 바이로이트에서 열린 바그너 음악 축제. 그곳에서 만난 바그너리안들은 말했다. 세상에는 단 두 종류의 사람이 존재하는데 그 중 하나가 바그너를 좋아하는 사람이고 나머지는 싫어하는 사람이라고. 바그너의 음악은 바그너리안들의 세상에서 마치 종교와도 같다.

나는 비록 그 정도는 아니지만 항상 바그너 축제에 가는 것을 오래전부터 꿈꿔왔다. 지금도 대구에 존재하는 2017년이면 문을 연지 60주년이 되는 역사적인 음악 감상실이라고 감히 부를 수 있는 '하이마트'에서 바그너 음악을 듣던 학창 시절부터였다. 그런데 꿈도 때로는 이루어지는 모양이다. 어느 날 표가 홀연히 내 앞에 나타났다. 이미 예정된 약속이나 일 따위는 머리에 떠오르지도 않았고 무조건 간다는 생각만 하고 준비를 했다. 휴가철이라 쉽지 않은 항공권, 렌터카, 호텔 등 모든 예약도 일

축제 극장

사천리로 진행되어 '호사다마'가 아니라 '호사연속'이라는 느낌이었다. 꼭두새벽부터 런던에서 비행기를 타고 독일프랑크푸르트에 도착 5시간이 넘게 빗속을 달려 바이로이트에 닿았다. 수십 년을 기다려온 그 순간이 드디어 눈앞에 펼쳐졌다.

    10대 1의 경쟁률이라 표를 사기도 하늘의 별따기라는 바그너 음악축제는 그래서 전 세계 모든 바그너리안의 꿈이다. 축제의 표는 20년을 노력해야 한 번 얻어걸릴까, 말까하는 귀한 행운이다. 매년 십만 명의 사람이 만장의 표를 놓고 싸우니 경쟁률은 무려 10대 1. 평생에 한 번 얻기 어려운 기회라는 것은 틀린 말이 아니다. 인터넷사이트에서는 벌써 2016년의 표를 예약 받고 있지만 신청한다고 해서 다 받을 수 있는 것도 아니니 행운의 여신이 나를 보고 미소를 짓지 않는 한 어려운 일이다. 바이로이트에 모인 10만 명의 사람들은 반으로 나눌 수 있다. 표를 가진 5

시내 각 곳의 공연 포스터, 바그너 두상

만 명과 표가 없어 바깥에서 구경하고 기념품만 사가는 5만 명.

독일의 지방 소도시 바이로이트는 100년이 넘은 바그너 축제 덕분에 축제 기간 동안에는 10만 명의 외지인들로 북적거린다. 인구 7만 명 독일 남부의 작은 도시는 위대한 가곡 작곡가 리하르트 바그너$^{\text{Wilhelm Richard Wagner}}$(1813-1883) 때문에 세계적인 도시가 되었다.

바그너 가문은 바그너가 숨진 이후 지금까지도 음악 축제에 직접적인 관여를 하고 있다. 두 번째 부인이자 작곡가 프란츠 리스트의 딸인 코시마^{Cosima}, 아들 지그프리트^{Sigfried}, 손자 빌란트^{Wieland}, 그리고 볼프강^{Wolfgang}이 대대로 바그너 축제의 총감독을 맡아왔으며 내가 갔던 2010년은 그 해 3월 타계한 볼프강의 뒤를 이어 바그너의 증손녀와 배다른 자매인 바그너 파스퀴어$^{\text{Eva Wagner Pasquier}}$와 카타리나^{Kathrina} 바그너가 공동으로 축제 총감독을 맡았다.

내가 관람한 오페라 중 '뉘른버그의 명가수$^{\text{The Mastersingers of Nurenberg}}$'는 바그너 오페라 중에 단일 곡으로는 공연 시간이 가장 길다. 오후 4시에 시작한 오페라는 1시간 반 공연 뒤에 1시간을 쉬고, 다시 또 1시간 공연 뒤에 1시간을 쉬고, 다시 또 1시간 반 동안 진행되어 밤 10시가 훨씬 넘은 시간에 끝이 났다. 아무리 좋아하는 음악이라지만 딱딱한 의자(특히 그 극장의 의자는 일부러 그렇게 만든 것 같다. 뒤로 젖혀서 보지 말고 바로 앉아 보라는 뜻인 것 같다)에 앉아 장장 4시간 동안 컴컴한 극장에서 앞으로 손을 모으고 바로 앉아 공연을 보는 쉽지 않은 일은 결코 아무나 하는 일은 아니다. 중간의 휴식 시간은 마치 오아시스 같았다. 나뿐 아니라 거기 있는 사람들 모두가 카페로 달려가 차를 마시고 아이스크림을 먹고, 식당에 앉아 와인을 곁들여 정찬을 먹기도 했다.

오페라를 관람한 소감은 뭐랄까, 마치 흡사 두 편의 다른 공연을 한

꺼번에 본 것 같은 기분이었다. 전위 실험 연극과 정통 바그너 오페라를 섞어 놓은 것 말이다. 지난 4년 동안 이곡의 제작을 맡아온 카타리나 축제 공동 총감독이 올해도 어김없이 제작했는데, 이번에는 완전히 새로운 형식의 극을 선보였다. 지금까지 보아온 바그너 오페라식의 전통적인 오페라 제작 형식이 아닌 완전한 현대극 방식이었다. 표현대로 홀라당 벗은 나체의 남녀 가수가 등장하고 주인공들은 타자를 치고 추상화를 그렸다. 머리에 대형 가면을 쓴 군중도 등장하고 조명도 음산하여 흡사 셰익스피어 비극을 전위 실험 연극 형식으로 펼치는 듯 했다. 공연의 마지막 즈음에는 무대 밑 계단식 좌석에 있던 합창단 180명이 은은한 합창과 함께 무대 위로 모습을 나타내 경악을 자아냈다. 바그너가 루드비히

여자 관객, 오페라 시작을 알리는 팡파레

2세의 후원을 받아 건설한 축제 극장^{Festipielhaus}이 그 진가를 완벽하게 드러내는 순간이었다. 루드비히 2세라면 광적인 바그너 팬이었고 바그너 오페라를 공연하기 위해 지었다는 독일 남부 퓌센의 디즈니 만화영화의 '백조의 성'을 지었고 비극적으로 인생을 마감한 황제이다.

가장 완벽한 오페라 극장이라고 칭송받는 축제 극장은 설계 이후 모든 극장의 표본이 되고 있다. 오케스트라와 합창단 자리를 다른 극장들보다 더 깊게 설치해 청중의 눈에 띄지 않게 하고 노랫소리가 청중에게 직접 전달이 되지 않도록 한 것이 주된 이유다. 덕분에 소리는 더욱 은은하고 신비스럽게 들린다. 천장에는 배 돛을 만들 때 쓰이는 천을 대어 소리의 공명을 더욱 좋게 하고 있다. 가수의 노래가 오케스트라와 합창단의 음악에 방해받지 않고 청중들에게 직접 잘 전달되는 것은 물론이다. 또한 청중석 의자는 반원형으로 한줄씩 이어져있고, 전석이 계단식이라 앞에 앉은 사람 때문에 목을 올려 빼는 일은 발생하지 않는다. 더불어 뒤쪽의 발코니를 제외하면 전 좌석이 하나의 층에 있어 무대에서의 소리가 골고루 퍼지니 이를 어찌 완벽한 극장이라 칭하지 않을 수 있을까.

그들에게 전부인 바그너의 음악

축제 기간을 통틀어 거의 한 달이 넘는 기간 동안 공연이 계속되는데도 왜 그렇게 표를 구하는 것이 힘든 것일까? 오페라 1회 공연에 판매되는 표는 1800장. 보통 이 정도의 공연을 위해서는 5000석의 공연장도 흔히 사용할 수 있는데, 축제에 사용되는 공연장은 전 세계 모든 바그너리안들의 꿈을 채워 주기에는 너무 적은 수의 좌석을 갖추고 있다. 앞으로

바그너 축제 기념품

는 마당에 대형 스크린을 설치하는 등의 방식으로 대중에게 접근하겠다고 하지만 아직은 먼 이야기다.

극장안의 청중들을 보니 유럽의 상류층은 다 모인 것 같았다. 턱시도까지는 아니더라도 검은 양복에 흰 파티 셔츠를 받쳐 입고 보타이를 맨 블랙타이black tie 복장의 사람들, 여자 청중들 역시 파티 복장의 이브닝드레스를 입고 있었고 나머지 여자들도 그에 가까운 정장 차림이었다. 극장 안에서나 휴식 시간에 주위를 살펴보면 일본인 몇몇을 제외하고 유색인종은 전혀 보이지 않았다. 히틀러가 좋아했던 바그너 오페라여서 나치당 전당대회에서 울려 퍼지던 곡이라는 선입견으로 봐서 그런지 검은 양복에 흰 셔츠를 받쳐 입은 심각한 표정의 장내를 메운 반백 신사들을 보니 2차대전 영화에서나 보던 나치 당원들의 모임 같아서 괜스레 기분

극장안 광경

이 오싹했다. 사실 그런 이유로 여전히 유대인들은 바그너를 즐기지 않는다는데 우리 일행 6명 중 유대인이 2명이나 끼어 있었지만 그런 사실에 대해서 언급하는 말을 들을 수 없었다. 진정한 바그너리안이었다. 6명의 중년 유럽인 남자들은 파트너를 대동하지 않고 와서 짧게는 3-4일 길게는 2주 이상을 머물면서 오페라 공연을 즐긴다. 이들은 거의 매년 오는데, 히피 문화가 한창이던 70년대에 대학을 다닐 때 이 곳을 찾았다가 인연을 맺은 후 지난 40년간 일 년에 한 번씩 만나서 음악을 즐기기도하고 남자들만의 우정을 나누고 있었다. 그 중 2명이 영국인이고 독일인 1명, 프랑스인 1명, 스웨덴인 1명이었다. 그 중 셋은 40년 전 표도 잠잘 곳도 없이 이곳을 찾아서 길거리에서 자면서 구걸하는 식으로 표를 구해서 바그너리안으로의 인생을 시작했다.

황혼을 바라보는 나이까지 매년 바이로이트를 찾아 함께하는 것을 보면 바그너에 대한 사랑은 한 음악가를 향한 존경 이상으로, 그들의 세상에서는 정말 종교인 듯 했다.

바그너 박물관, 박물관 전시품, 바그너 박물관 내부

영국, 잉글랜드 북부에 위치한 항만도시. 아이리시 해에 면하고 있으며 18세기 중엽 영국의 산업 혁명을 이끈 중심 도시로 인구 47만 5000명 정도이다.
존 레논의 이름을 딴 '리버풀 존 레논 공항'과 폴 매카트니가 살았던 집 등이 있다.

비틀즈 박물관

구 마르크트 광장Alter Markt 인근에 있다. 비틀즈 관련 자료들을 전시하고 있는 개인 박물관으로 3층 건물에 희귀본을 포함한 비틀즈의 음반들, 신문기사 스크랩, 사진, 포스터, 사인, 우표 등 약 2,500여점의 비틀즈 관련 자료를 전시 중이다.
The Beatles Story, Britannia Vaults, Albert Dock, Liverpool, L3 4AD.
Open: 월요일-일요일 (12월 25-26일 제외)
Albert Dock: 오전 9시~오후 7시, 마지막 입장시간 6시(4월 1일-10월 31일)/오전 10시~오후 6시, 마지막 입장시간 5시(11월 1일-3월 31일)
Pier Head: 오전 10시~오후 7시, 마지막 입장시간 6시(4월 1일-10월 31일)/오전 10시~오후 6시, 마지막 입장시간 5시(11월 1일-3월 31일)
입장료(The Beatles Story Exhibition, Discovery Zone, The British Invasion exhibition and Fab 4D Experience 불포함): 어른 14.95 파운드, 60세 이상/학생 11.50 파운드, 어린이(5-16세) 9 파운드
http://www.beatlesstory.com/prices-opening-times

비틀즈

리버풀의 영원한 아이콘, 비틀즈

영국 본토 섬은 우리 한반도와 모습이 비슷하다. 심지어는 크기도 비슷하다. 단지 10%가 더 클 뿐이다. 그러나 영국은 한국과 달리 하이랜드와 웨일즈에만 산다운 산이 있어 실제 사용이 가능한 면적은 우리의 3배가 넘는다. 우리 한반도보다 훨씬 높은 위치인 몽고에 가까운 위도 상의 위치에 속한다. 그래도 날씨가 순한 이유는 멕시코 난류가 섬 주변을 흘러서이다. 만일 이 난류가 없었다면 영국 날씨는 겨울에 인근 나라인 스칸디나비아만큼 추울 것이다. 영국 여름 날씨는 온도가 25도 이상 올라가는 날이 거의 없고 습도도 아주 낮다.

밤 10시까지 환한 대낮이 이어지니 한국의 여름에 비하면 영국의 여름은 가히 천국이다. 겨울은 우기라 날씨가 거의 매일 흐려 우중충하고 비도 많이 와서 항상 우울한 날씨가 계속된다. 겨울에는 해가 아침에 10

비틀즈 기념품

시나 되어야 뜨고 오후 3시만 되면 지니 낮은 짧고 밤이 길다.

영국 본토 섬에서 리버풀은 우리 한반도의 위치로 따지면 '인천'이다. 그 옆의 인근도시 맨체스터가 서울인 셈이다. 그러고 보니 축구의 명문이 근처에 다 모여 있다. 리버풀에만 리버풀, 에버턴, 그 옆에 이청용이 뛰던 볼튼, 그리고 맨체스터의 박지성이 뛰던 맨체스터 유나이티드 그리고 맨체스터 시티 등 세계 최고의 잉글리쉬 프리미어 리그에 속한 팀만 이 근처에 다섯 개가 있다. 프리미어리그 팀 20팀 중 1/4이 있는 셈이다. 그래서인지 한국 인터넷에 리버풀을 치면 거의가 다 축구 얘기다. 리버풀 하면 사실 비틀즈인데 말이다. 요즘 한국 젊은 세대들에게는 비틀즈는 아버지들의 노래일 뿐인가?

리버풀의 비틀즈 스토리 박물관에 가서 발견한 재미있는 사실은 한국 노래방의 단골 애창곡인 '카스바의 여인'을 본뜬 '카스바'라는 바에서 비틀즈가 공연을 했던 사실이다. 원래 카스바^{Kasbah}는 아랍말로 '요새'라는 뜻이다. 특히 알제리에 있는 성들을 말하는데 어떤 연유로 우리 가요에 그런 이름이 붙었을까?

사실 리버풀은 축구와 비틀즈 말고도 볼 것이 많은 곳이다. 특히 알버트 도크에는 리버풀이 항구 도시였음을 증명하는 각종 화려한 건물들이 많이 남아있다. 이 건물들을 비롯해 리버풀 시내의 모든 건물이 흑인 노예들의 피로 세워졌다. 리버풀은 식민지 시대 때 아프리카에서 마구잡이로 잡아 온 흑인 노예들을 실어 나르는데 큰 역할을 한 부두이다. 흑인을 잡아와 가장 큰 수요처였던 미국으로 팔고 그 대금으로 미국과 중남미에서 면화와 설탕을 들여와 유럽에 팔아 리버풀을 비롯해 영국 전체가 치부致富를 했다. 소위 말하는 대영제국을 건설하는데 흑인 노예들의 공헌은 잘 안 알려져 있어서 그렇지 엄청나다. 흑인 노예라면 미국이 온 세상의 욕을 다 먹어서 그렇지만 사실은 돈은 영국인이 다 벌었다. 그런 노예무역을 하던 리버풀 알버트 도크에 가면 흑인들의 한숨과 애환이 느껴진다. 그래서 알버트 도크를 가면 비틀즈 스토리 박물관이나 리버풀 박물관만 보고 나오지 말고 노예 박물관도 꼭 가보고 와야 한다. 인간의 탐욕이 얼마나 처참한 결과를 부르고 잘못된 가치관이 어떤 잘못을 만들어 내는지를 볼 수 있는 의미 있는 곳이기 때문이다.

사실 흑인 노예라고 하면 우리에게는 아브라함 링컨과 함께 남북전쟁으로 얽힌 얘기들만 들어서 그런지 영국보다는 미국이 먼저 생각난다. 더군다나 흑인에 대한 인종차별이란 단어만 떠올려도 미국이 생각나게 마련이다. 그런데 사실 알고 보면 흑인 노예에 관해서는 영국이 주범이다. 영국이 흑인 노예를 통해 돈을 벌었고 미국은 그냥 사용자였을 뿐 이다. 미국은 단지 남부의 목화와 사탕수수 농장에서 흑인 노예들을 부리기 위해 영국에서 사서 썼을 뿐인데 흑인 노예에 관한 모든 욕은 다 먹고 있다. 박물관 안에는 흑인 노예들을 수송하기 위해 손과 발목에 채운 수갑과 족쇄의 실물들을 전시해 놓았는데 보는 것만으로도 소름이 끼친다. 그 물건들을 찬다는 생각만 해도 끔찍스러운데 그 쇠들은 거칠어서 차기만 해도 살이 헤질 것만 같았다. 더욱 끔찍한 것은 수송 과정에서 반 이상이 사망했다. 그런데 이렇게 사망률이 높은 혹독한 항차에서 살아남은 노예는 값이 더 비싸서 많이 죽어도 크게 걱정을 안했다. 흡사 프랑스에서 가뭄이 들어 포도 수확이 줄어도 포도 당도가 높아져 좋은 포도를 생산해 좋은 포도주가 나오니, 그것이 보충된다는 이치와 같다. 참 인간은 무서운 존재이다. 나중에는 선장에게 생존율에 따라 인센티브를 줘서 수송 중 생존율을 높이기도 했다.

노예에 찍는 불낙인, 머리 수갑, 수갑

 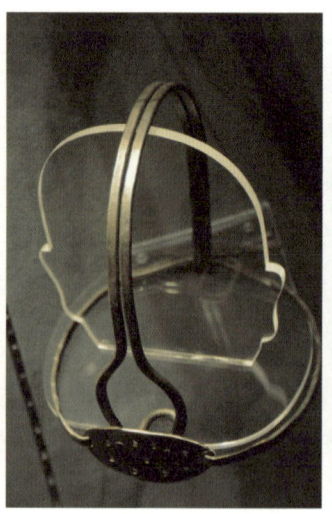 

그 시절 사람들에게는 흑인이 인간이 아니라는 관념이 일반적이어서 거의 죄책감을 느끼지 못했다. 종교적으로 독실한 크리스천들도 전혀 양심의 가책을 느끼지 않고 노예무역에 종사했다. 흡사 지금도 지구 어느 지역을 가면 타 종교를 믿으면 인간으로 취급하지 않아 살해를 해도 벌을 받지 않는 곳도 있으니, 그때야 오죽 했겠는가? 사실 노예 장사도 실패의 확률이 높았는데 10번 실패해도 한 번만 성공하면 그 앞의 모든 실패를 보상 받아 마치 마약 밀수와 같았다.

천재 그 이상의 비틀즈와 비화가 담긴 「Love me do」

2012년 10월 5일은 비틀즈 팬들에게는 기독교도들에게 성탄일과 같은 의미를 갖는 날이었다면 좀 심한 과장인가? 그날로부터 딱 50년 전인 1962년 비틀즈가 첫 레코드인 「Love me do / P.S. I love you」노래를 앞뒤에 실은 싱글 판을 낸 날이기 때문이다.

비틀즈는 그 이후 8년 뒤 해체 할 때까지 쉴 새 없이 노래하고 공연하고 판을 냈다. 보통 비틀즈에 대한 말 중에서 '세계 대중음악은 비틀즈 이전과 비틀즈 이후로 가른다.'를 최고의 찬사로 꼽는다. 어찌 보면 맞는 말이다. 비틀즈만큼 세계적으로 알려지고 영향을 많이 준 그룹도 없다. 거기다가 비틀즈가 부른 모든 가사와 곡은 자신들 손으로 직접 만들었으니 말이다. 가히 천재라는 말로 비틀즈를 일컬어 말하기에는 부족하다. 정말 경이로운 것은 비틀즈는 음악을 본격적으로 공부해 본 적도 없고 심지어는 그들 중 누구도 악보를 볼 줄 몰랐다는 사실이다. 악상이 떠오르면 데모 테이프에 일단 녹음을 하고 그를 다른 멤버들에게 들려주

조지 해리슨의 첫 기타, 존레논 피아노 및 기타

고 같이 연습해서 만들었다. 악보에 전혀 의존하지 않았다는 말이다. 어떻게 이런 일이 가능한지가 참 궁금하다. 동시에 모든 멤버들이 작곡을 했다는 것도 신기하다. 존 레논과 폴 매카트니가 거의 모든 곡을 다 쓰긴 했다. 둘이서 200여 곡을 작곡했고 조지 해리슨이 24곡을 만들었다. 그런데 비틀즈 전원이 작곡했다는 기록을 남기려고 했는지 드러머 링고 스타도 딱 한 곡을 혼자서 만들었다. 「Don't pass me by」라는 곡이다. 이 네 명의 천재는 비틀즈로 활동하는 딱 8년 간 각종 장르를 다 아우르는 주옥같은 수많은 곡을 만들어 냈다. 그것도 계속해서 이어지는 연주 공연을 성공적으로 치러내면서 말이다. 그들이 시도한 새로운 연주 녹음 방식으로 처음 사용한 테이프를 역회전 시키는 백마스킹 backmasking 방식은 악마의 소리를 집어넣었다 하여 당시 상당한 문제를 야기했다. 한국의 천재적인 그룹 '서태지와 아이들'도 같은 기법을 사용해 한국에서도 같은 소동을 일으킨 적이 있다.

  비틀즈는 디지털 시대에 좀 뒤쳐져 움직였다. 비틀즈가 디지털 시대의 사람들이 아니기 때문이라는 말도 있었지만 워낙 CD가 잘 팔리고 있었으니, 굳이 다운로드 시장까지 급히 갈 필요가 없었다. 아이튠에서 비틀즈 음악이 판매되기 시작한 것은 2010년 11월에 와서다.

  다운로드를 시작한지 며칠 지나지 않아 100위 안의 판매된 노래 중 28곡이 비틀즈 곡이었다. 앨범으로 다운로드 된 50위 중 16곡이 비틀즈 것이었고 그 중 4개가 top10에 들어 있었다. 가히 SP시대에 시작된 비틀즈는 LP와 CD를 거쳐 디지털 음원시대까지 석권한 셈이다.

  비틀즈의 어릴 때 친구로서 비틀즈를 매니저인 엡스타인에게 소개한 빌 해리가 쓴 책《Love me do》가 전자책으로 2012년 출간되었다. 그 책에는 엡스타인은 비틀즈 판이 차트에 올라가게 수천 장의 레코드를

케번 클럽, 공연자, 명예의 전당

산 얘기를 비롯해 조지 해리슨의 여자 친구 아이리스 칼드웰이 폴 매카트니 애인이 되는 은밀한 얘기도 나온다. 그 중에서도 폴 매카트니와 존 레논이 아이리스와 같이 카페에서 식사를 하다가 밥을 다 먹을 때쯤 돈을 안내려고 짐짓 심하게 싸워서 쫓겨난 얘기는 가히 압권이다.

영국 어느 곳에서도 매일 비틀즈의 라이브 공연이 열린다. 보통 헌정 밴드tribute Band라고도 하고 쉽게 짝퉁 밴드라고도 하는 밴드들의 공연이 열린다는 말이다. 실력 있는 헌정 밴드의 노래를 눈을 감고 들어보면 정말 비틀즈의 공연을 듣는 듯한 느낌이 들 때도 있다. 잘 나가는 헌정 밴드의 경우 일 년에 100회 이상의 공연을 한다고 하니 그럴 만도 하다. 잘못하면 짝퉁들이 비틀즈보다 더 비틀즈 노래를 더 잘하는 사태가 나오지는 않을까?

비틀즈 해체의 주범

19세기 초 세계 무역의 40%가 리버풀 항구를 통해 이루어졌다. 런던보다 더 부자 도시였다. 19세기 중반에는 도시인구가 갑자기 늘어나기 시작했는데 아일랜드의 감자 흉년으로 인해 대기근으로 인한 이민이 늘어 한때는 도시인구의 25%가 아일랜드인 이었던 적도 있다고 한다. 이런 이유로 지금도 리버풀에는 아이리시들이 많다. 또한 영국에서 가장 먼저 차이나타운이 형성된 곳이기도 하다. 그래서 지금도 시내 한복판에는 차이나타운이 있어 먹자골목을 이루고 있다.

그러던 리버풀은 영국이 산업기지로서 자리를 잃어버리는 20세기에 들어와서는 몰락의 길에 접어들었다. 대공황 때는 시 인구의 30%가 실

부두 건물들, 알버트독 건물들

업자였다. 1982년 영국의 실업이 한창이던 때는 17%까지 간적도 있을 정도였다. 이제는 영국 정부와 리버풀 시가 관광을 비롯한 각종 유치산업에 노력해 도시경제가 과거에 비해 많이 살아나고는 있지만 말이다. 그래도 과거의 영광에 버금가려면 아직 멀었다. 언덕위에서 리버풀 시내를 굽어보고 있는 장엄한 규모로 영국에서 가장 높은 리버풀 성공회 교회는 아직도 당시의 영광을 증언하고 있다. 그래서 리버풀은 현재를 즐기기 위해 가는 도시가 아니다. 그냥 과거의 영광을 보고 비틀즈와 추억에 젖고자 가는 도시이다.

리버풀에 오면 제일 먼저 들르는 곳이 비틀즈가 유명해지기 전 연주하던 매튜 스트리트Mathew Street에 있는 케번 클럽Cavern Club이다. 여기는 아직 입장료가 없다. 이름처럼 동굴같은 지하로 계단을 한참 내려가야 한다. 그냥 사진 찍고 둘러보고 나와도 되고 맥주 한잔을 들고 당시의 분위기를 상상하면서 즐겨도 된다. 만일 운이 좋아 공연이라도 하면 감상을

해도 좋다. 벽에는 비틀즈의 부조가 조각되어 있고 무대에는 비틀즈가 공연하던 당시 모습이 보존되어있다. 알다시피 이 클럽은 원래 있던 캐번 클럽이 없어지고 나서 원래 모양대로 재현해 놓은 것이다. 누가 상관하랴? 어차피 인간은 추억으로 사는 것인데. 아주 오래전에 사라져버린 비틀즈는 이렇게 아직도 사람들의 마음속에 살아있다. 각자 나름대로 젊을 때 듣던 그 감동을 추억하기위해 찾아오기도 하고 순전히 궁금증 때문에 오기도 한다.

그리고 비틀즈와 관련해 이제 가볼 곳은 알버트 독에 있는 '비틀즈 스토리 박물관'이다. 올망졸망한 물건들을 많이도 모아 놓았다. 누군가가 사명감을 가지고 모아 놓지 않았다면 어찌 이런 비틀즈의 손때 묻은 물건들을 볼 수 있겠는가 생각하니 정말 고맙기 그지없다. 제대로 된 비틀즈 팬이라면 시간을 넉넉하게 잡고 와야 한다. 말로만 듣던 물건들이 비틀즈의 역사와 함께 전시되어 있다. 당시의 공연을 상상하면서 하나씩

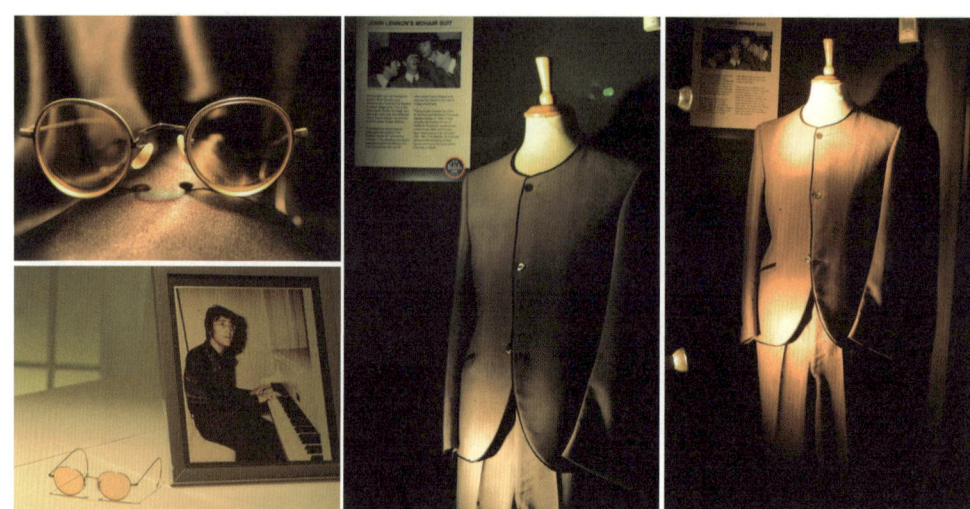

존 레논 안경, 비틀즈 유니폼, 폴 매카트니 자켓

살펴 보면 언제 시간이 훌렁 지나갔는지 모를 지경이다. 코너마다 설명이 잘 되어 있고 흥미를 끌만한 내용들을 친절하게 설명해 놓아 발길을 잡는다. 잘 모르고 있던 사실도 많이 안내해 놓았고 실제 어느 연주에서 쓰던 기타인지도 하나하나 밝혀 놓았다. 존 레논이 쓰던 동그란 안경을 보면 그가 얼마나 눈이 나빴는지 상상할 수 있다.

그러다가 드디어 비틀즈 팬들로부터 비틀즈 해체를 불러 오게 했다고 공적公敵으로 불리는 오노 요꼬가 등장한다. 본인은 '한 사람이 그런 대단한 비틀즈를 깨지게 할 수 있었겠는가.'라고 강변을 하지만 폴 매카트니를 비롯해 세상 모두가 오노 요꼬를 주범으로 지목하는 데는 도리가 없을 듯하다. 최근 오노 요꼬는 아이슬랜드의 수도 레이카비크 근처의 섬에서 '이메진 피스 타워Imagine Peace Tower'를 세웠다. 존 레논의 유명한 노래 〈이메진〉이 평화를 염원하는 것을 차용한 것과 동시에 남편을 기리는 조명 탑이다. '이메진 피스'라는 말이 24개 언어로 쓰여져 있고 존 레논의 생일인 10월 9일에 켜서 기일인 12월 8일에 끈다. 하늘을 향해 어마어마한 빛을 쏘는 모습은 한번 보면 잊혀지지 않을 장관이다.

비틀즈 기념품, 메튜 스트리트

📍 라이프치히 바흐 페스티벌

독일 라이프치히에서 열리는 바흐 페스티벌은 1723년부터 1750년까지 라이프치히 주요 교회 4개 합창단의 합창장Thomaskantor 을 역임한 요한 제바스티안 바흐Johann Sebastian Bach를 기념해 열리는 클래식 음악 축제다. 세상을 떠나기 직전까지 오르가니스트 겸 합창단 지휘자로 근무한 '토마스 성당'에서는 해마다 바흐 음악제가 열린다.

📍 요크대성당

과거에 요크는 몇 세기에 걸쳐 영국 북부에서 수도 역할을 해 왔다. 로마 시대에 요크는 에보라쿰이라는 이름으로 불렸고, 로마의 주요 군사 기지이자 행정 중심지였다.
입장료: 어른 10 파운드, 경로/학생 9 파운드, 어린이 4명까지 유료 티켓을 소지한 한 명의 어른과 입장시 무료
성당+랜덤타워 입장료: 어른 15 파운드, 경로/학생 14 파운드, 어린이(8-16세) 5 파운드, 8세 이상만 타워 입장 가능
http://www.yorkminster.org/visit-york-minster/opening-times-amp-admission.html

헨델, 바흐를 낳은 종교음악

　요크는 이런 역사적인 유적뿐만이 아니고 종교적으로도 중요한 의미가 있는 도시이기도 하다. 밀리는 기독교 역사상 가장 중요한 자리의 하나를 차지하는 로마 황제 콘스탄틴 대제와의 연관이다. 그는 역사상 기독교를 처음으로 공식적으로 인정했을 뿐만 아니라 당시 로마의 다신사상과 배치되어 각계에서 반대가 심했음에도 불구하고 당시 기독교 탄압을 위한 각종 법령을 폐지했다. 사제들을 원로원 위원들과 버금가는 정도의 권한과 지위를 보장해 기독교를 보호하고 널리 퍼지게 전교에 도움을 준 장본인이기도 하다. 게다가 동·서로마를 하나로 만들어 로마를 대제국이 되게 하는 기초를 닦은 명군으로 인정받아 로마 황제 중 대제라는 칭호가 붙은 몇 명 안 되는 황제 중 하나다.
　요크 민스터 옆에는 콘스탄틴 대제의 동상과 그가 기독교인의 자유를 선언하고 동시에 자신도 기독교에 귀의한다는 선언을 한 장소라는 명판이 있다. 그 선언의 장소가 바로 근처였다는 것이다. 이런 역사적인 중요

대성당 내의 성인상, 요크 민스터 대성당 안의 현충탑, 대성당 천장

성 때문에 요크는 영국 기독교에 역사적으로 중요한 도시였다. 지금도 크게 두 개로 나누어진 영국 성공회 북부 대교구를 관장하는 대주교가 이 요크 민스터 대성당에 있다. 또 영국에서 가장 성당이나 교회가 많은 도시이기도 하다. 그래서인지 요크 근처에는 수도원들이 많이 있었다.

그중에는 지금도 수도사들이 수행을 하고 있는 수도원도 있고 폐원이 되어 이제는 잔해만 남은 수도원도 있다. 기회가 닿아 수도사들이 있는 베네딕트 수도원 중의 하나인 앰플포스 수도원과 한때는 수도사가 1000여명이 넘었다는 폰테인스 수도원을 방문할 기회가 있었다. 앰플포스 수도원은 성지순례단과의 공식 방문이어서 수도사들의 저녁 미사를 볼 수 있었다. 40여 명의 수도사들이 베네딕트 수도회의 전통처럼 검은 수도복을 머리로부터 온몸을 두르고 미사를 드리는 광경은 몇 백 년을 거슬러 올라가는 듯 했다. 더욱이 가사 없이 음으로만 부르는 성가는

폰테인 수도원 잔,
폰테인 수도원 냉장 창고

마침 화려한 스테인드글라스 너머로 비치는 저녁 햇살과 잘 어우러져 굳이 마음을 가다듬지 않아도 신심이 그냥 솟아나는 듯 신비로웠다. 더군다나 최대의 음향효과를 고려해 제대로 지은 성당에서 울리는 음악은 천사들이 구름 속에서 나타날 때 들리는 소리인 것 같았다. 사실 예로부터 성당을 지을 때 가장 크게 고려하는 것이 소리의 반사와 간섭을 막아 제대로 된 음향효과를 내게 하는 것이었다.

교회의 존재 목적 중 가장 큰 것은 뭐니 뭐니 해도 복음 전달이다. 옛날에는 신자의 대다수가 문맹이어서 미사시간 중 제대로 된 성경의 내용 전달은 더욱 중요한 것이었다. 물론 당시 성경이나 미사가 모두 라틴어로 거행되어 성경 내용을 얼마나 일반 신자들이 이해했는지는 차치하고라도 말이다. 동시에 미사 시간중에 연주되는 합창이나 기악 연주는 그냥 즐기기 위한 음악이 아니라 하느님에게 바치는 찬사이다 보니 제대로 된 음향효과를 고려한 설계는 성낭 성쇄의 가장 큰 요인이있다. 매주 미사를 위한 새로운 음악을 작곡할 음악가를 확보하는 것이 당시 각 성당의 가장 큰 선결문제의 하나였다. 동시에 그런 음악을 제대로 연주할 악기와 악단 확보도 실내 음향설계와 함께 아주 중요했다.

이렇게 제대로 지어진 성당에서 연주되는 음악의 아름다움은 상상을 초월한다. 아무리 현대 과학이 발달해 음향효과를 제대로 낼 수 있게 설계한다고 해도 옛날에 경비를 고려하지 않고 신앙심으로 최대의 효과를 위해 설계 건설된 성당 수준을 따라가기 힘들다고 한다. 그래서 유럽에서는 지금 신자수가 줄어들어 문을 닫는 성당이나 교회를 콘서트홀이나 레코드 회사의 녹음 스튜디오로 쓴다. 앰플포스 수도원 저녁 미사의 수도사들의 합창이 바로 그런 것이었다. 성당내의 스테인드글라스도 실내장식용 만은 아니다. 물론 햇빛에 비쳐 유리에 그려진 그림이 신비로

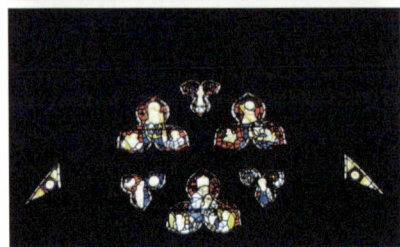

요크 민스터 대성당 스테인드글라스

운 효과를 자아내게 하고 그렇게 해서 실내의 아름다움을 더욱 돋보이게 하는 것은 사실이다. 그러나 그것 하나는 스테인드글라스의 존재 목적의 반 밖에 되지 않는다. 당시 신자들은 문맹이어서 그들을 스테인드글라스 그림으로 교육을 시켰다.

문맹이 아니라 해도 손으로 복사하고 정교하게 그려진 성서는 보석과 같이 비쌌다. 그 이후에 인쇄된 성서가 나왔지만 가격이 상당히 비싸 일반인들은 가정에 하나씩이라도 갖기가 어려웠다. 우리가 지금 흔하게 접하는 인쇄 매체는 당시에는 없었고 더군다나 영상 매체는 물론 상상할 수도 없었다. 유화도 값이 워낙 비싸 상류층의 전유물이었을 뿐이다.

그런 환경에서 신자들은 자신들이 믿는 예수님이나 성서에 나오는 일화들은 그냥 상상 속에만 존재하는 것이었는데 스테인드글라스는 지금의 인쇄 및 영상 매체의 역할을 충분히 해낸 것이다. 상상 속으로만 그려보던 예수님이나 성인 혹은 성서 내용 중의 주인공들을 직접 눈으로 보는 것이다. 그때 그들이 받을 감동과 감격은 수없이 그런 것들을 봐서 웬만한 것에는 무감각해진 우리들의 것과는 차원이 다른 것이라는 상상을 하게한다. 그렇게 해서 성당 내에서 울려 퍼지는 음악을 들으며 눈에 비쳐지는 스테인드글라스의 그림을 보면서 당시 신자들은 지상의 천국에 자신이 들어와 있다고 실감했던 것이다. 그들에게 있어 성당은 바로 일주일에 한 번 보는 TV였고, 기가 막힌 영화가 상영되는 극장이었고, 심금을 울리는 음악 연주회장이었다. 능력 있는 음악가가 있고 음향시설과 실내장식이 잘된 성당에는 신자들이 몰려들 수밖에 없었다. 신자들은 같은 미사라도 이렇게 능력이 뛰어난 작곡가와 성가대와 연주단이 있는 성당으로 모이기 마련이다. 결국 헌금으로 인한 수입이 미사 음악의 성패에 따라 확연하게 차이가 날 수밖에 없는 것이다. 그래서 좋은 작곡가와 지휘자를 모셔오기 위한 성당간의 경쟁은 엄청났다.

18-19세기 유럽의 큰 교회들의 유명한 음악가 쟁탈전과 교회 건축

성당에서 현장학습 하는 학생, 샴블 골목길

에 들이는 정성은 상상을 초월할 정도였다고 한다. 우리가 잘 아는 헨델이나 바흐가 바로 그런 당시 최고의 음악가였고 교회에 속한 작곡가였으므로, 그들의 음악이 다름 아닌 매주 미사 시간에 연주되었던 종교음악이었다.

미사를 준비하는 요크 민스터 대성당 소년 성가대, 수도사들

◇ **작가 후기** ◇

세상에 하고많은 여행가의 서지書誌에 내가 하나 더 보태는 이유를 설명하기는 참 어렵다. 굳이 말한다면 이런 이유에서다.

여러 형제자매 중 막내로 자랐다. 집에는 형님과 누님들이 보던 책이 지천으로 깔려 있었고, 어린 내게 맞는 책보다는 내 수준에서 도무지 이해할 수 없는 책들이 훨씬 더 많았다. 그래도 호기심이 많던 나는 혼자 그런 책들을 이해하며 읽으려고 무던히 애를 썼다. 덕분에 나는 고등학교에 입학하기 전에 내가 평생 읽은 책의 반 이상을 보았다. 그 중 얼마만큼을 이해하며 읽었는지, 또 얼마큼을 책장만 넘기고 있었는지는 모른다. 내가 분명 읽은 책인데 내용은 전혀 생각나지 않는 것도 있다. 그러나 한 가지 분명한 게 있었다. 그 때 나는 세상이 참 보고 싶었다. 내가 살던 마을이 아닌 저 산 너머의 세상 말이다. 읽었던 책들은 거의 외국저자의 책이었고, 그 책에 나온 얘기들의 배경이 된 장소를 정말 보고 싶었다. 《플루타크 영웅전》에 나오는 카르타고의 명장 한니발이 코끼리를 몰고 넘던 '알프스산'도 보고 싶었고, 시저가 건넌 '루비콘강'도 궁금했다. 찰스 디킨스의 올리버 트위스트가 살았다는 '런던', 빅토르 위고의 레미제라블의 '파리'도 반드시 보고 싶었다. 언젠가는 내 꿈이 이루어질 것이라는 막연한 확신이 어린 마음에도 분명히 있었다.

나는 분명 인문적인 사람이다. 그런데 내가 고등학교 2학년이 시작될 무렵, 이과 반을 선택한 단 한 가지 이유는 해양대학을 가고 싶었기 때문이다. 해양대학을 가려고 한 이유는 '마도로스가 되면 세상을 볼 수 있으리라!'는 생각에서였다. 그러다보니 해양대학을 가기 위해 공부해야 하는 이과 과목인 수학이나 화학, 기하, 생물보다는 국어, 사회, 역사가 훨씬 쉬웠다.

결국에는 문과로 바꾸고 해양대학이 아닌 당시 신설된 무역학과에 가서 세상을 보게 되었다. 생각보다 빨리 무역회사에 입사했고, 4년도 채 되지 않아 세상을 스쳐가듯 보는 것이 아닌 직접 부딪치고 살며 보게 된 것이다. 그 기쁨은 자다가도 미소가 저절로 나올 만큼 큰 행운이었다. 이건 비단 내 노력으로 만든 것은 아니고 어디선가 내게 준 것임을 분명히 안다. 그 때부터 나의 유별난 호기심을 충족하려는 발걸음은 지금까지 이어지고 있다.

수도 없이 가본 '알프스산'과 '루비콘강'. 런던에는 지겹도록 오랫동안 살고 있고, 세일을 맞은 파리에 쇼핑을 하러 하루 만에 다녀 올 성노가 되었다.

어느 정도 세상에 대한 호기심이 채워지자 내가 읽고, 봤던 작품을 쓰고, 그린 작가들에 대한 궁금증이 다시 생겼고 그들이 태어나고, 자라서 살아간 모습을 보고 싶었다. 훗날 죽은 공간까지도 말이다. 이것은 호기심을 충족하려는 내 행위에 대한 완성이기도 했다. 내가 좋아한 작가들과 같은 시대의 시간을 공유 할 수는 없지만 그들의 숨결이 깃든 공간을 누리면 기분이 반분半憤은 풀린다. 사실 '아는 만큼 보인다.'가 아니라 '본 만큼 느낀다.'가 아닐까. 그런 곳에 다녀오면 그들의 위대한 작품을 대하는 내 심경이 변해 어느덧 다른 시각으로 보고 느낀다.

고흐가 마지막 고통의 숨을 내 쉰 프랑스 오베르 수르 우아즈 '라부 여인숙'의 곰팡이 냄새 나는 다락방에 가 보면 고흐의 유작이라고 일컬어지는 〈까마귀 나는 밀밭〉이 가슴 깊이 닿는다. 잉글랜드 요크셔 산골 마을 '하워스'의 황량한 들판 언덕에 서면 《폭풍의 언덕》의 캐서린과 히스클리프 두 젊은이의 애달픈 사랑, 그 아픔의 전율은 손과 발을 마비시킨다.

이 책은 바로 그런 내 평생에 걸친, 그러나 아직도 계속되고 있는 호기심의 산물이다.

在英 저널리스트 권석하의
유럽 문화 탐사

ⓒ 권석하, 2015

초판 1쇄 인쇄 2015년 8월 5일
초판 1쇄 발행 2015년 8월 10일

지은이 | 권석하
펴낸이 | 김영훈
편집 | 이경연
디자인 | 김미숙

펴낸곳 | 안나푸르나
출판신고 | 2012년 5월 11일
주소 | 서울특별시 마포구 월드컵로 10길 28 동명빌딩 4층
전화 | 010-5363-5150   팩스 | 0504-849-5150
전자우편 | idealism@naver.com

ISBN 979-11-86559-02-4 (03920)

* 저자와의 협의로 인지는 붙이지 않습니다.
* 이 책은 저작권법에 따라 보호받는 저작물이므로 무단 전재와 복제를 금하며,
  이 책의 내용 전부 또는 일부를 이용하려면 반드시 저작권자와 안나푸르나의 서면 동의를 받아야 합니다.
* 유통 중에 파손된 책은 구입하신 서점에서 바꾸어 드리며, 책값은 뒤표지에 있습니다.

이 도서의 국립중앙도서관 출판도서목록(CIP)은 서지정보유통지원시스템 홈페이지(http://seoji.nl.go.kr)와 국가자료공동목록시스템(http://www.nl.go.kr/kolisner)에서 이용하실 수 있습니다. (CIP제어번호: CIP2015020958)